"十二五"国家重点图书出版规划项目·新世纪法学教育丛书

破产法

◆

李永军 王欣新 邹海林 徐阳光 著

（第二版）

中国政法大学出版社

2017·北京

图书在版编目（ＣＩＰ）数据

破产法 / 李永军等著. —2版. —北京：中国政法大学出版社，2017.1
ISBN 978-7-5620-7243-0

Ⅰ. ①破…　Ⅱ. ①李…　Ⅲ. ①破产法—中国　Ⅳ. ①D922.291.924

中国版本图书馆CIP数据核字(2016)第322609号

出　版　者	中国政法大学出版社
地　　　址	北京市海淀区西土城路 25 号
邮　　　箱	fadapress@163.com
网　　　址	http://www.cuplpress.com (网络实名：中国政法大学出版社)
电　　　话	010-58908435(第一编辑部) 58908334(邮购部)
承　　　印	固安华明印业有限公司
开　　　本	720mm×960mm　1/16
印　　　张	18.5
字　　　数	342 千字
版　　　次	2017 年 1 月第 2 版
印　　　次	2019 年 7 月第 3 次印刷
印　　　数	9 001～14 000 册
定　　　价	39.00 元

作者简介

李永军 男，1964年生，民商法博士、博士后。现为中国政法大学教授、博士研究生导师，中国政法大学民商经济法学院副院长。兼任中国民法学会副会长、北京市破产法学会副会长。为《企业破产法》起草小组成员。负责本书第一至三、七、九章的撰写。

王欣新 男，1952年生。现为中国人民大学法学院经济法教研室教授、博士研究生导师，中国人民大学法学院破产法研究中心主任。兼任中国"破产法论坛"组委会主任，最高人民法院破产法司法解释起草小组顾问，中国注册会计师协会破产清算专业指导委员会委员，中国证券投资者保护工作专家委员会委员。《企业破产法》起草小组成员。担任多家中外律师事务所、清算事务所的破产法专家顾问。负责本书第四至六章的撰写。

邹海林 男，1963年生，法学博士。现为中国社会科学院法学研究所教授、博士研究生导师，中国社会科学院法学研究所商法室主任。为《企业破产法》起草小组成员。负责本书第八、十至十五章的撰写。

徐阳光 男，1979年生，法学博士、博士后。现为中国人民大学法学院副教授、博士研究生导师，中国人民大学法学院破产法研究中心副主任，北京市破产法学会副会长兼秘书长。与王欣新共同负责本书第四至六章的撰写。

出 版 说 明

　　"十二五"国家重点图书出版规划项目是由国家新闻出版总署组织出版的国家级重点图书。列入该规划项目的各类选题，是经严格审查选定的，代表了当今中国图书出版的最高水平。

　　中国政法大学出版社作为国家良好出版社，有幸入选承担规划项目中系列法学教材的出版，这是一项光荣而艰巨的时代任务。

　　本系列教材的出版，凝结了众多知名法学家多年来的理论研究成果，全面而系统地反映了现今法学教学研究的最高水准。它以法学"基本概念、基本原理、基本知识"为主要内容，既注重本学科领域的基础理论和发展动态，又注重理论联系实际以满足读者对象的多层次需要；既追求教材的理论深度与学术价值，又追求教材在体系、风格、逻辑上的一致性。它以灵活多样的体例形式阐释教材内容，既推动了法学教材的多样化发展，又加强了教材对读者学习方法与兴趣的正确引导。它的出版也是中国政法大学出版社多年来对法学教材深入研究与探索的职业体现。

　　中国政法大学出版社长期以来始终以法学教材的品质建设为首任，我们坚信，"十二五"国家重点图书出版规划项目定能以其独具特色的高文化含量与创新性意识，成为集权威性和品牌价值于一身的优秀法学教材。

中国政法大学出版社

第二版说明

　　本书第一版出版后，基于我国破产法研究的新成果、判例规则和许多地方性法规或者规章的出现，我们决定对《破产法》进行修订。修订的主要内容包括最高人民法院的司法解释、各级法院的判例规则以及一些地方性法规，也有一些典型的案例。在修订过程中，令我们纠结的是：我们知道，我国地方政府或者地方人大关于破产法的一些政策或者条例根本不具有"法律"的地位，本来不应该在教材中出现，或者说即使出现，也应该作为"反面"教材。但是，这种情况在中国非常普遍，如何在教材中反映才合适呢？2006年《企业破产法》出台时，有一个基本的目标，就是要使地方割据的破产法局面得到统一。但令人遗憾的是，《企业破产法》刚刚实施10年，却几乎又沦落到"任意解释"的地步，许多案例甚至已经曲解了《企业破产法》的立法原义，一些地方"法"也与《企业破产法》冲突。正是因为这样，我们在介绍地方"破产法"时，进行了比较小心的选择。这一次修订的另外一个特色是，作者中加入了青年才俊徐阳光。我们撰写这一本教材的初衷，是由三位起草《企业破产法》的教授（李永军、王欣新、邹海林）按照立法原义来写一本的破产法的"法学阶梯"，实际上也收到了良好的效果。但是，考虑到徐阳光博士是中国人民大学副教授，是北京市破产法学会的副会长兼秘书长，这几年来，一直活跃在破产法研究和实践的第一线，有许多丰硕的成果，吸收他加入，会使这一本教材增光添彩。对于这一次修订，他提出了很多好的建议。

　　承蒙各位同仁及广大读者的厚爱，该教材产生了较好的社会影响。我们这一次修订，也是为使本教材更好地为读者服务。希望这一次修订，没有辜负广大读者的期望。当然，也很希望广大读者提出宝贵的意见，以利于我们将来更好地修订。

李永军

2016 年 12 月 31 日

序　言

　　我国《企业破产法》自 2006 年通过至今已经 3 年有余，但关于破产法的教材却少得可怜。原因可能很多，其中，大多是在评定职称等时，把专著看得很重而把教材看得很轻的缘故。因此，许多人逐渐对写教材失去了兴趣。但我始终认为，写本好的教材理应是一个教师的光荣与梦想。因为，法学教育离不开教材，而一本好的教材更会使许多人受益无穷。因此，作为《企业破产法》的起草者，我们三人（李永军、王欣新、邹海林）决定合作写一本破产法教材。

　　应该说，破产法是非常复杂的，其具有综合性：一方面，它既有程序性的规定，也有实体性的规定；另一方面，它涉及物权、债权、合同、侵权、知识产权、公司、证券、票据、保险等各方面内容，因此，要学习破产法，离不开民商法的帮助。另外，我国《企业破产法》无论与国外的破产法之横向比较，还是与以往的我国破产法之纵向比较，都有自己的特色，这些特色可以总结如下：①我国《企业破产法》的"破产"一词，实际上是将破产清算程序、和解程序与重整程序集于一身，应理解为"大破产"概念。《企业破产法》前七章的规定基本上采取"大破产"概念，如"破产债权"，并不仅仅是指破产清算中的债权，也包括和解与重整程序中的债权。②破产原因具有混合性。《企业破产法》第 2 条第 1 款规定，企业法人不能清偿到期债务，并且资产不足以清偿全部债务或者明显缺乏清偿能力的，依照本法规定清理债务。这一规定表明，不能清偿到期债务只有与资产不足以清偿全部债务或者与明显缺乏清偿能力这两个选择项中的任何一个组合在一起，才构成一个完整的破产原因。这三项中的任何一项都不能单独构成破产原因。③破产程序遵循法院受理开始主义。我国《企业破产法》规定，破产程序自人民法院受理破产案件开始，而破产程序一经开始，就发生一系列针对债务人的财产及人身的效力，如指定管理人接管债务人财产，债权申报，未到期债权到期，债务人的法定代表人及其他管理人员未经法院许可不得离开住所地，民事案件的管辖也会因破产案件的开始而改变《民事诉讼法》关于管辖的一般规定，所有与债务人有关的民事诉讼均由破产案件的受理法院管辖，执行程序没有开始的不得开始、已经开始的中止执行以及民事保全措施的解除，等等。但是，按照我国《企业破产法》的制度设计和安排，法院受理破产案件后，还要进行如同民事案件的审理，并不一定意味着宣告债务人破产而进入清算程序，也可能开始和解、重整等程序。在这种立法体例下，法院裁定受理破产案件时，应特别谨慎。④无论是破产清算程序还是和解、重整程序，只要债务人符合程序开始的条件，当事人都可以直接申请进入，无须先申请一种然后再转入其他程序。但是，如果当事人先申请了一种程序，在具备一定条件时，也能够转入另外一种程序，但和解与重整程序之间不能相互转换。这并不是技术方面的问题，而是价值取向问题。⑤《企业破产法》的适用对象，如果从《企业破产法》第2条的规定看，仅仅适用于企业法人。但该法第135条却规定，如果其他法律规定企业法人以外的组织清算属于破产清算的，参照《企业破产法》规定的程序（例如，《合伙企业法》就规定合伙可以被宣告破产）。据此，《企业破产法》就不只适用于企业法人。另外，《企业破产法》第134条规定，商业银行、证券公司、保险公司等金融机构有该法第2条规定情形的，国务院金融监督管理机构可以向人民法院提出对该金融机构进行重整或者破产清算的申请。但是，应当注意的是，许多国家的金融企业法人恰恰是不适用破产法的，而是有专门的清算办法，而我国却按照一般破产程序进行，这也可以看作是我国破产法的一大特色。了解上述特色，对正确理解我国《企业破产法》将有所裨益。

　　在本书的写作过程中，我们都非常认真负责，但也难免出现错误，希望广大读者和同仁批评指正。这绝不是套话，而是肺腑之言。同时，本书的出版，得到了中国政法大学出版社及李传敢社长的大力支持，作者在此深表谢意。

李永军

2009 年 9 月 16 日

目 录

第一编 总 论

第一编　总　论

第 一 章

破产法概述

第一节　破产与破产法

一、破产与破产法的概念

（一）破产的概念

我们通常所用的"破产"一词，实际上有两种含义：一是指客观状态；二是指法律程序。作为第一种含义上的"破产"，是指债务人不能清偿到期债务的客观事实状态。它主要用于描述债务人的经济状况。而第二种含义上的破产，是指法院根据当事人的申请或依职权，对不能清偿到期债务的债务人所进行的一种特别程序。就如学者所指出的，破产乃是债务人在经济上发生困难，无法以其清偿能力对全部债权人的债权为清偿时，为解决此种困难状态，利用法律上的方法，强制将全部财产依一定程序为变价及公平分配，以使全部债权人满足其债权为目的的一般执行程序。[1] 而本书所用的"破产"一词就是在第二种含义上使用的。

（二）破产法的概念

由于各国或地区的破产法立法体例不同，使破产法具有广义与狭义之分：

1. 广义的破产法。广义的破产法包括三种程序，即破产清算程序、和解程序和重整程序。从这个角度，可以给破产法下这样的定义：为使各债权人获得公平清偿而对不能清偿到期债务的债务人所进行的一种特别程序。

2. 狭义的破产法。狭义的破产法仅仅指破产清算程序。从这个意义上说，

---

[1]　（台）陈荣宗：《破产法》，三民书局1982年版，第1页。

破产法是为使各债权人获得公平清偿而对不能清偿到期债务的债务人所进行的一种特别清算程序。在现代破产法上，这就是指清算型程序。

3. 比较法上的参考。从各国或地区立法上看，有的国家或地区采用广义的破产法概念，有的国家或地区采用狭义的破产法概念，这主要取决于其破产法立法体例。

（1）美国法。《美国破产法》采用广义的概念，其中包括破产程序、和解程序及重整程序，并且对各种程序的具体适用主体有限制性规定，较为灵活，实际效果较佳，故为世界各国或地区破产法立法的模范。我国在起草破产法时也进行了必要的参考。

（2）德国法。德国1877年颁布的破产法（DKO）包括了破产清算程序与强制和解程序。但在破产法之外，1935年又颁布了和解法（DVGIO）。对于1877年破产法，德国人自己作了这样的评价：1877年颁布的《德国破产法》被誉为百年经典之作，与同时期颁布的《民事诉讼法》相比，直到现在只有较小的变动。这部经典浑然一体，完美无缺，还在继续受到美好的评价。[1] 但德国的社会现实发生了变化，而且将破产法上的和解程序与破产法之外的和解法并列的做法，从实际效果上看是不可取的。[2] 在此情况下，德国于1994年通过了新的破产法，将所有的程序均纳入破产法中，该法于1999年生效。由此可见，德国破产法采取的也是广义的破产法概念。

（3）英国法与我国台湾地区"破产法"。英国法与我国台湾地区"破产法"的立法体例别具特色，破产法典中包括破产程序与和解程序，而将重整程序规定于公司法中。故也可认为，其采取广义的破产法概念。

4. 我国大陆破产法。我国大陆破产法将破产清算程序、和解程序与重整程序集于一身。故可以说，我国大陆破产法采取广义的破产法概念。

二、破产法的性质与内容

（一）破产法的性质

破产法为私法，并属于大陆法系传统的商法的范畴，但其究竟为诉讼事件抑或非诉事件等，学理上存在争论。

有谓诉讼事件说，其理由是：①破产程序与普通诉讼程序虽有不同，然最后的目的则毫无差异。②债权的申报，等于通常诉讼的提起。申报债权如无异

---

[1] 资料来源于德国波恩大学教授瓦尔特·格哈德博士，在1997年由人大财经委组织的在北京王府饭店召开的"中德破产法研讨会"上的发言——"德国新破产法"一文，未公开发表。

[2] 资料来源于德国波恩大学教授瓦尔特·格哈德博士，在1997年由人大财经委组织的在北京王府饭店召开的"中德破产法研讨会"上的发言——"德国新破产法"一文，未公开发表。

议，其债权即为确定，记入债权人清册，与确定判决具有同等效力。③在普通的民事诉讼，债权确定后债务人不为清偿时，即可开始强制执行；在破产程序，破产财产的管理、变价及分配等，皆可为强制执行的程序。④普通的执行，是为单个债权人扣押债务人的财产而为个别的执行；破产则系扣押债务人的总财产而为全体债权人的利益所进行的总括执行，其有强制执行的性质，故可界定为诉讼事件。[1] 诉讼事件说在德国为通说。

有谓非诉事件说，其理由是：①在普通的民事诉讼程序中，没有债务人就自己的财产申请假扣押的，但在破产程序中，债务人得为对自己破产宣告的申请；②在破产程序中，债权的申报与普通诉讼程序中请求法院确定私权的行为有较大区别，而且破产程序具有较浓厚的自治色彩；③破产人不仅丧失对财产的管理处分权，而且其人身也受到限制，这在普通诉讼程序中是不存在的；④破产的目的在于平等分配债务人的财产，与商事公司的清算程序类似，其为本于行政作用的处置，既无民事诉讼的要件，也无强制执行的性质。陈荣宗先生即主张此说，他认为，民事诉讼是债权人或债务人利用起诉的方法，请求法院以判决确定私权的程序；而非诉讼程序则是利用起诉或判决以外的方法，由法院介入私权事件而为处理的程序，仅有申请而无起诉，仅有裁定而无判决也。私权事件，之所以被归于诉讼事件或非诉讼事件，是基于立法政策上的要求。凡私权事件的处理，依事件的性质或情况，要求迅速处理，或证据明确而无必要以言词辩论方法调查证据者，立法上多将其列为非诉讼事件，以非诉讼程序迅速处理。破产事件，涉及多数债权人利益，且为避免债务人财产的分散或减少，自应有法院迅速介入为扣押的必要。又破产事件涉及财团债务和财团费用的问题，破产程序的进行非一般诉讼程序可比。为使法院能以职权主义方法，适当及时地根据具体情况开始破产程序，应以非诉讼程序为宜。[2]

有谓特殊事件说，其理由是：①破产程序的开始有债务人自行申请者，有法院依职权开始者，此种开始程序的方法与诉讼程序不合。②许多国家的破产法规定，除本法有特殊规定外，准用民事诉讼法的规定。其之所以用"准用"而不直接适用，是因为破产事件不属于民事诉讼程序，而属于特别程序。我国有的学者也主张此说，认为：①在立法结构上，除少数国家将破产法置于民事诉讼法或商法典外，各国一般通过特别法全面规定破产程序的特有规范。所以，破产法在立法形式上表现为特别法，这就为破产程序作为特别程序奠定了基础。②破产程序可以准用民事诉讼法的有关规定，主要是出于破产立法的技

---

[1]　（台）刘清波：《破产法新论》，东华书局1984年版，第4页。

[2]　（台）陈荣宗：《破产法》，三民书局1982年版，第11～12页。

术考虑，一方面可以减少立法上的重复；另一方面可以弥补破产法上的不足。但是，破产程序准用民事诉讼法的规定并不构成破产法的主要内容，其只是破产程序在个别方面与民事诉讼程序或执行程序雷同的结果，从而不能依此将破产程序归为诉讼程序的范畴。③破产申请、破产案件的受理、破产宣告、债权申报、债权人自治、破产管理人、破产财产、破产债权、破产分配等破产法特有制度，决定着破产程序的实质，是民事诉讼程序、非讼程序、民事执行程序所不能包容的特别制度。[1] 我们也赞同特别程序说。

（二）破产法的内容

破产法中既有程序性的规定，也有实体性的规定，故引起了学者间关于破产法究竟为实体法抑或程序法的争议。这正体现了现代商事法律制度的特点。

1. 实体性规定：①债务人的破产能力；②破产财产；③破产法上的撤销权、取回权、别除权和抵销权；④破产债权；⑤破产费用；⑥共益费用；⑦免责制度；⑧破产宣告的效力；⑨破产原因。

2. 程序性规定（下面的"破产"一词是在广义上使用的）：①破产案件的管辖；②破产的申请与受理；③债权申报；④债权人会议；⑤破产宣告；⑥和解批准；⑦重整批准；⑧清算分配；⑨程序的终结。

三、破产法的制度价值

（一）公平保护债权人利益

公平是破产法的第一理念，这种理念体现在以下两个方面：

1. 所有债权在破产程序开始时视为到期。按照民法的一般理论，债权尚未到期，债务人不负履行的义务，债权人也无权请求履行。如果这一规则运用到破产法上，就会使债权未到期的债权人不能参加分配。而等其债权到期时，债务人已无任何财产可供清偿。这样处理，对许多债权人极为不公。法律为避免这种情形的出现，规定在债务人被宣告破产时，其所有的债权均视为到期，而依破产程序申报并接受分配。

2. 所有债权按顺序和比例接受分配。这首先表现为破产法按照实体法或破产法的规定将所有债权区分顺序地进行清偿。就如日本学者伊藤真所言，就债权人之间的公平而言，因债权人的权利在实体法上各种各样，有的期待能从债务人的特定财产中获得清偿，有的期待能从债务人的一般财产中获得优先清偿。这样就产生了对债务人的特定财产享有担保的先取特权人、质权人、抵押权人，还有抵销权人。此外，在实体法上虽然没有作出特别的规定，但在需要

---

[1]　邹海林：《破产程序和破产法实体制度比较研究》，法律出版社1995年版，第5页。

社会保护这一点上，还有区别于一般债权人的特别债权人。在破产程序中，必须从有限的清偿财源中决定对以上各种性质的债权人的清偿份额和顺序。原则上，对在实体法上具有同一性质的债权人平等对待，而对不同性质的债权人根据其差异来分别对待的做法是符合公平理念的。[1] 其次，当破产财产对同一顺序的债权人不足清偿时，按比例清偿。各国破产法对此均有明确规定。

（二）弥补传统民事救济手段的不足

按照传统的民事救济手段，各债权人为个别诉讼，对于取得执行名义的债权可对债务人的财产为强制执行。其间会出现一种极不平等的现象：当债务人的财产不足以清偿全部债务时，先为诉讼而取得判决的债权人可能会得到全额清偿，而起诉在后或没有起诉的债权人可能会分文不得。另外一个客观效果是：一旦债务人的经济状况不佳，各债权人就会纷纷起诉，以获得先为执行。所以，为避免这种不足，有必要建立破产清偿制度。

（三）给予债务人以重新开始的机会

传统破产法以保护债权人为要而对破产人实行惩戒主义，破产程序的目的仅仅是使各债权人获得公平清偿，但债务人在破产后并不能获得免除债务的优惠。这样，就使得债务人没有申请破产的积极性和原动力，其结果是即使出现了破产原因，债务人仍不申请破产，使得财产继续减少，而最终对债权人不利。现代破产法既体现了对债权人的保护，也体现了对债务人的保护，最大的特点是对于符合法定条件的诚实的债务人进行免责，以使其摆脱债务，东山再起。

（四）及时切断债务膨胀，保障经济秩序的良好运行

现代市场交易是一个相互联系的锁链，各交易主体均是这条锁链上的一环。一个主体破产，往往会影响其他主体，引起连环破产。所以，对于不能清偿到期债务的债务人及时宣告破产，以防止其与更多的主体发生交易，切断其债务的膨胀，有利于保护经济秩序良性运行。

第二节　破产法上的立法主义

破产法上的立法主义，实际上是学者对各国立法、判例与学理上关于破产法的主要问题所采取的立法政策、学理与判例观点进行的总结，它们反映了破

---

[1]　［日］伊藤真：《破产法》，刘荣军等译，中国社会科学出版社1995年版，第7~8页。

产法上的主要原则。这些原则大体有：

一、商人破产主义与一般破产主义

这是关于破产法适用范围上的立法原则问题，也即有关破产能力问题。所谓商人破产主义，是指仅对具有商人身份的人开始破产程序的立法主义。此种立法例起源于《拿破仑商法典》。法国法系国家，如比利时、意大利等国在历史上均采用这种立法例。

所谓一般破产主义，乃是不分商人或非商人，均可适用破产程序的立法原则。德国法系国家及英美法系国家采取一般破产主义。采此主义的国家，其破产法均不规定于商法典中。

在商人破产主义与一般破产主义之外，还有一种所谓的折中主义立法例，即破产制度虽不规定为商人所特有，但在适用破产程序时，有商人身份者适用商人破产程序，非商人适用非商人破产程序，并分别于法典中设立两种不同的破产程序。在历史上，普鲁士、奥地利、西班牙、丹麦等国曾采用之。

在现代社会，绝大多数国家采用一般破产主义，即具有民事权利能力的人均可适用破产程序。但是，《企业破产法》仅仅适用于企业法人，甚至连商个人都不适用，可以认为是采取了有限制的商人破产主义，这种适用范围在现代国家已经非常少见。

二、自力救济主义与公力救济主义

所谓自力救济，是指债权人依靠自己的力量占有、变卖债务人的财产而自我受偿的行为。破产法贯彻自力救济的结果产生了自力救济主义。这种救济主义起源于罗马法，为中世纪许多国家所继受。自力救济主义的实行，导致了债权人权利的滥用，最终让位于公力救济。

所谓公力救济，是指完全由法院占有、变卖债务人的财产而对债权人进行分配的制度。相对于自力救济而言，公力救济虽然克服了自力救济时债权人权利滥用的情形，但却造成了公共权力对个人意志的过分侵入，即法院的意志代替了债权人的自治。

现代各国破产法的趋势是公力救济与自力救济相结合，即在法院严格监督下的债权人自力救济，如各国破产法均设立债权人的自治机构——债权人会议，允许债权人会议选任监督人为全体债权人的利益监督破产程序的进行。有的国家的破产法甚至允许债权人选任破产管理人。

三、破产原因的列举主义与概括主义

破产原因的列举主义，是指将构成破产程序开始的各种原因一一列举，只要符合法律规定或判例要求，就可对债务人开始破产程序。所谓破产原因的概括主义，是将破产原因作概括性和定义性的规定。

历史上英美法系国家一般采用列举主义，这与其判例法的法律渊源有关，因为每个判例所确定的破产法规则就构成一个原因。列举主义的优点是简单明了，对破产原因的认定比较容易，易于司法适用。但缺点是列举毕竟有限，很难将所有破产原因囊括其中。但在英美法系，由于其判例法的特点，在法律没有规定时，法官可以造法，所以，即使列举不能囊括，法官也可以将其作为新的判例规则加以创设。但在大陆法系这种列举主义就不可取了，因为在大陆法系国家，法官创设法律的权力受到极大的限制。美国破产法在1978年以前采用破产原因的列举主义，而在1978年修改破产法时，改列举主义为概括主义。

大陆法系国家破产法一般均采用概括主义立法原则，其优点是能够抽象地囊括所有破产原因，具有较大的弹性。但缺点是在司法适用中往往不如列举主义那样容易判断，也不易操作。我国现行《企业破产法》采取概括主义。

四、破产程序的受理开始主义与宣告开始主义

所谓破产程序的受理开始主义是指破产程序以法院受理破产案件为标志，而不论是否对债务人宣告破产。在采取这种立法例的国家中，破产程序一般包括受理程序、审理程序、宣告程序和分配清算程序。我国《企业破产法》即采取受理开始主义。[1]

所谓破产程序的宣告开始主义，是指破产程序的开始以对债务人的破产宣告为标志，在没有对债务人进行破产宣告前，破产程序并没有开始。大陆法系国家大多采此主义。

五、破产宣告的申请主义和职权主义

所谓破产宣告的申请主义，是指对债务人的破产宣告以对债务人的破产申请为根据，没有对债务人的破产申请，法院就不会对债务人宣告破产。体现了"不告不理"的原则。

所谓破产宣告的职权主义，是指法院不依当事人的申请而是在查明债务人有破产原因时，依职权宣告债务人破产的立法原则。体现了公力救济主义特点。

申请主义与职权主义各有其利弊：申请主义体现了私法自治的特点，但有时会造成不公平，因为即使法院知道债务人有破产原因，也不能对之进行破产宣告，不利于对全体债权人的保护；职权主义体现了国家的干预，但过分干预也会影响私法的自治性，甚至有时会造成程序性成本浪费。故现代破产法以申请主义为原则，而以职权主义为例外。

---

[1]　关于这一点，明显可以从我国《企业破产法》第15～20条等的规定中看出来。

　　从我国《企业破产法》的制度设计看，我国采取的是以"申请主义"为主，而以"职权主义"为辅的原则，即一般情况下，没有当事人申请，法院不得对债务人开始破产程序。但是，如果法院已经应当事人申请而开始了和解或者重整程序，在和解不能或者重整不能时，法院可以依职权宣告债务人破产。

　　六、和解前置主义与分离主义

　　所谓和解前置主义，是指法院在对债务人宣告破产前，应当先进行和解程序，只有在和解不成时，方可进入破产程序。所谓和解分离主义，是指将破产程序、和解程序视为两种独立的程序，当事人可以自由地选择，法院不予干涉，破产宣告并不以先行和解为前提。

　　我国现行破产法规定了清算、和解与重整三种程序，在具备法定原因时，当事人可以任意选择进入其中一种程序而无需先进行某一程序。因此，可以认为我国采取的是分离主义。

　　七、惩戒主义与非惩戒主义

　　所谓惩戒主义，是指将破产视为犯罪行为而加以处罚。采取惩戒主义的破产法不仅对破产人的人身自由进行限制，而且破产人的职业地位及公法权利的行使也受到限制。破产人所受的公法与私法上的限制，只有在具备法定条件时才得以复权程序进行恢复。

　　所谓非惩戒主义，是指破产程序仅针对债务人的财产进行，对破产人的人身不为公私法上的限制。

　　在历史上，大陆法系国家多采取惩戒主义，但现代各国多以非惩戒主义为原则，而以有条件的惩戒主义为例外。

　　当然，惩戒主义与非惩戒主义是针对自然人而言的，因我国破产法仅仅适用于企业法人，故这一问题在我国破产法上没有意义。

　　八、破产的普及主义与属地主义

　　所谓破产的普及主义，是指主张破产宣告的效力及于域外，即一内国法院所为的破产宣告，不仅及于破产人在宣告国的财产，而且及于其在国外的财产；而所谓破产的属地主义，是指一国法院所为的破产宣告的效力仅仅及于破产人在宣告国的财产。

　　普及主义贯彻"一人一破产"的原则，使破产债权人可以得到更多的利益，为许多发达国家所主张。属地主义将破产宣告的效力仅限于宣告国，有可能使破产人受到二次破产宣告。但应当特别指出的是，虽然有许多国家主张普及主义，但真正实行的并不多。

　　我国《企业破产法》对此问题采取了特别的处理原则，即规定我国法院宣告的破产对其他国家采取"普及主义"，而对其他国家法院的破产宣告则采取

"不承认主义"。《企业破产法》第 5 条规定："依照本法开始的破产程序，对债务人在中华人民共和国领域外的财产发生效力。对外国法院作出的发生法律效力的破产案件的判决、裁定，涉及债务人在中华人民共和国领域内的财产，申请或者请求人民法院承认和执行的，人民法院依照中华人民共和国缔结或者参加的国际条约，或者按照互惠原则进行审查，认为不违反中华人民共和国法律的基本原则，不损害国家主权、安全和社会公共利益，不损害中华人民共和国领域内债权人的合法权益的，裁定承认和执行。"这里执行的实际上是中国法院作出的裁定，而不是外国法院裁判的自动生效。

九、破产宣告的溯及主义与不溯及主义

所谓破产宣告的溯及主义，是指破产宣告的效力不仅及于宣告后债务人对财产的处分行为，而且使债务人在破产宣告前法律规定的时间内所为的有害于债权人的财产的行为归于无效。英国、法国及我国《企业破产法（试行）》均实行这一制度。

所谓破产宣告的不溯及主义，是指破产宣告的效力仅仅及于宣告后，而对宣告前债务人所为的财产行为不生影响。但为弥补其不足，又辅之以撤销制度。日本、德国破产法均实行这一制度。我国破产法既规定了撤销制度，又规定了无效制度。可以说，同时采取了溯及主义与不溯及主义。

十、破产财产的固定主义与膨胀主义

破产财产的固定主义与膨胀主义，主要是用来界定破产财产范围的。所谓固定主义，是指破产财产以债务人在受破产宣告时所拥有的财产为限，而不包括破产人在破产宣告后取得的财产。

所谓膨胀主义，是指破产财产不仅包括破产宣告时债务人所拥有的全部财产，而且也包括破产宣告后到破产程序终结前所取得的财产。我国破产法采取膨胀主义。

十一、免责主义与非免责主义

这是以破产程序终结后债务人对未能在破产程序中清偿的债务是否负有继续清偿的责任为标准而作的分类。所谓免责主义，是指破产人在破产程序终结后，即免除债务人对剩余债务继续清偿的责任。而所谓非免责主义，是指破产人在破产程序终结后，不免除对剩余债务继续清偿的责任。

由于非免责主义使债务人没有申请破产的积极性，最终不利于债权人及社会经济秩序，故现代各国一般采用有条件的免责制度。也就是说，在破产法中规定债务人不能免责的消极条件，如恶意转移财产或有不利于债权人的财产处分行为等，如果破产人不具有这些消极条件，即可免责。

应当指出，免责仅对自然人才有意义，因为只有自然人才会在破产清算程

序终结后生存下来，而法人在破产清算后就不再存在，所以规定其免责与否也就没有任何意义。由于我国破产法仅仅适用于企业法人，故我国破产法上根本不存在这一问题。

第三节　破产程序的结构与启动机制

一、程序设计的基本思路

（一）概述

我国《企业破产法》共设计了三种程序，即破产清算程序、和解程序与重整程序。由于我国破产法使用的是"大破产"的含义，因此，有的地方虽然称为"破产"，但却是三种程序共用的部分，如"破产债权"；有的地方所称的"破产"，仅仅是就"破产清算"而言。这主要是在破产法立法的过程中，为了简便程序，按照"一个大门，三个小门"设计的缘故。搞清楚这一点，对解读破产法十分重要。

所谓"一个大门，三个小门"，是指将"破产清算程序""和解程序"与"重整程序"统称为"破产程序"，适用"大破产"概念，可以将之称为"大门"；而"破产清算程序""和解程序"与"重整程序"是一个个具体的程序，可以称之为"小门"。就好比一个"三室一厅"的房子，大厅是公共部分，而每个室是三个不同的房间。

（二）"三种程序"的共用部分

"三种程序"的共用部分包括：①申请程序；②公告与通知程序；③管理人及其职责；④破产债权；⑤破产债权的申报；⑥债务人的财产；⑦破产费用与共益债务；⑧取回权、抵销权、撤销权；⑨法律责任等。

（三）"三种程序"开始的原因

"三种程序"开始的原因既有重合也有区别，具体来说：①破产清算程序与和解程序开始的原因是相同的，即《企业破产法》第2条第1款的规定："企业法人不能清偿到期债务，并且资产不足以清偿全部债务或者明显缺乏清偿能力的，依照本法规定清理债务。"②重整程序开始的原因有二：一是"企业法人不能清偿到期债务，并且资产不足以清偿全部债务或者明显缺乏清偿能力的，依照本法规定清理债务"；二是"有明显丧失清偿能力可能"。

（四）"三种程序"的适用对象

从其他国家或地区的立法来看，在三种程序的适用对象上存在重要的差别：破产清算程序适用于任何一种主体，既包括自然人与法人，也包括合伙

（我国台湾地区"破产法"、德国破产法、日本破产法、美国破产法、英国破产法莫不如此）。按我国台湾地区"破产法"、德国破产法及日本破产法的规定，和解程序的适用对象与破产清算程序的相同。美国破产法区别不同主体而适用不同程序，其第七章清算程序与其他程序在主体上存在差别。

但就重整程序适用的对象来说，各国与地区差异较大。日本、英国及我国台湾地区的重整制度仅适用于股份有限公司，我国台湾地区及英国的重整制度就规定在其"公司法"中。其中，我国台湾地区"公司法"对其适用范围有更严格的限制，根据该法第 282 条的规定，以公开发行股票或公司债的股份有限公司为限。其立法理由是，公司重整如果范围太宽，则很可能发生以重整为手段达到规避破产或拖延债务履行目的的流弊。公司法之所以规定"公开发行股票或公司债之股份有限公司"为重整的适用对象，则表示重整重在谋求保障社会整体利益，而不是仅为满足企业个体的需要，充分说明了公司重整对社会经济发展与社会安全的积极的政策意义。而非公开发行股票或公司债的公司，可能是家族公司，自无重整的必要。即使为非家族公司，若不是公开发行股票或公司债的股份有限公司，或者是无限公司、两合公司，因其对社会大众利益影响较小，也无适用重整程序的必要。[1] 日本的立法理由除以上所列外，重整实务得出的另一结论是，重整程序的费用远远高于破产清算程序和和解程序，小公司往往难以支撑，因而在日本的重整实务中，重整程序一般适用于大公司。但关于大公司与小公司的划分标准并不明确，在实务中，全由法官自由裁量，一般也是上市公司，这与我国台湾地区"公司法"的规定恰好不谋而合。对小公司而言，最好适用和解程序，这也是目前日本对破产制度修改的一种重要的意见。

根据《美国破产法》的规定，个人、合伙、公司均能援引其第十一章"重整程序"的规定，但证券经纪人、商品经纪人或铁路部门都不能主动申请适用其第十一章的程序对自己进行重整。除此之外，能作为其第十一章重整对象的债务人的，仅限于在美国有住所或居住的人以及在美国有营业所或财产的人。另外，对农场主及非营利单位也不得提出适用第十一章程序，因为《美国破产法》在经 1984 年及 1986 年两次修改之后，新加了关于对农场主债务重整的第十二章。

根据法国 1985 年 1 月 25 日第 85 - 98 号法律，即《法国困境企业司法重整及清算法》第 2 条的规定，重整程序适用于所有商人、手工业者、农业经营

---

[1]　（台）杨建华：《商事法要论》，三民书局 1984 年版，第 155 页。

者及私法人。对于商人，司法重整程序的开始必须具备两个条件：①停止支付必须发生于债务人吊销商事登记册上的登记之前；②程序必须在吊销后一年内开始。在司法实践中，没有在商事登记册上登记而从事商业活动的人，被视为商人。以自己的名义为他人从事商业或手工业活动的人，也同样被视为商人或手工业者，但判例不容许通过为他人从事商业活动或手工业活动而逃避司法重整程序的现象存在，所以对他同样适用司法重整程序。[1]

在我国 2006 年《企业破产法》的起草过程中，对于重整制度的适用范围问题存在较大的争论。有人主张应当对重整程序的适用范围作出严格的限制，最好是限制在股份公司甚至是上市公司。因为重整程序是一种成本高、社会代价大、程序复杂的制度，它更多地是保护社会整体利益，而将债权人的利益放在次要位置。与和解制度相比，重整程序中的公力干预较强，对债权人的限制以及债权人所作出的牺牲较大，故它要求重整对象必须是有社会价值的企业。另外，如此大的社会代价，一旦重整不成，会给债权人及股东造成极大的损害，尤其是担保债权人最不愿援用此程序。因而，立法应当严格限制其适用的范围。同时，法院在审查重整申请时，应严格谨慎，除非确认债务人确有"重建"的希望，不能轻易许可其开始重整程序。也有人认为，立法不宜对重整程序的适用范围作出过于狭窄的规定，而是由法院在具体适用过程中，根据具体情况进行掌握。通过后的破产法显然采取了最后一种主张，2006 年《企业破产法》第 2 条规定其为企业法人。因此，在我国《企业破产法》中，破产清算程序、和解程序与重整程序适用的对象没有任何差别，都是企业法人。但法院在司法实践中应该认真履行审查义务，严格掌握适用的原因和条件，以免给其他债权人，特别是担保债权人造成损害，导致社会资源浪费。在这一方面，美国破产重整的经验和教训可以借鉴。按照《美国破产法》第十一章的规定，破产重整适用的主体可以分为两大部分：一部分是中小型企业；另一部分是大型股份上市公司。中小型企业通常不能将程序持续到批准方案的阶段就陷入破产的深渊。因此，将中小型企业提出第十一章的申请看做是几乎必然导致清算的挣扎阶段，是十分贴切的。与此相反，大型企业提出第十一章的申请通常会导致某种形式的公司重整，这种重整是成功的，因为至少企业的某一部分继续经营而被保存下来。导致上述结果的一个主要原因是因为第十一章程序的巨大费用。[2]

---

[1]　沈达明、郑淑君编著：《比较破产法初论》，对外贸易教育出版社 1993 年版，第 229 页。

[2]　[美] 大卫·G. 爱泼斯坦、史蒂夫·H. 尼克勒斯、詹姆斯·J. 怀特：《美国破产法》，韩长印等译，中国政法大学出版社 2003 年版，第 732 页。

（五）程序的开始与转换

无论是破产清算还是和解、重整，只要债务人符合程序开始的条件，当事人都可以直接申请进入某一程序，无须先申请一种然后再转入其他程序。但是，当事人先申请了一种程序后，在具备一定条件时，也能够转入另外一种程序。在此需要特别注意的是：

1. 破产清算程序与重整程序之间的转换。

（1）破产清算向重整程序的转换。债权人申请对债务人进行破产清算的，在人民法院受理破产申请后、宣告债务人破产前，债务人或者出资额占债务人注册资本 1/10 以上的出资人，可以向人民法院申请重整（《企业破产法》第70 条第 2 款）。

（2）重整程序向破产清算的转换。重整程序开始但具备法定事由的，可以直接转换为破产清算程序，具体来说有以下几种情况：首先，在重整期间有下列行为之一的：①债务人的经营状况和财产状况继续恶化，缺乏挽救的可能性的；②债务人有欺诈、恶意减少债务人财产或者其他显著不利于债权人的行为的；③由于债务人的行为致使管理人无法执行职务的；④债务人或者管理人未按期提出重整计划草案的（《企业破产法》第 79 条）。其次，重整计划未获通过或者没有获得法院的强行批准（《企业破产法》第 87、88 条）。再次，已经被债权人会议通过的重整计划未获得法院的批准（《企业破产法》第 88 条）。最后，债务人不能执行或者不执行重整计划（《企业破产法》第 93 条）。

2. 破产清算程序与和解程序的相互转换。

（1）和解程序向破产清算程序的转换主要有四种情况：①和解计划未获得债权人会议的通过（《企业破产法》第 99 条）；②经债权人会议通过的和解协议未获得人民法院的认可（《企业破产法》第 99 条）；③债务人不能执行或者不执行和解协议（《企业破产法》第 104 条）；④和解协议是因债务人的欺诈或者其他违法行为成立的（《企业破产法》第 103 条）。

（2）破产清算程序向和解程序的转换。债务人可以在人民法院受理破产申请后、宣告债务人破产前，向人民法院申请和解（《企业破产法》第 95 条）。破产宣告后，债务人不得再提出和解申请。但许多国家或者地区的破产法对此并不禁止，如德国破产法、日本破产法及我国台湾地区"破产法"。但在我国台湾地区"破产法"上，破产宣告后的和解行为称为"调协"。

3. 破产和解程序与重整程序之间不能相互转换。和解程序与重整程序之间能否转换？对于这一问题，绝大多数国家的立法持肯定的态度。例如，根据《法国困境企业司法重整与清算法》第 2 条及第 4 条的规定，以非商业公司的形式从事的农业经营者，在适用重整程序之前，须首先适用和解程序，在和解不成时，再适用重整程序。除此之外，任何债务人根据 84 - 148 号法律与债权人达成和解协议，但不按和解协议向债权人履行财产义务时，均可适用重整程序。即使和解协议已经达成，但尚未履行或正在履行过程中的，根据日本重整法及美国破产法，也允许利害关系人提出重整程序开始的申请。其理由是：

（1）和解程序与重整程序具有共同的开始原因，对这一点，无论是我国《企业破产法》还是国外的破产法或者其他法律都持肯定态度。

（2）和解程序与重整程序具有完全不同的制度目标与价值。具体而言：

第一，制度价值不同。重整程序的直接目的在于挽救企业的生存，而和解程序的直接目的在于处理债权债务关系。和解虽然也是为了避免债务人受破产宣告或受破产分配，但它只能消极地避免而不能积极地加以预防。从实质上说，和解制度与破产清算制度一样，重在清偿，有时债务人（非自然人）与债权人通过和解的方式解决完债权债务关系而使债务人消灭。但与破产宣告不同的是，通过和解解决债权债务关系，对债务人的名誉有利。况且，和解费用较破产清算费用少，债权人可得到更多的清偿，因而在实践中，债权人更愿意适用和解程序。但是，这也恰恰反映出和解制度的局限性：债权人主观上并不关心债务人的生与死，对债权人来说，债务人（法人）生存只是为了对其债权进行更多的清偿。如果和解协议执行完毕而企业能继续生存下来，是和解的客观结果而非债权人的主观愿望。除此之外，和解制度并不像重整制度那样对各类债权人有极强的约束力。和解对于有担保物权的债权人无任何约束力，和解程序开始，担保物权人可直接行使担保物权，即别除权。在实务中，往往是担保物权一经执行，企业财产便所剩无几，从客观上使企业复苏的可能化为乌有。故和解制度不能积极地挽救企业。重整制度则与之不同，重整的目的即在于拯救企业，并且是积极地挽救而非消极地防止与避免。法国重整法与日本重整法（更生法）于其第 1 条均开门见山地指出了重整的目的在于拯救企业，正是围绕着这一目的，重整制度规定了比和解制度更强的效力。重整程序一开始，不仅所有的民事执行程序均应中止，禁止债务人向个别债权人为清偿，而且对债务人的特定财产享有担保物权的债权人也不能按一般民法程序行使其担保物权，须按重整计划的安排行使。这一规定使得重整，即对债务人的拯救在客观上有了物质保障。

第二，程序开始的申请人不同。从包括我国《企业破产法》在内的世界各主要国家的和解制度看，和解申请是法律赋予债务人的特权，只有债务人才可以提出，债权人不能提出和解申请，法院也不能依职权宣告和解程序的开始。重整程序的开始原则上也以申请为依据，但申请人的范围较和解广泛，不仅债务人可以提出，债权人、符合一定条件的公司股东均可提出。根据法国 1985

年第85–98号法律，法院可以依职权或经共和国检察官的请求宣布重整程序的开始。

第三，效力不同。根据各国的和解制度，和解协议经法院认可后，仅对无担保的债权人产生效力，对于就债务人的特定财产享有担保权的债权人则不生效力，担保权人可以直接行使担保物权以获得满足。而重整则不同，重整程序一经开始，对所有的债权人，包括有担保物权的债权人均产生效力，担保物权人不得依一般的民事程序行使担保物权，必须依法申报债权并参加重整程序，其担保物权的行使或债权的受偿必须按重整计划的规定。

第四，措施不同。单就措施而论，和解制度的措施较为单调，它主要是靠债权人的让步，即债权人减免债务或延期支付的方式，给债务人以喘息的机会而获得清偿，但重整措施较为丰富，除债权人的减免或延展偿付期限外，还可以将企业整体或部分转让、租赁经营等。正像宫川知法所说的那样："公司更生是以大股份有限公司为对象的再建型程序……是一个对公司营业的继续和再建具有强有力的手段且手段丰富的制度。"[1]

第五，债权人与法院的作用不同。在和解程序中，和解能否成功，完全取决于债权人，法院仅仅是消极地确认和解协议而不能在认为和解协议草案合理公平、具有可行性时强行许可。但在重整程序中，由于法律对不同利益的债权人分为不同的表决组，从一定程度上分化了债权人的阵营，为通过重整计划减少了障碍。另外，从《美国破产法》第1129条及我国《企业破产法》第87条的规定看，法院在特定条件下，可以不顾债权人的反对而强行许可重整计划。大部分国家的破产法的设计思路是：

我国《企业破产法》禁止程序在和解与重整之间进行转换，这也可以看成是我国破产法的一个特色。主要是考虑到和解与重整都属于再建型程序，当事人在程序开始时就应当进行理性的选择，一旦选择某一程序，就不能再进行转换，以减少程序性成本。当然，这不是理论上的问题，也不是立法技术上存在困难，而是我国立法政策的选择。

二、程序启动机制

（一）程序启动概述

任何一个程序，无论是"破产清算""和解"还是"重整"，都无任何前置性规定，当事人均可以直接申请进入，即在具备法律规定的原因后，当事人可以直接申请对债务人开始"破产清算""和解"或者"重整"程序。而不像

---

[1] ［日］宫川知法："日本倒产法制的现状与课题"，于水译，载《外国法译评》1995年第2期。

《企业破产法（试行）》，如果债务人想申请和解程序，还必须在债权人对债务人提出破产申请后方可启动（《企业破产法（试行）》第17条）。

（二）程序的启动主体

我国《企业破产法》规定当事人可以直接申请对债务人开始"破产清算""和解"或者"重整"程序，对于什么主体能够启动这些程序均有明确规定，具体来说：

1. 破产清算程序的启动。破产清算程序的启动仅能够由债权人或者债务人进行。债权人申请债务人破产清算的，为"非自愿性破产"，债务人自己申请对自己开始破产清算程序的，为"自愿性破产"（《企业破产法》第7条）。

2. 和解程序的启动。和解程序仅仅能够由债务人提出，而债权人或者债务人的出资人都不能提出。这是大多数国家的通例。我国破产法也遵循了这一通例，《企业破产法》第95条规定："债务人可以依照本法规定，直接向人民法院申请和解；也可以在人民法院受理破产申请后、宣告债务人破产前，向人民法院申请和解。债务人申请和解，应当提出和解协议草案。"

3. 重整程序的启动。重整程序既可以由债务人启动，也可以由债权人启动，同时，具备特定条件的出资人也可以启动这一程序。我国《企业破产法》第70条规定："债务人或者债权人可以依照本法规定，直接向人民法院申请对债务人进行重整。债权人申请对债务人进行破产清算的，在人民法院受理破产申请后、宣告债务人破产前，债务人或者出资额占债务人注册资本1/10以上的出资人，可以向人民法院申请重整。"由此可见，出资人提出对债务人重整的，必须具备三个条件：①必须是"债权人申请对债务人进行破产清算"；②时间必须是在"人民法院受理破产申请后、宣告债务人破产前"；③出资额占债务人注册资本的1/10以上。因此，按照我国破产法，出资人不能直接启动重整程序，而只能申请从破产程序转换而来。

（三）金融机构的破产程序的启动

《企业破产法》第134条规定，商业银行、证券公司、保险公司等金融机构有本法第2条规定情形的，国务院金融监督管理机构可以向人民法院提出对该金融机构进行重整或者破产清算的申请。由此可见，对于金融机构的破产程序，在启动上有两个特点：

1. 无论是债权人还是债务人都不能启动对金融机构的破产程序，只有国务院金融监督管理机构才能启动。

2. 即使是国务院金融监督管理机构，也只能对金融机构启动重整或者破产清算程序，而不能启动和解程序。

（四）法院主动对破产程序的启动

一般情况下，法院是不可以启动破产程序的，但是，在特殊情况下，符合一定条件时，也可以启动破产程序。我国《最高人民法院关于适用〈中华人民共和国民事诉讼法〉的解释》[1]第513条规定："在执行中，作为被执行人的企业法人符合企业破产法第2条第1款规定情形的，执行法院经申请执行人之一或者被执行人同意，应当裁定中止对该被执行人的执行，将执行案件相关材料移送被执行人住所地人民法院。"第514条规定："被执行人住所地人民法院应当自收到执行案件相关材料之日起30日内，将是否受理破产案件的裁定告知执行法院。不予受理的，应当将相关案件材料退回执行法院。"第515条规定："被执行人住所地人民法院裁定受理破产案件的，执行法院应当解除对被执行人财产的保全措施。被执行人住所地人民法院裁定宣告被执行人破产的，执行法院应当裁定终结对该被执行人的执行。被执行人住所地人民法院不受理破产案件的，执行法院应当恢复执行。"第516条规定："当事人不同意移送破产或者被执行人住所地人民法院不受理破产案件的，执行法院就执行变价所得财产，在扣除执行费用及清偿优先受偿的债权后，对于普通债权，按照财产保全和执行中查封、扣押、冻结财产的先后顺序清偿。"由此可见，法院对于破产程序的启动是有条件和限制的：①这种启动限定在执行程序中；②被执行人的企业法人符合《企业破产法》第2条第1款规定的破产原因；③法院经申请执行人之一或者被执行人同意；④法院启动的程序仅仅限于破产清算而不包括和解与重整程序；⑤执行法院的移送或者启动仅仅相当于申请，被移送法院还要根据法定程序来审查决定是否开始破产程序。因此，它不属于依职权开始的破产，即不能称为"职权主义"。

（五）程序开始的标志及效力

与其他国家破产法采取以破产宣告作为破产程序开始的标志不同，我国破产法采取的是破产程序自法院受理破产案件开始的立法例。如债权的申报、债权人会议的召开、破产程序对债务人人身与财产的限制等，从法院受理破产案件就开始发生。如《企业破产法》第17条第1款规定："人民法院受理破产申请后，债务人的债务人或者财产持有人应当向管理人清偿债务或者交付财产。"第44条规定："人民法院受理破产申请时对债务人享有债权的债权人，依照本法规定的程序行使权利。"第45条规定："人民法院受理破产申请后，应当确定债权人申报债权的期限。债权申报期限自人民法院发布受理破产申请公告之

[1] 2014年12月18日由最高人民法院审判委员会第1636次会议通过，自2015年2月4日起施行。

日起计算，最短不得少于 30 日，最长不得超过 3 个月。"第 46 条规定："未到期的债权，在破产申请受理时视为到期。附利息的债权自破产申请受理时起停止计息。"第 15 条第 1 款规定："自人民法院受理破产申请的裁定送达债务人之日起至破产程序终结之日，债务人的有关人员承担下列义务：①妥善保管其占有和管理的财产、印章和账簿、文书等资料；②根据人民法院、管理人的要求进行工作，并如实回答询问；③列席债权人会议并如实回答债权人的询问；④未经人民法院许可，不得离开住所地；⑤不得新任其他企业的董事、监事、高级管理人员。"

　　但值得注意的是，在我国破产法上，至少从理论上说，破产案件的受理并非必然导致对债务人的破产宣告。那么，程序以案件受理为开始标志且对债务人或者债权人、债务人的债务人或者财产持有人等发生一系列法律效力，如果法院未对债务人做出破产宣告，将如何处理？这一问题，其实自《企业破产法（试行）》以来一直是我国破产法程序结构上的一个大的问题。该问题的解决不可能依靠制度来完成，只能要求法院在审查案件并决定受理时，应当谨慎与严格地审查。笔者对司法实践提出的建议是：我国法院在受理破产案件时，最好能够借鉴实行"破产程序宣告开始主义"之立法例国家和地区的做法，即不仅对破产原因进行形式审查，而且要进行听证程序，以确定程序开始原因的存在，从而避免出现程序开始但最后却不宣告债务人破产的被动局面。

第二章

破产程序的开始

第一节　破产程序开始的实质要件

一、破产原因

（一）破产原因的构成和内涵

破产原因是适用破产程序所依据的特定法律事实，是法院做出破产宣告的特定事实状态，是破产程序得以发生的实质条件。作为破产原因，它应该具备的特征是：①它必须是实际存在的事实状态，而不是债权人或债务人主观臆断出来的；②它必须是法律规定的事实状态，而不能以法定以外的事实做判断。

破产原因有单一原因和复合原因之分。所谓单一原因，是指以债务人不能清偿到期债务为破产的唯一原因；而复合原因是在不能清偿到期债务的基础上又加了其他条件。在我国现行法律当中，采取单一原因的有《公司法》《商业银行法》和《合伙企业法》。

《公司法》第 187 条第 1 款规定，清算组在清理公司财产、编制资产负债表和财产清单后，发现公司财产不足清偿债务的，应当依法向人民法院申请宣告破产。《商业银行法》第 71 条第 1 款规定，商业银行不能支付到期债务，经国务院银行业监督管理机构同意，由人民法院依法宣告其破产。这两个法规定的都是单一原因，即只要出现财产不足以清偿债务，或者不能支付到期债务的，就是具备破产原因。《合伙企业法》第 92 条第 1 款规定，合伙企业不能清偿到期债务的，债权人可以依法向人民法院提出破产清算申请，也可以要求普通合伙人清偿。其规定的也是单一原因。

我国《企业破产法》对破产原因的规定是采复合式的。其第 2 条第 1 款规定，企业法人不能清偿到期债务，并且资产不足以清偿全部债务或者明显缺乏清偿能力的，依照本法规定清理债务。这一规定表明，不能清偿到期债务与资产不足以清偿全部债务或者与明显缺乏清偿能力这两个选择项中的任何一个组合在一起，才构成一个完整的破产原因。这三项中的任何一项都不能单独构成破产原因。《最高人民法院关于适用〈中华人民共和国企业破产法〉若干问题的规定（一）》（以下简称《企业破产法司法解释一》）第 1 条重申了这一精神：债务人不能清偿到期债务并且具有下列情形之一的，人民法院应当认定其具备破产原因：①资产不足以清偿全部债务；②明显缺乏清偿能力。

对于如何认定"债务人不能清偿到期债务"，上述解释第 2 条规定："下列情形同时存在的，人民法院应当认定债务人不能清偿到期债务：①债权债务关系依法成立；②债务履行期限已经届满；③债务人未完全清偿债务。"我们认为，这样的解释不符合《企业破产法》立法原义，也不符合实际的情况，没有把民法上的"不履行到期债务"与破产原因上的"不能履行到期债务"明确区分开来，是一种错误的认识。因为，在合同法上，债务人未履行到期债务的，只有债权人催告后，才能解除合同。如果说，一个债务人与债权人的债权债务关系依法成立、履行义务到期，债务人未履行义务或者未全部履行义务的，就能够认定为"不能清偿到期债务"的话，几乎整个债法就变成了破产法了。因此，在这里，应该是："债务到期未履行，经债权人催告后仍然没有履行或者没有完全履行的"，推定其不能履行，而不是"认定"债务人不能履行。因此，我们认为，最高人民法院的这一规定缺乏理论根据，是不严谨的，完全脱离了债法与破产法的一般区别。

对于如何认定"资产不足以清偿全部债务"，上述司法解释第 3 条规定："债务人的资产负债表，或者审计报告、资产评估报告等显示其全部资产不足以偿付全部负债的，人民法院应当认定债务人资产不足以清偿全部债务，但有相反证据足以证明债务人资产能够偿付全部负债的除外。"这里用"认定"是正确的，因为已经有具体的根据——资产负债表，或者审计报告、资产评估报告。

（二）"资不抵债""明显缺乏清偿能力"与"不能清偿到期债务"的关系

有人认为只要债务人"资不抵债"的，就等于具备了破产原因。但是"资不抵债"从外在的表象来说，却不等于"不能清偿"。如一个企业总资产只有 100 万元，而总债务却有 500 万元，但该企业有良好的信誉，在债务到期时总能通过举新债还旧债的方式偿还。相反，假如一个企业有 200 万元的债务，有 240 万元的总资产，但如果其可用于偿债的款项只有 80 万元，显然也属于"不能清偿到期债务"。这也是理论上常讲的判断破产原因的"资产负债表标准"与"现金流量标准"的差别。

在国外的许多国家，"现金流量标准"是判断法人与自然人破产的通用原因，但"资不抵债"（债务超过资产）却仅仅是法人破产的原因（如德国与日本）。

在我国破产法上，资不抵债与不能清偿到期债务都不是独立的破产原因，二者结合才构成一个完整的破产原因，所以资不抵债只能在破产原因中作为一个从项，只有与核心主项，即不能清偿到期债务结合才构成破产法上的破产原因。资不抵债不等于不能清偿到期债务，也不能替代不能清偿到期债务而单独使用。

明显缺乏清偿能力也是一个动态的标准，它会因时而变。所以它和资不抵债一样，不能单独作为破产原因，只能和全部资产不能清偿全部债务一样作为选择项，在债务人具备不能清偿到期债务的客观事由的前提下，与其结合才可作为申请破产的根据。对此，最高人民法院的上述司法解释第 4 条规定："债务人账面资产虽大于负债，但存在下列情形之一的，人民法院应当认定其明显缺乏清偿能力：①因资金严重不足或者财产不能变现等原因，无法清偿债务；②法定代表人下落不明且无其他人员负责管理财产，无法清偿债务；③经人民法院强制执行，无法清偿债务；④长期亏损且经营扭亏困难，无法清偿债务；⑤导致债务人丧失清偿能力的其他情形。"

对于债权人来说，申请债务人破产只要能证明债务人不能清偿到期债务即可，而无需证明债务人是否资产不足以清偿债务或者明显缺乏清偿能力。因为债权人无法了解债务人财产的具体情况，也无法进入债务人企业内部进行调查。债权人提出申请以后，由法院根据《企业破产法》第 2 条的规定，经审查确认债务人破产原因是否具备后，最终决定是否裁定受理。

另外，支付停止也可以推定为破产原因之一。关于这一点，一般是指应偿还的债务无法全面地、持续地支付。其作为明示的行为，表现为对债权人发出不能支付的口头或者书面通知、在营业场所或办公地点贴出相关声明等；作为默示行为，表现为因银行账户中的金额不足而不支付债务、关店、逃匿等。例如，根据《日本破产法》第 74 条第 1 款规定的精神，支付停止是指债务人因资金缺乏而无法支付债务，主要是指通过明示或者默示方式表现出来的外部行为，如果只是内部的决策而没有表现为外部行为的，就不能认为是支付停止。支付停止自身不是破产原因，但却是推定破产原因的支付不能的事由。

《最高人民法院关于审理企业破产案件若干问题的规定》同样有类似的规定，其中第 31 条第 2 款规定："债务人停止清偿到期债务并呈连续状态，如无相反证据，可推定为'不能清偿到期债务'。"这一规定非常明确地将支付停止作为破产原因的支付不能的情形。推定的破产原因依此规定必须具备三个条件：①债务人曾经支付过；②客观上在未清偿完毕时停止了支付，且这种停止支付处于持续状态；③债务人不能举出一直持续支付的证据。这三个条件是推定破产原因的充分必要条件，三者缺一不可。反之，如果债务人有证据证明不论每次支付多少，只要没有停止支付的外在表现时，就不能推定债务人出现破产原因。

二、破产主体资格

关于破产的主体资格亦即破产能力问题，它和民事权利能力有较为密切的关系。在采取一般破产主义的国家，破产能力与民事权利能力是一致的，而在采取商人破产主义的国家，破产能力和民事权利能力是不一致的。

我国《企业破产法》第2条的规定开宗明义地指出，破产法首先适用的范围就是法人企业，这是它的主要的适用范围。其次，《企业破产法》第135条规定，企业法人以外的组织破产清算的，参照该法规定的程序。这就明确了我国现行破产的主体资格，也即破产能力，只有企业法人和其他法律规定破产的非法人企业才有破产能力。由此可见，我国企业破产法不适用于个人（包括个体工商户、农村承包经营户、合伙人和个人独资企业的出资人和个人消费信贷），不适用于国家机关法人及事业单位法人，也不适用于非法人企业（除非法律有特别规定），而仅仅适用于私法人中的企业法人。

（一）企业法人

在市场经济条件下，企业法人原则上不应该有区别。但我国受传统体制的影响，将企业分为国有企业、集体企业等。根据《企业破产法》规定的精神，这里不对企业法人进行详细划分，只是按照其在破产法中的地位，分为非国有企业法人、国有企业法人和金融机构法人。

1. 非国有企业法人。非国有企业法人包括没有进行股份制改造的集体企业、具有法人资格的集体股份合作制企业、具有法人资格的三资企业、各类依公司法设立的公司以及其他非国有的法人企业。这些企业只要符合法人条件即依法设立，有章程、有健全的组织机构、有独立支配的财产、能够独立对外承担民事责任等，都没有任何限制地、无例外地适用《企业破产法》规定的重整、和解和清算程序。这是《企业破产法》适用的最主要、最普遍也是最重要的主体。

2. 国有企业法人。国有企业法人是指国家单独投资或者各级人民政府授权本级政府的国有资产监督管理部门以投资人身份投资设立的企业，其全部投资的资产均为国有资产。这类企业包括国有独资公司和没有进行公司改制的国有企业、国有控股公司。对于这类法人企业，《企业破产法》第133条对部分国有法人企业的破产做出了专门规定："在本法施行前国务院规定的期限和范围内的国有企业实施破产的特殊事宜，按照国务院有关规定办理。"

3. 金融机构法人。金融机构法人包括商业银行、证券公司、保险公司、信托投资公司、证券投资基金管理公司、融资租赁公司等企业。这类企业法人有其特殊性，涉及的利益群体较大，加之我国目前对这一类法人的债权人的保险机制不完善，因此，我国《企业破产法》为保护债权人利益，于第134条作出了特别的规定。主要表现在：①作为债务人的金融机构出现破产原因，只能适用清算程序或者重整程序，而不能适用和解程序；②作为债务人的金融机构出现破产原因，只能由国务院金融监督管理机构向法院提出重整或者清算的申请，企业自己不能提出破产申请；③如果上述金融机构出现重大经营风险而国务院金融监督管理机构已经对其采取接管、托管措施的，可以向法院申请中止对该金融机构债务人开始的诉讼或执行程序；④国务院有权制定专门适用于金融机构破产的实施办法。

（二）非法人组织

我国破产法没有规定非法人企业的破产能力，仅仅规定只有其他法律对非法人企业有破产规定的，才参照破产法进行。目前，关于规定非法人企业破产的法律不多，只有《合伙企业法》有这样的规定，该法第92条规定："合伙企业不能清偿到期债务的，债权人可以依法向人民法院提出破产清算申请，也可以要求普通合伙人清偿。合伙企业依法被宣告破产的，普通合伙人对合伙企业债务仍应承担无限连带责任。"

非法人企业破产适用《企业破产法》的方式是参照，而且适用的只是程序性规定，一般的实体性规定不适用。

三、破产障碍

破产障碍是指能够阻却破产程序发生和破产宣告的法定事由。

（一）破产程序开始的障碍

具备破产能力的债务人，因有下列情形之一而不会进入破产程序：

1. 不具备破产原因。债务人没有出现不能清偿到期债务的情形，或者虽然出现了不能清偿到期债务的情形，但资产总额超过债务总额，或者还有清偿能力。在此种情况下，我国破产法以列举方式规定的破产原因即不成立。即使债权人向法院提出破产申请，破产程序也不会因此而发生。

2. 申请重整。在出现重整原因即出现破产原因或者可能出现破产原因，无人首先提出破产申请的情况下，债务人或者债权人向法院提出重整申请的，此重整申请可以阻却破产申请和破产程序的发生。

3. 申请和解。原破产法规定和解只能在破产程序开始后破产宣告前进行，而现行破产法规定在债务人出现破产原因时可以直接向法院申请和解。这种和解也称为分离和解或直接和解，其除了有利于债务人获得再生外，还有避免债权人申请破产可能的目的。这种和解和重整一样，一旦提出或者经法院允许，同样可以阻却破产程序的发生。

4. 清偿债务或者提供足额担保。如果债务人具备破产原因，但债务人在债权人提出破产申请之前或者破产申请提出后法院裁定受理之前清偿了全部到期债务的，"不能清偿到期债务"的破产原因即消失。作为破产的实质要件不复存在，破产程序也就不会发生了。破产原因出现后，债务人虽然不能清偿到期债务，但能够以物权或者债权提供足额担保于债权人，使债权人的权利事先有了充分的保障，当然没有必要对债务人启动破产程序。

（二）破产宣告的障碍

债务人虽然进入了破产程序，但最终是否真正被宣告破产而进行清算，还取决于有没有一定的法定事实出现使破产清算的关键环节——破产宣告被阻却。债务人具备破产原因，但有法律规定的特定事由的，不予宣告破产。依照《企业破产法》的规定，这些事由包括：

1. 在破产宣告前有证据证明不具备破产原因的。也就是不能清偿到期债务，并且资产不足以清偿债务或明显缺乏清偿能力的情形最终根本就不存在。

2. 在破产宣告前，第三人为债务人提供足额担保或者为债务人清偿全部到期债务的。在破产程序开始后、法院作出破产宣告前，债务人取得了他人的资助，资助人愿意为债务人提供足额担保或者为其偿还全部债务的，使债权人的利益得到了充分保障或者全部得以实现，这就避免了债务人被宣告破产。

3. 债务人已清偿全部到期债务的。在破产程序进行中，债务人不论通过何种方式，或者自己经营状况好转恢复了偿债能力，或者通过举新债还旧债的方式将到期债务变为了未到期债务，也可以避免被宣告破产。

4. 因重整计划或和解协议的执行完毕导致破产程序终结的。重整计划或和解协议执行完毕，标志着重整或和解达到了预期目的，取得了圆满成功，并且按照重整计划或和解协议清偿了债务，这时不可能再对债务人进行破产宣告。

5. 在破产宣告前因某种情况的出现导致破产原因消灭的。如房地产价格暴涨，使债务人财产大幅增值，恢复了清偿能力。这种情形的出现使债务人彻底摆脱了破产的危机，从而避免了被破产宣告。

6. 在破产宣告前，债务人与全体债权人就债权债务的处理自行达成协议，经法院裁定认可而终结破产程序的。这种和解是典型的自愿和解，是破产法赋予债务人的一项权利。它与强制和解的区别在于，这种和解不是同债权人会议集体达成和解协议，而是与各债权人分别就债务处理达成协议，此协议一旦达成，破产程序会因此而终止。

第二节　破产程序开始的形式要件

一、破产案件的管辖

各国立法规定的破产案件的管辖法院主要有三种：第一种是由专门法院管辖，如美国，其破产法规定破产案件由联邦法院管辖，联邦法院下设 93 个地区的破产法院或法庭，并在 11 个联邦巡回审判区设置破产上诉法院；第二种是由普通法院管辖，如英国、意大利、德国等；第三种是由商事法院管辖，在实行商人破产主义的国家，一般根据破产人的身份确定管辖法院，即商人破产由商事法院管辖，非商人破产由民事法院管辖。

在我国，有权管辖破产案件的只有人民法院，其他任何组织或部门都没有权力管辖破产案件。

（一）地域管辖和级别管辖

1. 地域管辖。按照我国《企业破产法》第 3 条的规定，债务人住所地的人民法院对破产案件有管辖权。这与《民事诉讼法》上的"原告就被告"原则相似。债务人的主要办事机构所在地为其住所地，债务人无办事机构的，其注册地人民法院对该破产案件有管辖权。

2. 级别管辖。从国外的司法经验看，破产案件一般由最基层的法院管辖。我国破产法对于级别管辖没有作出明确的规定，但按照长期的司法划例，我国是根据企业登记管理机关的级别来确定法院的管辖级别的，具体来说：①基层法院一般管辖县、区、县级市工商行政管理部门登记的企业破产案件；②中级人民法院管辖地区、地级市（含本级市）以上工商管理机关核准登记的企业破产的案件。

（二）跨界破产的管辖原则

跨界破产又称为跨境破产，一般是指境外破产人的部分财产在我国境内或者我国境内破产人的部分财产在我国境外的破产。对此，我国《企业破产法》第 5 条明确规定："依照本法开始的破产程序，对债务人在中华人民共和国领域外的财产发生效力。对外国法院作出的发生法律效力的破产案件的判决、裁定，涉及债务人在中华人民共和国领域内的财产，申请或者请求人民法院承认和执行的，人民法院依照中华人民共和国缔结或者参加的国际条约，或者按照互惠原则进行审查，认为不违反中华人民共和国法律的基本原则，不损害国家主权、安全和社会公共利益，不损害中华人民共和国领域内债权人的合法权益的，裁定承认和执行。"

　　许多人对该条存在误解，为什么"依照本法开始的破产程序，对债务人在中华人民共和国领域外的财产发生效力"，而外国的判决与裁定不在我国发生效力呢？关键在于我国破产法的立法本意是：从国家主权理论上说，任何国家作出的判决与裁定都不能当然地在外国发生效力，否则就不是主权国家。但是，如果我们自己的法律就规定我国法院关于破产的判决与裁定仅仅在我国发生效力的话，那么，即使某个国家将来承认外国法院关于破产的判决与裁定的效力，我国法院的判决或者裁定在这个国家也不能发生效力，那就等于自己束缚自己。我们这样规定，即我国法院关于破产的判决与裁定不能当然在外国发生效力，但是，一旦外国承认的，就能发生效力。

　　二、破产案件的申请

　　破产程序是依申请而发生的程序，所以破产程序的启动必须有申请人。根据《企业破产法》第 7 条的规定，能提出破产申请的主体有三个，即债权人、债务人和负有清算责任的人。

　　（一）债权人申请

　　债权人申请必须具备下述条件：①债权人享有的请求权必须是具有财产给付内容的请求权；②必须是法律上可强制执行的请求权；③必须是已经到期的请求权。基于这几点，有以下几种情形之一的债权人不享有破产申请权：①无给付内容的请求权人。如停止侵害、消除影响、排除妨害、赔礼道歉以及其他以不作为为标的的债权。②已超过诉讼时效的请求权。③丧失了申请执行权的债权。对生效法律文书所确认的给付内容，在《民事诉讼法》第 239 条规定的 2 年申请执行期限内没有申请执行的，丧失请求法院强制执行的权利，享有这种请求权的债权人不得申请对方破产。④未到期的债权。未到期的债权不能申请强制执行，当然不能据以申请宣告债务人破产。

　　债权人申请破产应提供的法定文件包括：①申请人、被申请人的基本情况；②申请目的；③申请的事实和理由；④法院认为应当载明的其他事项。

　　（二）债务人申请

　　债务人在具备破产原因的情况下，可以申请自己破产。债务人申请破产应当提交下列文件：①财产状况说明；②债务清册和债权清册；③企业法定代表人与主要负责人名单；④企业职工情况和安置预案；⑤企业亏损情况的书面说明，并附审计报告；⑥企业至破产申请日的资产状况明细表，包括有形资产、无形资产和企业投资情况等；⑦企业在金融机构开设账户的详细情况，包括开户审批材料、账号、资金等；⑧企业债权情况表，列明企业的债务人名称、住所、债务数额、发生时间和催讨偿还情况；⑨企业债务情况表，列明企业的债权人名称、住所、债权数额、发生时间；⑩企业涉及的担保情况；⑪企业已发生的诉讼情况；⑫人民法院认为应当提交的其他材料。

（三）对债务人负有清算责任的人申请

按照我国相关法律的一般规定，企业解散后，必须经过清算才能注销。因此，无论公司法还是其他法律，一般都规定了清算责任。对企业负有清算责任的人，在企业具备破产原因时，应将一般法上的清算申请转为破产清算。

例如，按照我国《公司法》第 183 条的规定，有限责任公司的清算组由股东组成；股份有限公司的清算组由董事或股东大会确定的人员组成。逾期不成立清算组进行清算的，由债权人请求人民法院指定清算组成员，人民法院应当受理该申请并及时组织清算组进行清算。

按照《合伙企业法》第 86 条的规定，清算人由全体合伙人担任；经全体合伙人过半数同意，可以自合伙企业解散事由出现后 15 日内指定一个或者数个合伙人，或者委托第三人，担任清算人。自合伙企业解散事由出现之日起 15 日内未确定清算人的，合伙人或者其他利害关系人可以申请人民法院指定清算人。

（四）股东申请

根据我国《企业破产法》第 70 条第 2 款的规定，债权人申请对债务人进行破产清算的，在人民法院受理破产申请后、宣告债务人破产前，债务人或者出资额占债务人注册资本 1/10 以上的出资人，可以向人民法院申请重整。由于我国破产法采取"大破产"概念，因此，股东也属于破产申请人的范畴。

申请人在法院裁定受理破产申请前，可以撤回破产申请（《企业破产法》第 9 条）。

第三节　破产程序开始及其法律效力

由于我国企业破产法确定的破产程序开始的立法原则是破产申请受理开始主义，所以破产程序开始的标志就是法院裁定破产申请受理。

一、破产申请的受理

根据《企业破产法》第 10 条的规定，如果是债权人提出破产申请的，法院在接到申请之日起的 5 日内通知债务人，债务人自接到法院通知之日起的 7 日内，有权提出异议。法院应当自异议期届满之日起 10 日内，裁定是否受理。如果是债务人没有提出异议的，法院应自接到申请之日起 15 日内裁定是否受理。如果因特殊情况需要延长期限的，经上一级人民法院批准可以延长 15 日。

对债务人的异议期的规定，对于保护债务人十分重要，现实生活中已经发现有虚构债权而对债务人提出破产申请的情形，因此，债务人的异议权非常重要。

二、破产申请的审查

法院在接到申请人提出的破产申请后，应对申请进行全面审查，以确认是否具备受理条件和决定是否受理。法院审查包括形式审查和实质审查。

（一）形式审查

形式审查主要包括：审查申请人的申请书和依法应提交的文件、资料、证据是否齐备；审查债务人应提交的财产状况说明、债务清册和债权清册、职工安置预案等是否已经提交；审查是否属于本法院管辖范围；审查债务人是否具备破产主体资格。

（二）实质审查

实质审查是指判断破产申请是否具备法定破产申请的实质条件，主要审查的事项是破产原因存在与否。如何进行破产原因的审查，在我国破产法上实际上是一个十分重大而又充满矛盾的问题。从我国破产法的整个程序设计看，破产原因是否存在只有在破产程序开始后法院开庭时才能查清楚，而申请时，实质审查充其量也只是一种表面实质审查，即依据申请人提供的资料进行书面审查。只要申请人提交的资料符合《企业破产法》第 8 条的规定，就可以确定表面事实的存在。但我国破产法对于破产程序开始效力的规定与国外不同，采取的是"破产受理开始主义"，如果不能查清楚破产原因就受理，即使将来在庭审中查清因无破产原因而不能宣告债务人破产，但因对债务人的效力（如财产接管、营业停止等）已经开始，企业断无生存希望。因此，法院审查破产原因时，一定要谨慎，且应重视债务人的异议。

三、受理或者不受理破产案件的裁定

（一）裁定受理及后续程序

法院在收到破产申请后，应当进行审查，认为符合《企业破产法》第 7 条及第 2 条规定的，应当裁定受理。受理后的后续程序包括：

1. 送达。人民法院受理破产申请的，应当自裁定作出之日起 5 日内送达申请人。债权人提出申请的，人民法院应当自裁定作出之日起 5 日内送达债务人（《企业破产法》第 11 条）。

2. 指定管理人。法院裁定受理破产申请的，应当按照《企业破产法》及最高人民法院司法解释的规定同时指定管理人（《企业破产法》第 13 条）。

3. 通知与公告。人民法院应当自裁定受理破产申请之日起 25 日内通知已知的债权人，并予以公告。通知和公告应当载明下列事项：①申请人、被申请人的名称或者姓名；②人民法院受理破产申请的时间；③申报债权的期限、地点和注意事项；④管理人的名称或者姓名及其处理事务的地址；⑤债务人的债务人或者财产持有人应当向管理人清偿债务或者交付财产的要求；⑥第一次债权人会议召开的时间和地点；⑦人民法院认为应当通知和公告的其他事项（《企业破产法》第 14 条）。

通知仅仅是对已知的利益关系人而言，而有时债务人对于债权人的详细情况要么披露不完整，要么真的不知道（如对因侵权行为而产生的债权人），因此，仅仅有通知是不够的，还必须有公告。一旦公告，就视为已通知所有的利害关系人。

（二）裁定不受理破产申请

法院接到破产申请后，经审查，认为不符合《企业破产法》第 7 条及第 2 条规定的，或者债务人在《企业破产法》第 10 条规定的期限内对债权人（申请人）的债权提出异议并且法院认为异议成立的，对该破产申请应裁定不予受理。法院裁定不予受理的，必须在自作出破产不予受理裁定之日起的 5 日内，将裁定书送达当事人并同时说明理由。申请人对裁定不服的，可以自送达之日起的 10 日内向上一级人民法院提出上诉（《企业破产法》第 12 条第 1 款）。

四、驳回破产申请

驳回破产申请是法院裁定受理破产申请后，发现受理有所不当，对破产申请应予以驳回的情形。根据我国《企业破产法》第 12 条第 2 款的规定，人民法院受理破产申请后至破产宣告前，经审查发现债务人不符合本法第 2 条规定情形的，可以裁定驳回申请。申请人对裁定不服的，可以自裁定送达之日起 10 日内向上一级人民法院提起上诉。

五、破产案件受理的效果

法院受理破产申请表明破产程序的开始。破产程序作为特别强制程序，其所涉及的当事人，即债务人、债权人和第三人都受到约束，相应的其他民事诉讼程序、民事执行程序和民事强制措施等也都因破产程序的启动而受到影响。具体表现在以下各方面：

（一）对债务人的影响

1. 财务资料的提交义务。债权人提出申请的，人民法院应当自裁定作出之日起 5 日内送达债务人。债务人应当自裁定送达之日起 15 日内，向人民法院提交财产状况说明、债务清册、债权清册、有关财务会计报告以及职工工资的支付和社会保险费用的缴纳情况（《企业破产法》第 11 条第 2 款）。

2. 债务人对债权人的个别清偿无效。法院受理破产申请后，债务人对个别债权人的债务清偿无效（《企业破产法》第 16 条）。这一规定的目的在于实现对全体债权人清偿的公平性。

3. 其他义务。自法院受理破产申请的裁定送达债务人之日起至破产程序终结之日，债务人的董事、经理、财务人员及其他相关人员，承担下列义务：①妥善保管其占有和管理的财产、印章和账簿、文书等资料；②根据人民法院、管理人的要求进行工作，并如实回答询问；③列席债权人会议并如实回答债权人的询问；④未经人民法院许可，不得离开住所地；⑤不得新任其他企业的董事、监事、高级管理人员，即不得到其他企业任职（《企业破产法》第 15 条）。这些规定都是为了保证破产程序的顺利进行。

（二）对债权人的影响

1. 在法院受理破产案件后，债权人只能按照破产程序行使债权，不得接受债务人的个别清偿（法律规定允许的除外）。

2. 向债务人取回标的物等请求，仅能向管理人主张。

（三）对第三人的影响

这里的第三人包括债务人的债务人、债务人的财产持有人等。即使在债务人破产的情况下，其也可能会对第三人享有债权、知识产权或者物权等其他权利。破产程序的开始，也会对这些人产生影响。

根据我国破产法的规定，人民法院受理破产申请后，债务人的债务人或者财产持有人应当向管理人清偿债务或者交付财产。债务人的债务人或者财产持有人故意违反上述规定向债务人清偿债务或者交付财产，使债权人受到损失的，不免除其清偿债务或者交付财产的义务（《企业破产法》第 17 条）。

（四）对破产申请受理时未履行或者未履行完毕合同的影响

根据我国《企业破产法》第 18 条的规定，法院受理破产申请后，管理人对破产申请受理前成立而债务人和对方当事人均未履行完毕的合同有权决定解除或者继续履行，并通知对方当事人。管理人自破产申请受理之日起 2 个月内未通知对方当事人，或者自收到对方当事人催告之日起 30 日内未答复的，视为解除合同。管理人决定继续履行合同的，对方当事人应当履行；但是，对方当事人有权要求管理人提供担保。管理人不提供担保的，视为解除合同。

我们可以从以下几个方面来理解该条规定：①法院受理破产申请后，管理人对于破产申请受理前成立而债务人和对方当事人均未履行完毕的合同，有权决定解除或者继续履行。②无论管理人决定继续履行或者解除合同，都应当通知对方当事人。如果管理人自破产申请受理之日起 2 个月内未通知对方当事人的，视为解除合同。③对方当事人知道债务人已经开始破产程序的，也有催告权。如果管理人自收到对方当事人催告之日起 30 日内未答复的，视为解除合同。④如果管理人决定继续履行合同的，对方当事人要求提供担保而管理人不提供的，视为解除合同；管理人提供担保的，对方当事人应当履行。一般来说，当债务人濒临破产而又要求继续履行合同的，对方当事人一般都要求提供担保，以保护自己的利益。⑤管理人决定解除合同，可能会给债权人造成损失，这种损失应当允许债权人得到弥补。但是，如何弥补债权人的损失呢？最好的办法是让这一部分损失作为共益债务而得到充分满足。但是，通说认为，该部分损失应作为一般债权，按照破产程序接受分配而非作为共益债务得到充分满足。

（五）对债务人财产保全和执行程序的影响

按照我国《企业破产法》第 19 条的规定，人民法院受理破产申请后，有关债务人财产的保全措施应当解除，执行程序应当中止。

对债务人财产的保全措施是指在诉讼、仲裁或行政执法活动中，为避免债务人财产被非法转移、人为或自然毁损或者灭失，而对该财产临时采取的保证其安全的措施，包括查封、扣押、冻结等。一般情况下，被采取保全措施的财产因引起保全的原因消除而得以解除保全措施。但破产程序是特别强制程序，关系到多数人的利益，所以破产程序优于个别的保全措施。为了维护债务人财产的完整和安全，法律规定在破产程序开始后，保全措施必须解除，使保全的财产归入债务人财产，由管理人统一管理。但是，在我国的破产法实践中，也有的债务人为达到解除民事诉讼程序中财产保全措施的目的，恶意申请自己破产的。对此应当引起高度注意。

这里所说的"执行程序"，是指民事执行程序，由于民事执行程序是个别清偿，而破产法的基本目的是对所有债权人按比例公平清偿。民事执行程序显然与破产清算的概括执行相冲突，故应当中止。

（六）对民事诉讼程序及仲裁程序的影响

按照《企业破产法》第 20 条的规定，法院受理破产申请后，已经开始而尚未终结的有关债务人的民事诉讼或者仲裁应当中止；在管理人接管债务人的财产后，该诉讼或者仲裁继续进行。

这样规定的目的在于，防止债务人不负责任地处分诉讼中的程序权利或者实体权利，以损害债权人的利益。因为，当债务人濒临破产时，之前针对它进行的民事诉讼的结果无论成败，都对其没有任何意义，因此，它有可能放弃或者随意处分诉讼中的实体权利或者程序权利。为了保护债权人利益，破产法特别规定民事诉讼或者仲裁程序中止。在管理人接管债务人的财产后，该诉讼或者仲裁继续进行。

（七）对民事诉讼管辖的影响

按照我国《企业破产法》第 21 条的规定，人民法院受理破产申请后，有关债务人的民事诉讼，只能向受理破产申请的人民法院提起。在破产程序的进行中，可能涉及多个与破产程序相关的民事诉讼，如债务人或者其他债权人对某个债权人的债权提出异议，就必须通过一般民事诉讼来解决。而这种诉讼按照一般管辖，有可能不属于破产案件的受理法院管辖。但是，按照破产法的一般原则，这种民事诉讼不影响破产程序的进行。这样，法院就难以协调民事案件与破产案件的关系。为了方便破产案件的审理，破产法特别规定，法院受理破产申请后，有关债务人的民事诉讼由受理破产申请的法院管辖。

第 三 章

破产法上的机构

从我国《企业破产法》的规定看，破产法上的机构主要有：①债权人会议。这是一个必须设立的机构。《企业破产法》第七章第一节专门规定了这一机构。②债权人委员会。这是一个非必须设立的机构，是否设立由债权人会议决定。③管理人。下面我们就来概述上述机构在破产程序中的地位和作用，但下面论述的这些机构并不限于我国破产法上的机构。

第一节 债权人会议

一、债权人会议的法律地位

我们认为，债权人会议在破产程序上是代表债权人这一特殊利益群体利益的专门机构，其独特的法律地位应从以下几个方面加以理解：

1. 在破产程序中，债权人会议是全体债权人的自治性组织，在整个破产程序的进行过程中，具有自己自治的权限和范围。破产程序中的所有重大事项，均应经债权人会议集体决议，如对破产财产的管理、变卖和分配，与债务人的和解等，可以委派监督机构监督破产管理人有关破产财产的行为。特别是在和解或重整程序中，债权人会议可作为协议的一方当事人。破产管理人虽然不向债权人会议负责并报告工作，但却受债权人会议的监督。

2. 债权人会议虽然是代表全体债权人这一利益群体的特殊机构，但这里所说的"代表全体债权人的利益和要求"是指它代表的是全体债权人的一般利益，而不是个别债权人的特殊利益。否则，就不能理解为什么债权人之间也会发生利益上的矛盾和冲突，如对债权人之债权的核查和异议等。也正因为如此，债权人会议的工作机制是多数表决有效制度。

3. 债权人会议不具有民事一般主体资格，这主要表现在：①它不能像破产管理人那样，能够直接作为诉讼的原告或被告，即不具有民事诉讼法上的诉讼能力；不能独立承担民事责任，即不具有民法上的权利能力。②债权人会议就有关重大问题的决议不能直接发生法律效力，须经法院认可。例如，和解协议、重整计划、对个别债权人债权的否定、破产分配方案等决议，必须经法院批准方生效力。

二、债权人会议的组成

一般地说，债权人会议由全体债权人组成。所有债权人，无论其债权的性质如何、数额多寡，是否申报债权，均为债权人会议的当然成员。但有的债权人虽然是债权人会议的成员，却并没有表决权，例如，债权尚在诉讼中而未决的债权人，除人民法院为使其行使表决权而临时确定债权额以外，不得行使表决权；对债务人的特定财产享有担保权而未放弃优先受偿权利的债权人，对特定事项不享有表决权等。由此可见，虽然所有债权人均为债权人会议的组成成员，但却未必均有表决权。关于表决权的问题，我们将在下面详细论述。

但是，我国《企业破产法》在债权人会议的组成方面的规定，与其他国家并不相同。该法第59条第1款规定："依法申报债权的债权人为债权人会议的成员，有权参加债权人会议，享有表决权。"由此可见，没有申报债权的债权人就不能成为债权人会议的成员。我们认为，是否申报债权不应成为阻却债权人成为债权人会议成员的理由，但没有申报债权可以成为不能表决的理由。同时，我们还应该注意到，对于涉及职工的债权问题，即使债权人没有申报也可以成为债权人会议成员。因为，《企业破产法》第48条第2款规定，债务人所欠职工的工资和医疗、伤残补助、抚恤费用，所欠的应当划入职工个人账户的基本养老保险、基本医疗保险费用，以及法律、行政法规规定应当支付给职工的补偿金，不必申报，由管理人调查后列出清单并予以公示。

三、债权人会议的职权

我国《企业破产法》第61条规定的债权人会议的职权主要有：①核查债权；②申请人民法院更换管理人，审查管理人的费用和报酬；③监督管理人（这一项职能主要是通过债权人委员会来完成的）；④选任和更换债权人委员会成员；⑤决定继续或者停止债务人的营业（在第一次债权人会议召开前，由管理人征得法院的许可后决定）；⑥通过重整计划；⑦通过和解协议；⑧通过债务人财产的管理方案；⑨通过破产财产的变价方案；⑩通过破产财产的分配方案；⑪人民法院认为应当由债权人会议行使的其他职权。

四、债权人会议的工作机制

（一）债权人会议的召开与召集

债权人会议的召开分为法定召开与任意召开两种。法定召开是法律规定必须召开的债权人会议；而任意召开是破产程序进行过程中，经有关利害关系人申请或者法院以职权决定召开的债权人会议。下面分别予以说明。

1. 法定债权人会议。第一次债权人会议是法定债权人会议，是在破产程序开始后，在法律规定的期限内必须召开的债权人会议。第一次债权人会议在破产程序中占有十分重要的地位，许多事项均在第一次债权人会议上决定。

对于第一次债权人会议的召开，在我国《企业破产法》规定是法定必须召开的。该法第 62 条规定，第一次债权人会议应当自债权申报期限届满之日起 15 日内召开。而根据该法第 45 条的规定，人民法院受理破产申请后，应当确定债权人申报债权的期限。债权申报期限自人民法院发布受理破产申请公告之日起计算，最短不得少于 30 日，最长不得超过 3 个月。而根据该法第 14 条的规定，人民法院应当自裁定受理破产申请之日起 25 日内通知已知的债权人，并予以公告，人民法院应当将第一次债权人会议召开的具体日期、地点在公告中载明。

根据大陆法系各国破产法的规定，第一次债权人会议的召集，应由法院为之。我国《企业破产法》也不例外，该法第 62 条规定，第一次债权人会议由法院召集。

2. 任意召开的债权人会议。除第一次债权人会议外，在破产程序的进行过程中，可根据实际需要，并应有关机关或人员的请求或法院依职权决定召开债权人会议。我国《企业破产法》第 62 条规定，第一次债权人会议由人民法院召集，应当在债权申报期限届满后 15 日内召开。以后的债权人会议，在人民法院认为必要时，或者管理人、债权人委员会、占债权总额 1/4 以上的债权人向债权人会议主席提议时召开。

3. 债权人会议的召集。第一次债权人会议，即法定召开时由法院召集。但关于任意召开的债权人会议的召集，各国破产法的规定不同。在破产法上不设债权人会议主席这一职务的国家中，债权人会议均由法院召集并主持。例如，《德国破产法》第 76 条第 1 款规定，债权人会议由破产法院主持；第 74 条规定，债权人会议由破产法院召集。《日本破产法》第 178 条也作了相同的规定。但在设立债权人会议主席一职的国家中，应由债权人会议主席召集。从我国《企业破产法》第 60、62、63 条的规定可以看出，任意召开的债权人会议的召集由债权人会议主席为之，由管理人通知。

4. 债权人会议召开的法定出席人数。为保护多数债权人的利益，使债权人会议不为少数债权人所控制，有的国家的立法特别规定出席债权人会议的债权人必须达到法定人数，才可以召开债权人会议。例如，《加拿大破产法》第 106 条规定，召开债权人会议必须有 3 人以上的债权人出席；债权人不足 3 人的，须全体出席。我国《企业破产法》未明确规定出席债权人会议的法定有效人数，但根据债权人会议的工作机制，债权人会议之一般决议应由有表决权的债权人人数过半且代表的债权额达到债权总额的半数以上，应当认为间接地规定了债权人会议召开的法定有效人数，即出席债权人会议的债权人人数至少为

2 人；否则，债权人会议应延期召开。[1] 这种规定实属必要。

（二）债权人会议的工作形式——决议

1. 决议的形成。

（1）决议形成的一般原则。由于债权人会议是代表债权人的一般利益的组织，其对外的意思表示必然是通过少数服从多数的民主机制形成的，即任何一项决议，必须由多数债权人同意。但是，在一般性决议与特殊性决议的形成上，又有不同的要求。

（2）一般性决议的形成。我国《企业破产法》第 64 条规定，债权人会议的决议，由出席债权人会议的有表决权的债权人过半数通过，并且其所代表的债权额，必须占无财产担保的债权总额的 1/2 以上。

（3）特殊决议的形成。特殊决议主要是指关于和解协议或重整协议的决议。在通过特殊决议时，各国均采取双重标准。例如，《日本破产法》第 306 条规定，强制和解的表决，须经得行使表决权的出席破产债权人会议的人数过半且有相当于已申报债权的破产债权人总债权 3/4 以上者同意。我国《企业破产法》第 97 条规定，通过和解协议的决议，由出席会议的有表决权的债权人过半数同意，并且其所代表的债权额必须占无财产担保债权总额的 2/3 以上。

2. 债权人的表决权。在债权人会议决议的形成过程中，有表决权的债权人的人数及其所拥有的债权额是决定性因素之一，所以，确定何种债权人拥有表决权，就具有十分重要的意义。前已论及，虽然所有债权人均为债权人会议的成员，但并非任何债权人均具有表决权。一般说来，已经申报债权并经确认的债权之债权人具有表决权。但下列债权人的表决权将受到限制：

（1）有财产担保权利的债权人。根据我国《企业破产法》第 59 条的规定，具有担保权利的债权人仅在通过和解协议、通过破产财产的分配方案时不享有表决权。但对于债权人会议决定的其他事项具有表决权。

（2）债权尚未确定的债权人。债权尚未确定，有两种情形：一是债权已经发生，但数额尚未确定；二是债权为或然债权，是否发生尚难以确定，例如，附停止条件的债权、将来求偿权以及有争议或者诉讼未决的债权。无论是以上哪种债权，因不确定就难以计算其所代表的债权数额，所以，一般不能享有表决权。但是，如果债权人会议同意或者法院可确定数额者，可以以债权人同意或者法院确定的数额享有表决权。

3. 债权人会议的出席及表决权的行使。根据各国破产法的规定，债权人可

---

〔1〕　邹海林：《破产程序和破产法实体制度比较研究》，法律出版社 1995 年版，第 137 页。

以自己出席债权人会议，也可以委托他人代理出席。委托代理人出席的，应当向法院或者债权人会议主席提交有关证明材料。如《日本破产法》第 181 条规定，破产债权人可以让代理人行使其表决权。在此情形下，代理人应当提出代理权证书。我国《企业破产法》第 59 条第 4 款规定，债权人可以委托代理人出席债权人会议，行使表决权。代理人出席债权人会议，应当向人民法院或者债权人会议主席提交债权人的授权委托书。

4. 债权人会议决议的效力。依法定程序形成的决议对所有债权人均有约束力，包括未申报债权的债权人、未出席债权人会议的债权人、放弃表决权的债权人、在表决中反对决议的债权人、不享有表决权的债权人等。

5. 债权人会议决议的禁止执行。由于破产程序的基本目的在于公平地保护债权人全体的一般利益，故当债权人会议的决议违背该目的时，法院应禁止此类决议的执行。例如，我国台湾地区"破产法"第 124 条规定，债权人会议的决议与破产债权人的利益相反者，法院得依破产人、监察人或者不同意的破产债权人的声请，禁止决议的执行。根据台湾学者的解释，所谓与破产债权人的利益相反，系指就破产债权人的一般利益而言，例如，对于破产财团显然不利的继续债务人营业的决议。至于决议与个别债权人的个人利益相反者，不在禁止执行之列。[1]《德国破产法》第 78 条规定，债权人会议决议违背破产债权人的共同利益时，享有别除权的债权人、非次位债权人或者破产管理人在债权人会议上请求变更时，法院得撤销其决议。

对于这一问题，我国《企业破产法》第 64 条第 2 款规定："债权人认为债权人会议的决议违反法律规定，损害其利益的，可以自债权人会议作出决议之日起 15 日内，请求人民法院裁定撤销该决议，责令债权人会议依法重新作出决议。"从该条的规定看，似乎应当得出这样的结论，即债权人会议的决议违反法律规定并损害债权人利益的，债权人才有权请求人民法院裁定撤销该决议，责令债权人会议依法重新作出决议。但是存在以下问题：①债权人会议的决议虽然没有违反法律规定，但却损害债权人利益的，债权人是否可以请求法院撤销该决议？答案当然是肯定的。②如果债权人会议没有损害债权人利益但违反法律规定的，任何债权人都可以请求法院确认该决议无效，而不是撤销。

---

[1] （台）陈荣宗：《破产法》，三民书局 1986 年版，第 177 页。

第二节　债权人委员会[1]

一、债权人委员会的法律地位及设置的必要性

（一）法律地位

债权人委员会是债权人会议的代表机关，在破产程序中代表债权人全体之利益监督破产程序的进行。例如，我国台湾地区"破产法"第120条规定，债权人会议得选任一人或数人，代表债权人监督破产程序的进行。各个国家或地区破产法虽都有这一机构的设置，但其称谓却不相同。我国《企业破产法》及《德国破产法》称之为"债权人委员会"；我国台湾地区"破产法"称之为"监察人"；《日本破产法》称之为"监察委员"。

在关于其法律地位的问题上，虽然也有不同的见解，但在债权人委员会代表债权人全体利益这一点上却无争议。债权人委员会是债权人会议的代表机关，成员由债权人会议选任，向债权人会议负责。当其决议与债权人会议的决议不一致时，应服从债权人会议的决议。从这一点上看，债权人委员会仅仅是附属于债权人会议的代表机构。

（二）设置的必要性

破产法上虽有债权人会议这一代表债权人利益的机构，但其人数众多，集体共同监督，困难颇多。且债权人会议并非常设机构，对在破产程序的进行中发生的事务无法实施监督工作。因此，为兼顾实际需要，于债权人会议之外，另设监察人制度，专司破产程序的监督工作。[2]债权人委员会由债权人会议选任，并对其负责。

另外，让债权人会议选任监察人（债权人委员会）以替代其监督破产程序的进行，也体现了破产程序的债权人自治的特征。这一点，从日本商法的变化中可以清楚地表现出来。在历史上，监察委员制度是伴随着废止旧商法破产编中的破产主任官制度而引进的新制度。破产主任官代表破产法院对破产管理人进行一般性监督。鉴于该制度不能充分地起到保护债权人利益的作用，立法基于债权人

---

[1]　对于这一机构，有的国家称为"债权人委员会"，有的国家称为"监察人"，有的国家称为"检查人"，还有的国家称为"监察委员"等。我国《企业破产法》仿效美国破产法和德国破产法称之为"债权人委员会"。在本章中这些概念可以通用。

[2]　（台）陈荣宗：《破产法》，三民书局1986年版，第178页。

自治的理念，把监督破产管理人的任务交给债权人选任的监察委员。[1]

但是，日本学理及实务上也有人对监察委员制度持消极态度，其理由如下：①法律规定监察委员的人数为 3 人以上，要支付其费用就会使破产财团的财产减少；②监察委员和破产管理人的意见冲突时会发生并阻碍破产管理人工作的正常进行，有导致程序长期化的可能；③监察委员的业务会偏离法院的监督，使法院无法正确把握财产管理的业务；④作为监察委员的债权人之债权有撤销的理由而成为诉讼中的相对方时，破产管理人难以行使撤销权；⑤有时候，法院的意见或许可可替代监察委员的同意，难以体现债权人自治的立法意图。也有人认为，这些理由不能成立，允许债权人会议根据实际情况选任监察委员是必要的。[2] 也正因为如此，许多国家的破产法规定，是否选任监察人以及由何人担任，均由债权人会议依法定方式决定。

二、债权人委员会的选任

（一）债权人委员会的选任原则

债权人委员会或者具有类似职能的监察人虽是代表债权人会议对破产程序进行监督的机构，但其是否为破产程序中的必设机构，各国法律却有不同的规定。有的国家的破产法规定，监察人机构是破产程序中的必设机构，债权人只能就具体的人选作出决定，但就是否选任没有决定权；而有的国家的破产法规定，是否选任监察人以及由何人担任监察人，均由债权人会议决定。我国《企业破产法》采取了如同德国破产法与日本破产法的规定，于第 67 条规定，债权人会议可以决定设立债权人委员会，即采取任意设立的立法例。

（二）债权人委员会的任职资格与人数

根据《企业破产法》第 67 条的规定，债权人委员会的人数不得超过 9 人。但没有明确规定最低人数，而仅仅规定"债权人委员会由债权人会议选任的债权人代表和 1 名债务人的职工代表或者工会代表组成"。但由于两人意见不同时无法形成决议，因此，应理解为最低 3 人。

（三）工作机制

当监察人为 3 人以上时，其工作机制如同债权人会议一样，仍然是多数表决制。如《德国破产法》第 72 条规定，债权人委员会以多数成员参加时的多数票表决通过的决定为有效。

三、债权人委员会的职权

根据我国《企业破产法》第 68 条的规定，债权人委员会行使下列职权：

---

①监督债务人财产的管理和处分；②监督破产财产分配；③提议召开债权人会议；④债权人会议委托的其他职权。债权人委员会执行职务时，有权要求管理人、债务人的有关人员对其职权范围内的事务作出说明或者提供有关文件。

根据《企业破产法》第 69 条的规定，管理人实施下列行为，应当及时报告债权人委员会：①涉及土地、房屋等不动产权益的转让；②探矿权、采矿权、知识产权等财产权的转让；③全部库存或者营业的转让；④借款；⑤设定财产担保；⑥债权和有价证券的转让；⑦履行债务人和对方当事人均未履行完毕的合同；⑧放弃权利；⑨担保物的取回；⑩对债权人利益有重大影响的其他财产处分行为。未设立债权人委员会的，管理人实施上述行为时应当及时报告人民法院。

管理人、债务人的有关人员拒绝接受监督的，债权人委员会有权就监督事项请求人民法院作出决定；人民法院应当在 5 日内作出决定。按照债权人委员会的性质，其应向债权人会议报告。而这里《企业破产法》之所以规定向人民法院请求作出决定，是因为：①管理人是由法院任命的；②债权人会议并非常设机构，从实际上说，这时债权人委员会也无法向债权人会议报告。

四、债权人委员会成员的权利义务

（一）领取报酬的权利

债权人委员会的成员在执行职责的同时，有权领取报酬。如《日本破产法》第 175 条规定，关于破产管理人报酬的规定，准用于监察员。《德国破产法》第 73 条规定，债权人委员会成员有权得到劳动报酬。我国《企业破产法》对此没有明确规定，但也应作相同的解释。

从性质上说，债权人委员会成员的报酬属于共益费用，应从破产财产中随时支付。

（二）善良管理人的注意义务

根据大多数国家破产法的规定，债权人委员会的成员执行职责时应对债权人的共同利益尽到善良管理人的注意义务。债权人委员会成员违反此义务者，应对债权人负赔偿责任。如《德国破产法》第 71 条规定，债权人委员会成员因其过失违反本法规定的义务的，应向别除权人及破产债权人承担赔偿责任。对此我国《企业破产法》没有明确规定，但也应作相同的解释。

五、债权人委员会成员的解任

关于对债权人委员会成员的解任，各国法律规定不尽相同。根据我国《企业破产法》第 61 条的规定，债权人会议有权选任和更换债权人委员会成员。但根据该法第 67 条的规定，债权人委员会成员应当经人民法院书面决定认可。由此可见，在债权人会议作出更换债权人委员会成员的决议时，也须经法院许可。

第三节　破产管理人

一、破产管理人的概念和法律地位

（一）破产管理人的概念

为了对债务人的财产实行有效的管理以避免债务人对财产的恶意处分，在破产程序开始后，应当由一专门机构来管理处分债务人的财产。这一专门机构在许多国家的破产法上被称为破产财产管理人或破产管理人，而美国破产法称之为受托人（trustee）。具体地讲，破产管理人是指在破产程序进行过程中，负责对破产财产的管理、处分、业务经营以及破产方案拟定和执行的专门机构。

这一机构在我国《企业破产法（试行）》上称为"清算组"，而在《企业破产法》上称为"管理人"。之所以称为"管理人"而不直接称为"破产管理人"，是因为我国《企业破产法》规定，自法院受理破产案件开始时就指定管理人，而这时债务人还没有被宣告破产，因此不能称为"破产管理人"，只能称为"管理人"。而在国外，只有在债务人被宣告破产时才指定，故可直接称之为"破产管理人"。在我国破产法上，实际上在债务人被宣告破产后就是破产管理人了。

（二）破产管理人的法律地位

破产管理人的法律地位问题，在大陆法系许多国家的破产法学理上一直是一个十分重要但却存在争议的问题。因为，破产管理人的行为涉及债权人、债务人以及第三人的利益。它有时与他们的利益一致，有时又与他们的利益对立。所以，如何解释破产管理人的法律地位，进而从根本上说明破产管理人在实体法和程序法上的行为性质，就是一个重要的理论问题。关于破产管理人的法律地位，在破产法的发展历史上，形成了不同的学说，大体有以下几种：

1. 职务说。这种学说从破产程序的性质入手，强调破产程序是为全体债权人的利益所进行的概括性强制执行程序，认为破产管理人就是强制执行机关的公务员。破产管理人是基于职务而参与破产程序的，既不代表债权人，也不代表债务人。破产管理人是执行公务的人员，对于破产财团的诉讼，其得基于职务而为原告或被告。

职务说又分为公法上的职务说和私法上的职务说。公法上的职务说认为，破产管理人在对破产财产进行管理、变价方面类似于公法上的执行机关，故为公法上的职务。而私法上的职务说认为，破产管理人虽然系基于公务而管理、变卖破产财产，但它却是在私人名义下进行的，故为私法上的职务。这种学说曾经是日本的通说。

2. 债权人代理说。该学说认为，基于破产宣告，全体债权人取得对破产财团的扣押质权，破产管理人乃代理行使该权利。

3. 债务人代理说。该说认为，虽然破产程序开始而使得债务人失去对其财产的管理处分权，但其仍是财产的所有人。而破产管理人虽然由法院任命，但仍不失私法上的代理人的地位。所以，破产管理人是破产人的法定代理人。

4. 破产财团代理说。该说认为，破产程序一经开始，债务人就失去了对自己财产的管理和处分权，该财产即成为具有独立法律地位的法人主体，以破产管理人为其代表。这种观点具有不以特定利害关系人为背景而能够说明破产管理人的权能，而且能够合理地说明破产管理人的种种行为的优点，[1] 故为许多大陆法系国家的学者所推崇。但是，这种学说必须以民法一般法或特别法承认破产财产的法人资格为基础。

5. 管理机构人格说。该说认为，将破产财团作为具有法人地位的主体资格并不恰当，而应赋予破产管理人以法人资格。具体说来，应将破产管理人的概念分为管理机构及其执行者两种，而对于作为管理机构的破产管理人应承认其法人资格，并认可其对财团的管理处分权。这一学说为日本目前的通说。[2]

笔者认为，大陆法系理论对破产管理人之法律地位的说明和争议，无非是想从理论上对破产管理人在实体法和程序法上的行为作出一致的说明，但无论哪种说明，虽有某一侧面的说服力，但却均有其不足。这也从一定程度上看出概念法学在灵活性上远远不如英美法，逻辑的一致和完善在很大程度上制约了法律的灵活性。笔者认为，破产管理人是由法院指定或认可的，在破产程序中具有独立法律地位的执行破产事务的人，其法律地位一般由法律直接规定。不论是哪种立法例，均承认破产管理人对外代表破产企业，可以以破产企业的名义起诉与应诉，其结果由破产企业承担。如《美国联邦破产法》USCS323 规定："（a）破产受托人（bankruptcy trustee）在案件中为破产财团（bankruptcy estate）的代表（representative）；破产受托人在程序中有权起诉与应诉（to sue and be sued）。"根据《英国破产法》第14 条（5）的规定，管理人（破产管理人）行使其职权时，视为公司的代理人行事，因此对于管理人的行为或不行为应由公司承担责任，尤其是对于它以公司的名义成立的新合同或不遵守持续生效的合同项下的义务而使公司违约。这些合同除包括与公司外的第三人订立

---

〔1〕　[日] 石川明：《日本破产法》，何勤华、周桂秋译，上海社会科学出版社1995 年版，第156 页。
〔2〕　[日] 石川明：《日本破产法》，何勤华、周桂秋译，上海社会科学出版社1995 年版，第156 页。

的合同外，还包括与公司内部职工订立的雇用合同。而这种代理关系不同于一般民法意义上的代理，公司（被代理人）无权予以终止，它也不受公司或公示的监督，它对公司承担的是信托关系中的受托人的义务。因而，用信托关系来解释破产管理人与破产企业的关系是最为恰当的，笼统地称之为代理关系，从理论上往往有难以自圆其说之嫌。

在大陆法系国家的破产法上，也规定破产管理人在有关破产财产关系的诉讼中，以财产管理人为原告或被告。

在理解破产管理人与破产企业的关系时，应注意以下几点：①破产管理人对外代表企业，但并不是民法意义上的代理关系，破产管理人不是破产企业的代理人，破产企业也不是被代理人。破产管理人的代理权并不是破产企业赋予的，破产企业也不能撤销或终止，它是法院指定的，不是向破产企业负责，而是向法院负责（《企业破产法》第23条），但破产管理人因行使职权而产生的民事权利义务，由破产企业负担。②在破产程序中所扮演的角色看，它并不仅仅代表破产企业单方面的利益，也代表债权人的利益。例如，当破产企业在破产程序开始前法律规定的期限内，曾有损害债权人利益的行为时，有权请求法院撤销等。③破产管理人以自己的名义为破产企业的权利义务提起诉讼，当他人向破产企业提起诉讼时，以破产管理人为合法的被告，诉讼结果由破产企业承担。④破产管理人在执行职务过程中，向法院负责并报告工作，接受债权人会议或者债权人委员会的监督。⑤因执行职务而致他人的人身或财产权利受损害时，在对外关系上，与破产企业负连带赔偿责任；在对内关系上，对破产企业负个人赔偿责任。

（三）管理人在我国破产法上的具体角色

应该说，管理人只有在破产清算和重整程序中才有其存在，在和解程序中不存在管理人的选任问题。

即使在重整程序中，根据我国《企业破产法》第73条的规定，在重整期间，经债务人申请，人民法院批准，债务人可以在管理人的监督下自行管理财产和营业事务。在此情况下，已接管债务人财产和营业事务的管理人应当向债务人移交财产和营业事务，管理人的职权由债务人行使。也就是说，在重整程序刚开始时，法院可能已经指定了管理人，但债务人自己可以申请自我重整而不需要管理人的参与。只有当重整计划被法院批准后，才由管理人负责监督（《企业破产法》第90条）。

二、破产管理人的选任

（一）关于破产管理人选任的立法例

1. 法院选任。法院为体现自身在破产程序中的主导地位，便于对破产程序进行控制，在裁定开始破产程序时，选任破产管理人。该破产管理人向法院负责。但是，若债权人认为法院所任命的破产管理人与自己或全体债权人有重大利害关系时，可提出异议，请求法院变更破产管理人。但选任破产管理人的权利在法院而不在破产债权人。如《日本破产法》第142条规定，法院在破产宣告的同时，选任破产管理人。第157条规定，破产管理人由法院选任。

我国《企业破产法》采用这一体例，该法第22条第1、2款规定："管理人由人民法院指定。债权人会议认为管理人不能依法、公正执行职务或者有其他不能胜任职务情形的，可以申请人民法院予以更换。"

2. 债权人选任与法院选任相结合。因法院在裁定债务人破产之际，债权人会议尚未召开，而对债务人财产的接管必须进行，故应由法院先行选任一个破产管理人，以避免破产财产的失控。但为体现债权人的自治，应允许债权人选任破产管理人。德国破产法及我国台湾地区"破产法"即采取这一立法例。如《德国破产法》第27条规定："破产程序开始时，破产法院任命1名破产管理人。"第57条规定："债权人在破产管理人受托后的第一次债权人会议上，可选任另外的破产管理人以替代法院的任命。法院仅在被推举者不适合担任此职务时方可否认此项选举。对法院的否认，每个债权人均可立即上诉。"

（二）破产管理人的资格

破产管理人的资格分为积极资格与消极资格。所谓积极资格，是指何人可以担任破产管理人；消极资格是指何人不能担任破产管理人。

我国《企业破产法》第24条第3款规定："有下列情形之一的，不得担任管理人：①因故意犯罪受过刑事处罚；②曾被吊销相关专业执业证书；③与本案有利害关系；④人民法院认为不宜担任管理人的其他情形。"该条第4款规定："个人担任管理人的，应当参加执业责任保险。"

最高人民法院《关于审理企业破产案件指定管理人的规定》（法释〔2007〕8号，以下简称《指定管理人规定》）第23、24条对《企业破产法》第24条进行了补充规定。《指定管理人规定》第23条规定，社会中介机构、清算组成员有下列情形之一，可能影响其忠实履行管理人职责的，人民法院可以认定为《企业破产法》第24条第3款第3项规定的利害关系：①与债务人、债权人有未了结的债权债务关系；②在人民法院受理破产申请前3年内，曾为债务人提供相对固定的中介服务；③现在是或者在人民法院受理破产申请前3年内曾经是债务人、债权人的控股股东或者实际控制人；④现在担任或者在人民法院受理破产申请前 3 年内曾经担任债务人、债权人的财务顾问、法律顾问；⑤人民法院认为可能影响其忠实履行管理人职责的其他情形。该《指定管理人规定》第 24 条规定，清算组成员的派出人员、社会中介机构的派出人员、个人管理人有下列情形之一，可能影响其忠实履行管理人职责的，可以认定为《企业破产法》第 24 条第 3 款第 3 项规定的利害关系：①现在担任或者在人民法院受理破产申请前 3 年内曾经担任债务人、债权人的董事、监事、高级管理人员；②与债权人或者债务人的控股股东、董事、监事、高级管理人员存在夫妻、直系血亲、三代以内旁系血亲或者近姻亲关系；③人民法院认为可能影响其公正履行管理人职责的其他情形。

　　至于破产管理人为自然人还是法人，各国破产法的规定不尽相同。有的国家，如英国，仅规定自然人为破产管理人；《德国破产法》第 56 条也规定破产管理人仅为自然人；日本破产法对此没有明确规定，但日本学者认为，破产管理人仅仅指自然人而不包括法人。[1] 而有的国家，如美国司法实务认为，受托人既可以由个人担任，也可由公司担任。[2] 其实，自然人和法人均可担任破产管理人。

　　对此，我国《企业破产法》第 24 条第 1、2 款规定："管理人可以由有关部门、机构的人员组成的清算组或者依法设立的律师事务所、会计师事务所、破产清算事务所等社会中介机构担任。人民法院根据债务人的实际情况，可以在征询有关社会中介机构的意见后，指定该机构具备相关专业知识并取得执业资格的人员担任管理人。"从这一规定可以看出：①自然人或者非自然人都可以担任管理人。②由有关部门、机构的人员组成的清算组可以充任管理人。这实际上是保留了《企业破产法（试行）》的痕迹，特别是在对国有企业进行破产清算时，会更多地使用。③这一规定实际上是将团体优先于个人充任管理人作为出发点，即使是在个人充任管理人时，也是"人民法院根据债务人的实际情况，可以在征询有关社会中介机构的意见后，指定该机构具备相关专业知识并取得执业资格的人员担任管理人"。也就是说，该个人仍然是某个中介机构中的个人，而且该个人还要参加职业责任保险。笔者认为，这种做法是不妥当的，法律没有什么理由认为中介机构比个人更合适或者更有信誉担任破产管理人。

---

〔1〕　〔日〕伊藤真：《破产法》，刘荣军等译，中国社会科学出版社 1995 年版，第 63 页。
〔2〕　潘琪：《美国破产法》，法律出版社 1999 年版，第 143 页。

（三）破产管理人的指定

1. 指定的原则。

（1）属地原则。《指定管理人规定》第 15 条第 1 款规定："受理企业破产案件的人民法院指定管理人，一般应从本地管理人名册中指定。"

例外情况是对金融机构的规定。《指定管理人规定》第 15 条第 2 款规定："对于商业银行、证券公司、保险公司等金融机构以及在全国范围内有重大影响、法律关系复杂、债务人财产分散的企业破产案件，人民法院可以从所在地区高级人民法院编制的管理人名册列明的其他地区管理人或者异地人民法院编制的管理人名册中指定管理人。"《指定管理人规定》第 21 条规定："对于商业银行、证券公司、保险公司等金融机构或者在全国范围有重大影响、法律关系复杂、债务人财产分散的企业破产案件，人民法院可以采取公告的方式，邀请编入各地人民法院管理人名册中的社会中介机构参与竞争，从参与竞争的社会中介机构中指定管理人。参与竞争的社会中介机构不得少于 3 家。采取竞争方式指定管理人的，人民法院应当组成专门的评审委员会。评审委员会应当结合案件的特点，综合考量社会中介机构的专业水准、经验、机构规模、初步报价等因素，从参与竞争的社会中介机构中择优指定管理人。被指定为管理人的社会中介机构应经评审委员会成员 1/2 以上通过。采取竞争方式指定管理人的，人民法院应当确定 1 至 2 名备选社会中介机构，作为需要更换管理人时的接替人选。"

（2）中介机构优先原则。《指定管理人规定》第 16 条规定："受理企业破产案件的人民法院，一般应指定管理人名册中的社会中介机构担任管理人。"第 17 条规定："对于事实清楚、债权债务关系简单、债务人财产相对集中的企业破产案件，人民法院可以指定管理人名册中的个人为管理人。"对于这种规定，我们前面已经作了相应评价和分析。

（3）不得拒绝原则。《指定管理人规定》第 28 条第 1 款规定："管理人无正当理由，不得拒绝人民法院的指定。"无正当理由拒绝人民法院指定的，编制管理人名册的人民法院可以决定停止其担任管理人 1 年至 3 年，或者将其从管理人名册中除名（《指定管理人规定》第 39 条）。

2. 指定的程序。

（1）从名册中指定。各地都要制定管理人名册，或者由高级人民法院制定，或者由中级人民法院制定。《指定管理人规定》第 2 条规定："高级人民法院应当根据本辖区律师事务所、会计师事务所、破产清算事务所等社会中介机构及专职从业人员数量和企业破产案件数量，确定由本院或者所辖中级人民法院编制管理人名册。人民法院应当分别编制社会中介机构管理人名册和个人管理人名册。由直辖市以外的高级人民法院编制的管理人名册中，应当注明社会中介机构和个人所属中级人民法院辖区。"第 3 条规定："符合企业破产法规定条件的社会中介机构及其具备相关专业知识并取得执业资格的人员，均可申请编入管理人名册。已被编入机构管理人名册的社会中介机构中，具备相关专业知识并取得执业资格的人员，可以申请编入个人管理人名册。"但根据《指定管理人规定》第 4 条的规定，社会中介机构及个人申请编入管理人名册的，应当向所在地区编制管理人名册的人民法院提出，由该人民法院予以审定。人民法院不受理异地申请，但异地社会中介机构在本辖区内设立的分支机构提出申请的除外。

编制管理人名册的人民法院应当组成专门的评审委员会，决定编入管理人名册的社会中介机构和个人名单。评审委员会成员应不少于 7 人。法院应当根据本辖区社会中介机构以及社会中介机构中个人的实际情况，结合其执业业绩、能力、专业水准、社会中介机构的规模、办理企业破产案件的经验等因素制定管理人评定标准，由评审委员会根据申报人的具体情况评定其综合分数。人民法院根据评审委员会评审结果，确定管理人初审名册。法院应当将管理人初审名册通过本辖区有影响的媒体进行公示，公示期为 10 日。对于针对编入初审名册的社会中介机构和个人提出的异议，人民法院应当进行审查。异议成立、申请人确不宜担任管理人的，人民法院应将该社会中介机构或者个人从管理人初审名册中删除。公示期满后，人民法院应审定管理人名册，并通过全国有影响的媒体公布，同时逐级报最高人民法院备案（《指定管理人规定》第 10 ~ 12 条）。

（2）随机方式指定。《指定管理人规定》第 20 条规定："人民法院一般应当按照管理人名册所列名单采取轮候、抽签、摇号等随机方式公开指定管理人。"但是，对于商业银行、证券公司、保险公司等金融机构或者在全国范围有重大影响、法律关系复杂、债务人财产分散的企业破产案件可以例外（前面已经阐述过）。另外，对于经过行政清理、清算的商业银行、证券公司、保险公司等金融机构的破产案件，人民法院除可以按照本规定第 18 条第 1 项的规定指定管理人外，也可以在金融监督管理机构推荐的已编入管理人名册的社会中介机构中指定管理人（《指定管理人规定》第 22 条）。

（3）回避。根据《指定管理人规定》第 25、26 条的规定，在进入指定管理人程序后，社会中介机构或者个人发现与本案有利害关系的，应主动申请回避并向人民法院书面说明情况。人民法院认为社会中介机构或者个人与本案有利害关系的，不应指定该社会中介机构或者个人为本案管理人。社会中介机构或者个人有重大债务纠纷或者因涉嫌违法行为正被相关部门调查的，人民法院不应指定该社会中介机构或者个人为本案管理人。

3. 清算组与管理人的关系。我国《企业破产法》仍然保留了清算组，该法第 24 条第 1、2 款规定："管理人可以由有关部门、机构的人员组成的清算组或者依法设立的律师事务所、会计师事务所、破产清算事务所等社会中介机构担任。人民法院根据债务人的实际情况，可以在征询有关社会中介机构的意见后，指定该机构具备相关专业知识并取得执业资格的人员担任管理人。"

法院在什么情况下指定清算组织，什么情况下指定管理人呢？应当是在一般情况下指定管理人，在特殊情况下才指定清算组。《指定管理人规定》第 18 条规定："企业破产案件有下列情形之一的，人民法院可以指定清算组为管理人：①破产申请受理前，根据有关规定已经成立清算组，人民法院认为符合本规定第 19 条的规定；②审理《企业破产法》第 133 条规定的案件；③有关法律规定企业破产时成立清算组；④人民法院认为可以指定清算组为管理人的其他情形。"第 19 条规定："清算组为管理人的，人民法院可以从政府有关部门、编入管理人名册的社会中介机构、金融资产管理公司中指定清算组成员，人民银行及金融监督管理机构可以按照有关法律和行政法规的规定派人参加清算组。"

三、债权人的异议

（一）债权人异议的法律依据

根据《企业破产法》第 14 条的规定，人民法院应当自裁定受理破产申请之日起 25 日内通知已知债权人，并予以公告管理人的名称或者姓名及其处理事务的地址。

根据《企业破产法》第 22 条第 2 款的规定，债权人会议认为管理人不能依法、公正执行职务或者有其他不能胜任职务情形的，可以申请人民法院予以更换。

（二）异议程序

1. 债权人会议决议申请。《指定管理人规定》第 31 条第 1 款规定："债权人会议根据企业破产法第 22 条第 2 款的规定申请更换管理人的，应由债权人会议作出决议并向人民法院提出书面申请。"

2. 管理人的说明。《指定管理人规定》第 31 条第 2 款规定："人民法院在收到债权人会议的申请后，应当通知管理人在 2 日内作出书面说明。"

3. 法院的决定。《指定管理人规定》第 32 条规定："人民法院认为申请理由不成立的，应当自收到管理人书面说明之日起 10 日内作出驳回申请的决定。人民法院认为申请更换管理人的理由成立的，应当自收到管理人书面说明之日起 10 日内作出更换管理人的决定。"

4. 法院依职权更换管理人的情况。

（1）对于社会中介机构。《指定管理人规定》第 33 条规定："社会中介机构管理人有下列情形之一的，人民法院可以根据债权人会议的申请或者依职权迳行决定更换管理人：①执业许可证或者营业执照被吊销或者注销；②出现解散、破产事由或者丧失承担执业责任风险的能力；③与本案有利害关系；④履行职务时，因故意或者重大过失导致债权人利益受到损害；⑤有本规定第 26 条规定的情形。清算组成员参照适用前款规定。"

（2）法院依据职权对于个人管理人的更换。《指定管理人规定》第 34 条规定："个人管理人有下列情形之一的，人民法院可以根据债权人会议的申请或者依职权迳行决定更换管理人：①执业资格被取消、吊销；②与本案有利害关系；③履行职务时，因故意或者重大过失导致债权人利益受到损害；④失踪、死亡或者丧失民事行为能力；⑤因健康原因无法履行职务；⑥执业责任保险失效；⑦有本规定第 26 条规定的情形。清算组成员的派出人员、社会中介机构的派出人员参照适用前款规定。"

四、管理人的职责

许多国家的破产法都对管理人的职责进行了明确规定，如我国《企业破产法》第 25 条规定，管理人履行下列职责：①接管债务人的财产、印章和账簿、文书等资料；②调查债务人财产状况，制作财产状况报告；③决定债务人的内部管理事务；④决定债务人的日常开支和其他必要开支；⑤在第一次债权人会议召开之前，决定继续或者停止债务人的营业；⑥管理和处分债务人的财产；⑦代表债务人参加诉讼、仲裁或者其他法律程序；⑧提议召开债权人会议；⑨人民法院认为管理人应当履行的其他职责。本法对管理人的职责另有规定的，适用其规定（这里主要是指在和解或者重整程序中的职责）。

五、因程序转换时管理人的转换

根据我国《企业破产法》的规定，清算、和解与重整程序是并存的，任何程序的开始都不以其他程序的开始为条件。但是，破产清算与和解、清算与重整是可以相互转换的，那么，程序转换时，管理人是否也必须更换呢？例如，债权人申请债务人破产清算，法院受理并开始清算程序且已经指定了管理人，后来债务人申请转换为重整程序也为法院批准，这时，法院先前指定的管理人是否可以继续在重整程序中作为管理人？应该说可以，当然，如果法院、债务人或者债权人认为管理人不适合的（如没有重整经验仅有清算经验），可以更换。

六、管理人的辞职

（一）无正当理由不得辞职

我国《企业破产法》第 29 条规定："管理人没有正当理由不得辞去职务。

管理人辞去职务应当经人民法院许可。"最高人民法院的《指定管理人规定》第 35 条规定，管理人无正当理由申请辞去职务的，人民法院不予许可。《日本破产法》第 160 条也规定，破产管理人无正当理由时，不得辞任。破产管理人欲辞任时，必须向法院提出。所谓正当事由，是指使破产管理人不能执行职务或不能公平执行职务的事由，如重病、与破产企业或债权人有重大利害关系等，经法院查实后，可准予辞职。

（二）许可

《指定管理人规定》第 36 条规定："人民法院对管理人申请辞去职务未予许可，管理人仍坚持辞去职务并不再履行管理人职责的，人民法院应当决定更换管理人。"

（三）非正常辞职的后果

《指定管理人规定》第 39 条规定："管理人申请辞去职务未获人民法院许可，但仍坚持辞职并不再履行管理人职责，或者人民法院决定更换管理人后，原管理人拒不向新任管理人移交相关事务，人民法院可以根据企业破产法第 130 条的规定和具体情况，决定对管理人罚款。对社会中介机构为管理人的罚款 5 万元至 20 万元人民币，对个人为管理人的罚款 1 万元至 5 万元人民币。管理人有前款规定行为或者无正当理由拒绝人民法院指定的，编制管理人名册的人民法院可以决定停止其担任管理人 1 年至 3 年，或者将其从管理人名册中除名。"

（四）更换或者辞职后的移交

《指定管理人规定》第 37 条规定，人民法院决定更换管理人的，原管理人应当自收到决定书之次日起，在人民法院监督下向新任管理人移交全部资料、财产、营业事务及管理人印章，并及时向新任管理人书面说明工作进展情况。原管理人不能履行上述职责的，新任管理人可以直接接管相关事务。在破产程序终结前，原管理人应当随时接受新任管理人、债权人会议、人民法院关于其履行管理人职责情况的询问。

七、管理人执行职务

（一）勤勉义务

我国《企业破产法》第 27 条规定："管理人应当勤勉尽责，忠实执行职务。"因违反这一义务而给利害关系人造成损失的，应当赔偿。我国破产法实际上是要求管理人应尽到善良管理人的注意义务。所谓"善良管理人的注意"，是一个较为抽象的概念，一般是指管理人进行管理活动时，应当尽到一个职业管理人应当达到的注意标准或者说是要求，是对管理人行为是否达到合理要求的一种抽象的判断或评价标准。有的学者将之概括为，依一般的观念，认为有相当知识经验且诚实的人，在为某种行为时所采用的注意。如《德国破产法》第60条规定，破产管理人负有善良管理人应尽的义务。破产管理人因其犯有过失违反本法规定的义务，向所有相关人承担赔偿责任。

（二）聘用工作人员的权利

破产管理人在执行职务过程中，根据实际需要，可以聘任必要的工作人员，并应向其支付报酬。对受聘人员的报酬为破产共益费用，由债务人的财产随时支付。我国《企业破产法》第28、41条对此作了明确的规定。

（三）报酬请求权

1. 管理人获得报酬的法律依据。各国破产法一般都规定，破产管理人执行职务，有权取得报酬，并且破产管理人的报酬属于共益费用，由破产企业的财产随时支付。例如，《德国破产法》第63条规定，破产管理人有权得到报酬及补偿垫款。

我国《企业破产法》第28条第2款规定："管理人的报酬由人民法院确定。债权人会议对管理人的报酬有异议的，有权向人民法院提出。"根据该条的规定，管理人有权要求报酬。正是因为管理人有权获得报酬，才使得现行破产法与旧破产法不同，使管理人成为一个责权利明确的机构。

2. 管理人报酬的确定机构及标准。关于报酬的数额，大多数国家的法律规定，由法院决定。至于破产管理人费用的具体数额，有的国家规定得较为原则，即由法院确定。如《日本破产法》第166条规定，破产管理人得接受费用的预付及报酬，其数额由法院确定。有的国家规定得较为具体，如《德国破产法》第63条规定，报酬的一般标准根据破产程序结束时破产财产的价值计算。破产管理人的经营范围及难度偏高的，在计算报酬时应予以考虑。根据该法第64条的规定，法院以决定的形式确定破产管理人的报酬，被确定的数字不予公告，但债务人及债权人均可到法院办公室查看。对法院的决定不服的，可以上诉。在美国实务上，对破产受托人的收费规定了一个最高界限，收费不得超过破产财产总额的3%～15%。法院也有权根据实际情况确定更低的收费。[1]

根据我国《企业破产法》第28条的规定，管理人的报酬由人民法院确定。那么标准是什么呢？

根据《最高人民法院关于审理企业破产案件确定管理人报酬的规定》（以下简称《管理人报酬规定》）第2条的规定，法院应根据债务人最终清偿的财产价值总额（担保权人优先受偿的担保物价值不计入的财产价值总额），在以

---

[1] 潘琪：《美国破产法》，法律出版社1999年版，第143页。

下比例限制范围内分段确定管理人报酬：①不超过 100 万元（含本数，下同）的，在 12% 以下确定；②超过 100 万元至 500 万元的部分，在 10% 以下确定；③超过 500 万元至 1000 万元的部分，在 8% 以下确定；④超过 1000 万元至 5000 万元的部分，在 6% 以下确定；⑤超过 5000 万元至 1 亿元的部分，在 3% 以下确定；⑥超过 1 亿元至 5 亿元的部分，在 1% 以下确定；⑦超过 5 亿元的部分，在 0.5% 以下确定。高级人民法院认为有必要的，可以参照上述比例在 30% 的浮动范围内制定符合当地实际情况的管理人报酬比例限制范围，并通过当地有影响的媒体公告，同时报最高人民法院备案。

3. 报酬方案。

（1）一般指定的情况下（《管理人报酬规定》第 4 条）。人民法院受理企业破产申请后，应当对债务人可供清偿的财产价值和管理人的工作量作出预测，初步确定管理人报酬方案。管理人的报酬方案应当包括管理人报酬比例和收取时间。

（2）公开竞争方式指定（《管理人报酬规定》第 5 条）。人民法院采取公开竞争方式指定管理人的，可以根据社会中介机构提出的报价确定管理人报酬方案，但报酬比例不得超出本规定第 2 条规定的限制范围。

4. 债权人的异议（《管理人报酬规定》第 17、18 条）。债权人会议对管理人报酬有异议的，应当向人民法院书面提出具体的请求和理由。异议书应当附有相应的债权人会议决议。人民法院应当自收到债权人会议异议书之日起 3 日内通知管理人。管理人应当自收到通知之日起 3 日内作出书面说明。人民法院认为有必要的，可以举行听证会，听取当事人意见。人民法院应当自收到债权人会议异议书之日起 10 日内，就是否调整管理人报酬问题书面通知管理人、债权人委员会或者债权人会议主席。

5. 协商（《管理人报酬规定》第 7 条）。管理人、债权人会议对管理人报酬方案有意见的，可以进行协商。双方就调整管理人报酬方案内容协商一致的，管理人应向人民法院书面提出具体的请求和理由，并附相应的债权人会议决议。人民法院经审查认为上述请求和理由不违反法律和行政法规强制性规定，且不损害他人合法权益的，应当按照双方协商的结果调整管理人报酬方案。

6. 报酬调整与确定的原则。

（1）人民法院确定管理人报酬方案后，可以根据破产案件和管理人履行职责的实际情况进行调整。人民法院应当自调整管理人报酬方案之日起 3 日内，书面通知管理人。管理人应当自收到上述通知之日起 3 日内，向债权人委员会或者债权人会议主席报告管理人报酬方案调整内容（《管理人报酬规定》第 8

条）。

（2）调整或者确定的因素。人民法院确定或者调整管理人报酬方案时，应当考虑以下因素：①破产案件的复杂性；②管理人的勤勉程度；③管理人为重整、和解工作做出的实际贡献；④管理人承担的风险和责任；⑤债务人住所地居民可支配收入及物价水平；⑥其他影响管理人报酬的情况（《管理人报酬规定》第9条）。

7. 收取的限制。律师事务所、会计师事务所通过聘请本专业的其他社会中介机构或者人员协助履行管理人职责的，所需费用从其报酬中支付。破产清算事务所通过聘请其他社会中介机构或者人员协助履行管理人职责的，所需费用从其报酬中支付（《管理人报酬规定》第14条）。

8. 支付的方式。

（1）支付方式。人民法院可以根据破产案件的实际情况，确定管理人分期或者最后一次性收取报酬（《管理人报酬规定》第3条）。

（2）管理人报酬从债务人财产中优先支付（《管理人报酬规定》第12条）。债务人财产不足以支付管理人报酬和管理人执行职务费用的，管理人应当提请人民法院终结破产程序。但债权人、管理人、债务人的出资人或者其他利害关系人愿意垫付上述报酬和费用的，破产程序可以继续进行。上述垫付款项作为破产费用从债务人财产中向垫付人随时清偿。

9. 对担保权人的费用收取（《管理人报酬规定》第13条）。管理人对担保物的维护、变现、交付等管理工作付出合理劳动的，有权向担保权人收取适当的报酬。管理人与担保权人就上述报酬数额不能协商一致的，人民法院应当参照本规定第2条规定的方法确定，但报酬比例不得超出该条规定限制范围的10%。

10. 债务人没有财产或者财产极少的情况下，管理人的报酬应如何解决？这一问题实际上是我国破产实践中一个非常普遍的问题，但破产法没有具体规定，最高人民法院也尚未作出相关司法解释。但我国有些地方已经在开始尝试解决这一问题，例如，深圳市中级法院就制定了《破产案件管理人援助资金管理和使用办法》[1]，采取由法院设立"破产案件管理人援助资金"的方法解决。该《办法》中，援助资金的来源有两个部分：一是按照比例从管理人（是指所有从业的管理人）所得的报酬中提取一定的比例，二是政府财政拨款。

---

[1]《深圳市中级人民法院破产案件管理人援助资金管理和使用办法》，2013年7月18日深圳市中级人民法院审判委员会民事行政执行委员会2013年第13次会议通过，2015年3月12日第2次会议修订。

该援助资金的用途除了管理人的报酬外，还有管理人执行职务的费用、管理和分配债务人财产的费用、档案管理费用等。申请援助资金的条件是：①债务人无财产支付破产费用；②债务人财产不足 15 万元，不足以支付破产费用且无利害关系人垫付资金；③债务人财产不足 15 万元，虽有利害关系人垫付资金，但垫付得的资金和债务人的财产合计不足 15 万元，不足以支付破产费用；④管理人报酬不足 10 万元的案件。

这种做法是解决问题的一种方式和思路，但是，如果一个法院就能够决定从管理人报酬中提取一定比例组成援助金，其法律妥当性是很值得怀疑的，恐怕最高人民法院都无权做出这样的规定。如果是有一个管理人的民间组织。例如，管理人协会，由管理人通过协会自愿提取，就更为妥当。或者通过成立基金会的方式来解决。

（四）个人交易行为的限制

破产管理人在执行职务期间，为保证其公正地执行职务，禁止个人与破产企业之间的交易，也禁止破产管理人介绍第三人与破产企业进行交易。日本破产法对此未作明确规定，但《日本公司更生法》第 54 条之三规定："未经法院许可，不得受让公司的制品或财产或向公司转让自己的制品或财产，以及进行其它自己或第三者与公司的交易。"从理论上讲，此乃破产管理人之当然的义务。因为，破产管理人对外代表破产企业，若允许其代表破产企业与自己进行交易，极有可能造成有损破产企业的结果。

（五）破产管理人为数人时，应共同执行职务

一般地说，当破产管理人为数人时，应以共同执行职务为原则，而以分别执行职务为例外。如《日本破产法》第 163 条规定，破产管理人为数人时，共同行使其职务。但经法院许可，得分掌职务。

所谓共同执行职务，是指各破产管理人之间在执行职务中互为代表，第三者的意思表示，对其中一人表示即发生对全体的效力。如《日本破产法》第 163 条规定，破产管理人为数人时，第三人的意思表示对其中一人作出即可。因破产管理人执行职务给第三人或破产企业造成损害的，各破产管理人负连带责任。在单独分别执行职务时，破产管理人个人的行为无需征得其他破产管理人的同意，同时，第三人对破产管理人个人的意思表示，对其他破产管理人不生效力。因破产管理人个人执行职务而给第三人或破产企业造成损失的，由其个人负责。

（六）报告及接受监督

根据我国《企业破产法》第 23 条的规定，管理人依照本法规定执行职务，向人民法院报告工作，并接受债权人会议和债权人委员会的监督。同时，管理

人应当列席债权人会议，向债权人会议报告职务执行情况，并回答询问。

（七）须经法院或监督人许可的事项

为加强对破产管理人的监督与制约，在破产管理人处理有关破产企业的重大事务时，须经法院或监督人的同意。各国破产法对这些事项的规定，不尽相同。如我国台湾地区"破产法"第 92 条规定，破产管理人为下列行为时，应征得监察人的同意：①不动产物权的让与；②矿业权、渔业权、著作权、专利权的让与；③全部存货或营业的让与；④借款；⑤非继续破产人的营业而为 100 元以上的动产让与；⑥债权及有价证券的让与；⑦专托货币、有价证券及其他贵重物品的取回；⑧双务契约的履行请求；⑨关于破产人财产上的争议之和解及仲裁；⑩权利的抛弃；取回权、别除权、财团债务及第 95 条第 1 款费用的承认；别除权标的物的收回；关于应行收回破产财团的财产提起诉讼或进行其他法律程序。《日本破产法》第 197 条作了相似的规定。

根据我国《企业破产法》第 69 条的规定，管理人实施下列行为，应当及时报告债权人委员会：①涉及土地、房屋等不动产权益的转让；②探矿权、采矿权、知识产权等财产权的转让；③全部库存或者营业的转让；④借款；⑤设定财产担保；⑥债权和有价证券的转让；⑦履行债务人和对方当事人均未履行完毕的合同；⑧放弃权利；⑨担保物的取回；⑩对债权人利益有重大影响的其他财产处分行为。未设立债权人委员会的，管理人实施上述行为应当及时报告人民法院。

第四章

债务人财产

第一节 债务人财产概述

一、债务人财产的概念与性质

债务人财产是我国《企业破产法》使用的概念，在《企业破产法（试行）》中使用的是破产财产的概念。债务人财产指破产案件受理后至破产宣告作出之前属于债务人的财产，债务人财产在破产宣告作出后便改称为破产财产。两个概念从财产意义上讲并无本质区别，区别主要在于其表明债务人即财产主体在破产程序中不同阶段的法律地位不同。为与其他国家通常使用的破产财产概念衔接，且不改变原有文献对破产财产概念的使用，后文中使用的破产财产概念除限定于《企业破产法》的规定外，与债务人财产概念具有同一意义。

破产财产主要是英美法系国家使用的概念，大陆法系国家多称为破产财团。在大陆法系国家中，破产财团在三种意义上使用，即法定财团、现有财团和分配财团。

法定财团，指由破产法规定应属于破产财产的全部财产组成的财团。现有财团，指现实在管理人管理下的财产组成的财团。分配财团，指管理人实际用于对破产债权分配的财产组成的财团。破产申请受理后，管理人接管债务人企业时管理下的现有财团，与法定财团的范围通常是不一致的，需要加以清理，包括收回在外的财产，返还占有的他人财产，使现有财团的范围与法律规定相一致。管理人对符合法律规定的现有财团，经过清理、处理、变价等工作，支付破产费用和共益债务，清偿有优先受偿权的债权，并在债权人行使抵销权后，方可组成供普通债权人破产分配的分配财团。此外，在自然人破产案件中，法律规定专属于破产人的财产和为维护破产人及其家庭生计而不纳入破产财产范围的保留财产，属于自由财团，由破产人自由支配。

我国破产法中对债务人财产尤其是破产财产的法律地位未作明文规定。从法学理论上讲，在破产财产的性质上，大陆法系国家的破产法理论主要有两派观点：①"权利客体说"，主张破产财产本质上只是权利客体。这种理论认为债务人在破产程序中，虽丧失对破产财产的管理与处分权，但破产财产的所有权仍属于破产人，破产财产只是破产人权利的客体。②"权利主体说"，主张破产财产自身即构成权利主体。这一理论的基础是财团法人制度，主张破产财产本身可构成权利主体，属于财团法人，具有民事主体的资格。由于分析角度不同，上述学说又形成不同的分支学派。

我们认为，由于我国现行民事立法中尚无对财团法人的具体规定，债务人财产不能视为依据破产法或相关法律自动成立的财团法人。在现行立法体系下，认为破产财产自身即构成权利主体的理论尚缺乏制度支持。但近年来"权利主体说"在一些国家有逐渐兴起的趋势。

依英美法系的财产权理论，同一财产之上可以存在多种不同层次的财产权利，尤其是在信托关系之下，可以存在某种意义上的双重所有权。但根据大陆法系的所有权理论，任何财产都必须也只能有一个所有权主体。对破产案件受理后债务人财产的所有权问题，我国立法没有作明文规定，学者间的观点也存在分歧。除认为债务人财产自身即构成权利主体的"权利主体说"外，在持"权利客体说"的学者之中，认为债务人财产的所有权仍属于债务人的观点占据主流位置。此外还存在一些不同观点，有人认为，债务人被宣告破产后，对破产财产不应再享有所有权，破产财产的所有权应属于债权人或管理人（地位为信托法上的受托人）。

我们认为，这种观点是不能成立的，按照我国现行立法，破产财产在法律上的所有权仍应属于债务人所有。虽然破产财产最终要用于对债权人分配，其实际受益人是债权人，但这并不等于破产财产的所有权属于债权人，无论是属于个别债权人、全体债权人还是债权人会议。债权人只对债务人享有债权，即使是在债务人破产时，也不能在债务清偿之前将债务人财产认定为债权人所有。破产法将对破产财产处理与分配方案的决定权列入债权人会议的职权范围，也只是因其关系到债权人的利益，而与所有权的归属无关。债权人虽然享有对破产财产的最终性质的权益，但那是在破产分配之后，此前债权人对破产财产并不享有所有权，否则就无须启动破产程序对已经属于债权人的财产进行分配。

至于管理人就更不可能享有对破产财产的所有权。管理人是债务人财产的管理人，而不是所有人，其对债务人财产享有的管理及处分权利，不能否定债务人对破产财产的所有权。在以信托关系解释管理人与债务人关系的英美法系国家中，管理人作为法定信托人，可以享有对破产财产法律上的形式所有权。在大陆法系国家中，多数立法并未赋予管理人信托法上的受托人地位。我国破产法规定，管理人由人民法院指定，虽然其要定期向债权人会议报告职务执行情况，但在管理人对债权人、债务人所承担的责任中没有使用信托概念。虽然在破产案件受理后，债务人处置其财产的权利被禁止行使，企业的管理机关和法定代表人代表、管理企业的权利也由管理人接替，但在法律上债务人仍然是其财产的所有者。

从我国《企业破产法》第 30 条的规定中，也可推导出债务人对破产财产享有所有权。根据规定，在破产申请受理后（或破产宣告后）至破产程序终结前债务人所取得的财产，属于债务人财产。这里的"取得"财产即指取得财产的所有权。既然在破产申请受理后或破产宣告后，债务人还能对一些财产取得新的所有权，如对原有财产之法定孳息或天然孳息的所有权，那么债务人对产生孳息之原有的破产财产当然也应当享有所有权，否则新取得的财产所有权便没有了法律依据。此外，破产财产清算、分配后如有剩余的（尽管这种情况甚少发生），仍应归债务人所有；自然人破产时自由财产的存在等，都说明尽管债务人在破产程序中的财产权利要受到严格的限制，但仍然在法律上对其财产享有所有权。

二、债务人财产的构成范围

（一）对债务人财产构成范围的不同立法原则

在债务人财产即破产财产的构成范围上，各国破产立法采取的主要有固定主义与膨胀主义两种立法主义。

固定主义以破产案件受理时或破产宣告时（为与多数大陆法系国家的立法表述相一致，以下统称为破产宣告时）债务人所有的财产，包括将来行使的财产请求权为破产财产。所谓固定，是指破产宣告时破产财产的范围即已确定。日本、美国等国采用这一立法主义。如《日本破产法》第 6 条第 1 款便规定，于破产宣告时归破产人所有的一切财产，为破产财团；第 2 款规定，破产人基于破产宣告前产生的原因而于将来可行使的请求权，属于破产财团。

膨胀主义是指破产财产不仅包括债务人在破产宣告时所有的财产，而且包括其在破产程序终结前所新取得的财产，破产财产的范围在破产宣告后仍能有所膨胀。英国、德国（1994 年《德国支付不能法》）等国及我国台湾地区"破产法"采用这一立法主义。如我国台湾地区"破产法"第 82 条规定："左列财产为破产财团：①破产宣告时属于破产人之一切财产，及将来行使之财产请求权；②破产宣告后，破产终结前，破产人所取得之财产。专属于破产人本身之权利及禁止扣押之财产，不属于破产财团。"

两种立法主义各有利弊。固定主义因在破产宣告时破产财产的范围便已确定，管理人的工作较为简单，有助于破产程序迅速进行，使债权人早得到分配。破产人在破产宣告后新得到的财产由其自由支配，可鼓励其在破产过程中尽早恢复经济活动，维持自身生活，减轻社会负担，有利于社会安定。同时，以破产宣告前的财产清偿破产宣告前的债权，以破产宣告后的新得财产清偿破产宣告后的新生债权，使相互的责任财产对应，较为公平。此外，在破产人新得财产不属于破产财产的情况下，也有利于促进债权人会议与破产人达成和解。但固定主义的弊病是对债权人利益保障不足，给予的清偿较少。破产人在破产程序中进行新的经济活动失败时可能导致二次破产，反使案件复杂化，还可能出现破产人利用破产宣告与取得新财产的时间差来规避债务清偿、侵害债权人利益的欺诈现象。

膨胀主义通过将破产终结前破产人新取得的财产纳入破产财产，增加了对债权人的分配，防止出现债务人实际上有钱不还债的不公平现象，可制止欺诈行为，杜绝二次破产的发生。但因破产程序终结前破产财产可能不断增加，致使其管理、变价等工作较为复杂，破产程序的时间相对延长。而且，如果将破产人在破产宣告后新得财产也用于破产分配，在破产终结之前，破产人难以恢复正常的经济活动，可能会造成社会的救济负担。

相对而言，固定主义在理论上较为合理，膨胀主义则更为实用。为此，有的学者主张，在这两种主义之间采取折中做法，对破产人在破产宣告后新得到的财产加以区分，凡是通过劳动得到的工资等收入，不纳入破产财产范围，而非其工作得到的财产，如继承、接受赠与的财产，则纳入破产财产范围，以鼓励破产人积极参加社会生产活动，并借以平衡膨胀主义与固定主义之利弊。笔者认为，此种立法模式在我国将来制定自然人破产法律制度时可以借鉴，以公平保护债权人、债务人的利益。

一国之破产立法采取固定主义还是膨胀主义，须根据本国的具体情况而定。采取何种立法主义在实践中的意义主要表现在自然人破产时，因为只有自然人破产才存在自由财产保留、破产宣告后需恢复正常经济活动，以及是否会存在社会负担等问题，法人将因破产而终止。此外，法人在破产宣告后仍能新得到财产的情况很少，而自然人则可能因进行新的经济活动、继承、接受赠与等得到新的财产。

我国破产法在破产财产范围上采用的是膨胀主义，这有助于制止破产欺诈行为，保障经济秩序，维护债权人的合法权益，防止出现法律调整的空档。由于企业法人破产后新得财产的可能不大，对破产进程的时间也无不利影响，而且因法人破产后即告消灭，无须采固定主义来鼓励其开展新的经济活动。

（二）我国破产法对债务人财产范围的规定

我国《企业破产法》用专章规定了"债务人财产"制度，充分反映了债务人财产的认定在破产程序中的重要性。正如联合国国际贸易法委员会在《破产立法指南》中所言："破产程序之根本要义在于，确定、收集、处分和分配债务人的财产，这部分财产又称之为破产财产。许多国家的破产法律制度都将此类资产置于某种特别的制度之下，破产管理人对此拥有特别的权利（法律另有规定的除外）。"[1] 我国企业破产法通过确立破产撤销权、抵销权、取回权等基本的制度规则，让债务人财产置于有别于传统民商事法律规则的"特别的制度"之下。[2] 因此，准确界定债务人财产的范围，是破产法的应有之义。

1. 债务人财产的构成范围。界定破产财产的构成范围，需要明确破产人在何期间拥有的财产属于破产财产，这包括起始时点和终止时点两个问题。首先，破产财产范围确定的起始时点。以破产宣告为破产程序开始的国家，其破产立法统一规定，破产人在破产宣告时的财产属于破产财产。以提出破产申请或案件受理为破产程序开始的国家，其破产立法一般规定，在破产案件受理时（或破产申请提出时）的破产人财产属于破产财产，如美国。我国《企业破产法》以破产申请受理时为确定债务人财产范围的起始时点。其次破产财产范围确定的终止时点，这取决于一国破产法采取固定主义还是膨胀主义。采取固定主义时，确定破产财产范围的时间始点与终点相同。采取膨胀主义时，确定破产财产范围的时间始点则与终点不同，以破产程序终结时为时间终点。

我国《企业破产法》采取膨胀主义，其第30条规定，债务人财产包括破产申请受理时属于债务人的全部财产，以及破产申请受理后至破产程序终结前债务人取得的财产。上述条文只是规定了债务人财产的范围节点，而对债务人财产具体表现形态并未作出规定。为避免实践中对债务人财产具体表现形态范围可能存在的误解或曲解，尤其是对具有财产价值的无形财产的忽略，《最高人民法院关于运用〈中华人民共和国企业破产法〉若干问题的规定（二）》（以下简称《企业破产法司法解释二》）第1条规定："除债务人所有的货币、实物外，债务人依法享有的可以用货币估价并可以依法转让的债权、股权、知识产权、用益物权等财产和财产权益，人民法院均应认定为债务人财产。"

用益物权是债务人财产的重要组成部分，属于债务人的无形资产。在实践中，破产债务人享有的用益物权更多表现为建设用地使用权，亦称为土地使用权。我国企业目前对国有土地使用权的取得方式有两种，一是无偿划拨取得；二是有偿出让取得。根据有关法律规定，债务人以划拨方式取得的土地使用权

---

[1] See UNCITRAL, *Legislative Guide on Insolvency Law*, United Nations, New York 2005, p. 75.

[2] 奚晓明主编：《最高人民法院关于企业破产法司法解释理解与适用：破产法解释（一）·破产法解释（二）》，人民法院出版社2013年版，第110页。

原则上不属于债务人财产，在企业破产时，政府可以收回并依法处置。但在实际处置时还必须考虑到一些特殊情况：①如果划拨土地使用权在企业设立时，经政府有关部门批准已经被作为企业的注册资本予以登记，即作为股东投资，则应当属于债务人财产范围，政府不应再收回。②以划拨土地使用权为标的物设定抵押时对抵押权的认定与处理。根据《城市房地产管理法》、《担保法》等法律规定，虽然划拨土地使用权不属于企业财产，但是可以对其设定抵押。我国立法从实用的角度实行土地使用权与其上建筑物一并处理的原则，在对建筑物设定抵押时相应的土地使用权也要一并抵押，依抵押权处分财产时也贯彻相同的一并处理原则，划拨土地使用权处置所得中的其余部分（尤其是在设置抵押的情况下）则属于债务人财产。《担保法》第56条规定，"拍卖划拨的国有土地使用权所得的价款，在依法缴纳相当于应缴纳的土地使用权出让金的款额后，抵押权人有优先受偿权"。

对已依法设定担保物权的特定财产是否属于债务人财产，我国《企业破产法》和原《企业破产法（试行）》的规定截然不同。《企业破产法（试行）》第28条第2款规定："已作为担保物的财产不属于破产财产；担保物的价款超过其所担保的债务数额的，超过部分属于破产财产。"《企业破产法》第30条规定："破产申请受理时属于债务人的全部财产，以及破产申请受理后至破产程序终结前债务人取得的财产，为债务人财产。"该规定并未将作为担保物的财产排除出债务人财产，在破产程序开始时担保物权尚未执行的担保物当然应归入债务人财产。因此，债务人财产应当包括已依法设定了担保权益或优先权的财产。鉴于《企业破产法》第30条在表述上过于笼统，以及旧破产法下业已形成的认识惯性，实践中对此问题仍然存在错误认识，因此，《企业破产法司法解释二》第3条第1款明确规定："债务人已依法设定担保物权的特定财产，人民法院应当认定为债务人财产。"

2. 债务人财产的除外范围。我国《企业破产法》第38条规定："人民法院受理破产申请后，债务人占有的不属于债务人的财产，该财产的权利人可以通过管理人取回。但是，本法另有规定的除外。"但法律本身并未界定债务人财产的除斥范围。根据我国相关法律以及《企业破产法司法解释二》第2条的规定，下列财产不应认定为债务人财产：

（1）债务人基于仓储、保管、承揽、代销、借用、寄存、租赁等合同或者其他法律关系占有、使用的他人财产。这些财产虽然由债务人占有、使用，但因财产所有权仍然属于原权利人，因此该部分财产应当从债务人财产中分离出来，由权利人取回。

（2）债务人在所有权保留买卖中尚未取得所有权的财产。当事人约定所有权保留条款的目的在于保障付款，但其在外观性质上属于附停止条件转移所有权。在合同一方当事人进入破产程序时，如买受人未付清全部价款，出卖人对买卖标的物仍享有所有权，因此出卖人原则上有权对该买卖标的物主张取回，但需要根据《最高人民法院关于审理买卖合同纠纷案件适用法律问题的解释》以及《企业破产法司法解释二》关于取回权的具体规则来处理。

（3）所有权专属于国家且不得转让的财产。具体财产的范围需要根据《物权法》《土地管理法》等法律规定来认定。

（4）其他依照法律、行政法规不属于债务人的财产。例如，根据工会法的规定，工会是职工自愿结合的工人阶级的群众组织，工会财产主要是工会的经费，包括会员缴纳的会费、企业依法拨缴的经费、政府的补助等收入，该部分财产主要用于为职工服务和工会活动，不应认定为债务人财产。

3. 自由财产。在各国有关执行的法律中，均对自然人债务人的哪些财产属于不受执行的财产作出了明确规定。破产程序属于一般的执行程序，所以也受这一原则的限制，通常在破产人为自然人时，为保障其生活需要，在破产清算时对其财产作出一定的保留，不纳入破产财产的范围，这些财产在破产程序中被称为自由财产或自由财团，在破产程序启动后仍由破产人支配。涉及各国破产法根据本国具体情况而作的一些特别规定。对自由财产的具体范围，各国立法规定有一定的差异。美国破产法对自由财产的范围规定得十分详细，具体列明了不受执行的财产的种类及其价值上限，如不超过 15 000 美元的房产，不超过 2400 美元的汽车，以及其他家庭日常用品，具有精神价值或对家庭具有特殊纪念意义的物品，如结婚戒指、家庭照片以及家庭养的猫、狗等宠物，都在保留之列。我国台湾地区"破产法"第 82 条第 2 款规定："专属于破产人本身之权利及禁止扣押之财产，不属于破产财团。"所谓专属于破产人本身之权利包括：因不法侵害身体、健康、名誉或自由之损害赔偿请求权，终身定期金之权利，受扶养之权利等。所谓禁止扣押之财产包括：破产人及其家属所必需之衣服、寝具、职业上或教育上所必需之器具物品、遗像、牌位、墓碑及其他祭祀礼拜所用物品等。

我国破产法目前不适用于自然人，所以对自由财产问题尚无规定，但我国的民事诉讼法规定了执行程序中必须为被执行人及其家属保留的财产。例如，《民事诉讼法》第 243 条第 1 款规定："被执行人未按执行通知履行法律文书确定的义务，人民法院有权扣留、提取被执行人应当履行义务部分的收入。但应当保留被执行人及其所扶养家属的生活必需费用。"第 244 条规定："被执行人未按执行通知履行法律文书确定的义务，人民法院有权查封、扣押、冻结、拍卖、变卖被执行人应当履行义务部分的财产。但应当保留被执行人及其所扶养家属的生活必需品。"

三、债务人财产的回收与清理

管理人就任后一项重要的职责就是要尽力收回、清理债务人的财产，使债权人得到更多的清偿。除收回债务人在外的财产、追讨其债权等一般性工作外，立法还对债务人的财产收回、清理工作有一些特殊规定。《企业破产法》第35条规定："人民法院受理破产申请后，债务人的出资人尚未完全履行出资义务的，管理人应当要求该出资人缴纳所认缴的出资，而不受出资期限的限制。"我国《公司法》规定，有限责任公司的股东以其认缴的出资额为限对公司承担责任；股份有限公司的股东以其认购的股份为限对公司承担责任。有限责任公司的注册资本为在公司登记机关登记的全体股东认缴的出资额，股东应当按期足额缴纳公司章程中规定的各自所认缴的出资额。股份有限公司采取发起设立方式设立的，注册资本为在公司登记机关登记的全体发起人认购的股本总额，发起人应当书面认足公司章程规定其认购的股份，并按照公司章程规定缴纳出资。一旦公司进入破产程序，由于出资人可以分期缴纳出资，所以可能出现债务人的出资人尚未完全履行出资义务的情况，包括未到出资缴纳期限以及已到出资缴纳期限而未履行出资义务等不同情况。由于公司法规定，出资人是以其认缴的出资额或认购的股份为限对公司承担法律责任，而不是以实缴的出资额为限承担责任，所以在破产案件受理后，管理人应当要求债务人尚未完全履行出资义务的出资人，立即缴纳其认缴而未缴纳的出资以用于对债权人的清偿，而不受出资期限是否已届满的限制。为了进一步细化出资义务加速到期的规定，《企业破产法司法解释二》第20条的规定，管理人有权代表债务人提起诉讼，主张出资人向债务人依法缴付未履行的出资或者返还抽逃的出资本息，出资人不得以认缴出资尚未届至公司章程规定的缴纳期限或者违反出资义务已经超过诉讼时效为由进行抗辩。此外，管理人还有权依据公司法的相关规定代表债务人提起诉讼，主张公司的发起人和负有监督股东履行出资义务的董事、高级管理人员，或者协助抽逃出资的其他股东、董事、高级管理人员、实际控制人等，对股东违反出资义务或者抽逃出资承担相应责任，并将财产归入债务人财产。

关于企业破产法规定的出资义务加速到期条款，亦有学者提出过不同观点，认为股东对认缴出资义务因为破产而加速到期的恐惧，不利于增进困境公司董事对债权人的信义义务，建议确立股东出资义务加速到期的标准及其抗辩事由，不要轻易破除股东的有限责任而直接追索股东，具体的改进方案设想为：①当债务人资产大于负债而进入破产程序之时，设置一个出资义务加速到期的例外抗辩。②以债权人所享有的债权数额为限，允许债务人提出出资数额上的抗辩。③破产重整程序启动之时，如果股东无力清偿加速到期的出资义务，是否允许股东与债权人达成一种变通的合意安排，或者根据股东的实际出资比例而对股权比例和结构作出相应的调整。[1] 我们认为，这种观点虽有其一定的理由，但仍需慎重考虑。公司资本制度的修改和商事登记制度的改革，允许商事主体更为灵活的出资方式，但这种经济自由的权利应当建立在诚实信用的原则之上，出资人认缴出资应根据其自身经济能力和企业未来发展情况进行判断，虽然公司法并未规定在非破产情况下的出资义务加速到期条款，[2] 但并不意味着出资人可以不顾实际、不讲诚信地任意主张认缴出资数额，恶意扩张信用，企业破产法的出资义务加速到期条款正好弥补了公司法规定之不足，可以起到"倒逼"出资人合理确定认缴出资额的作用，避免公司资本制度中的认缴制产生损害债权人利益的情形。

《企业破产法》第36条规定："债务人的董事、监事和高级管理人员利用职权从企业获取的非正常收入和侵占的企业财产，管理人应当追回。"这里的非正常收入应当包括其利用职权从企业领取的超过对本企业职工发放工资平均期间以外的工资。由于《企业破产法》第113条规定，在破产清偿时，对拖欠破产企业的董事、监事和高级管理人员的工资按照该企业职工的平均工资计算，这就可能出现上述人员为规避这一规定，在拖欠本企业职工工资的同时却对自己的工资全部支付，毫不拖欠。所以，为保障公平，破产企业董事、监事和高级管理人员与本企业职工发放和拖欠工资的平均期间应当相同，超过对本企业职工拖欠工资平均期间领取的工资应视为非正常收入。为此，《企业破产法司法解释二》第24条规定，债务人有《企业破产法》第2条第1款规定的情形时，债务人的董事、监事和高级管理人员利用职权获取的以下收入，人民法院应当认定为《企业破产法》第36条规定的非正常收入：①绩效奖金；②普遍拖欠职工工资情况下获取的工资性收入；③其他非正常收入。管理人有权主张债务人的董事、监事和高级管理人员返还上述债务人财产。债务人的董事、监事和高级管理人员因返还"绩效奖金""其他非正常收入"形成的债

---

[1]　韩长印："困境公司对债权人的信义义务"，载王欣新、郑志斌主编：《破产法论坛》（第11辑），法律出版社2016年版。

[2]　有学者认为，极大便利股东投资自由与创业低门槛的认缴制引入之后，公司法没有随之完善有关公司债权人利益保护的法律规范，是为漏洞。如果下次修订公司法明确规定非破产场合下公司不能偿付到期债务、出资未届期的股东有义务在未出资范围内承担补充赔偿责任，不仅问题迎刃而解，法律规范体系也趋于更加完善。参见李建伟："认缴制下股东出资责任加速到期研究"，载《人民司法》2015年第9期。

权，可以作为普通破产债权清偿；因返还"普遍拖欠职工工资情况下获取的工资性收入"形成的债权，依据《企业破产法》第113条第3款的规定，按照该企业职工平均工资计算的部分作为拖欠职工工资清偿；高出该企业职工平均工资计算的部分，可以作为普通破产债权清偿。

在破产申请受理后，管理人可以通过清偿债务或者提供为债权人接受的担保，取回质物、留置物。因为这些债权人就质物、留置物享有优先受偿权，对其清偿不违背公平原则。在重整、和解程序中，管理人为继续生产经营，需要使用质物、留置物时，可以采取上述办法解决。管理人所作的债务清偿或者替代担保，在质物或者留置物的价值低于被担保的债权额时，应以该质物或者留置物当时的市场价值为限。否则，就会出现对无担保债权的债权人不公平清偿的情况。管理人在取回质物、留置物时，需要遵循相应的程序规则。根据《企业破产法司法解释二》第25条的规定，管理人拟通过清偿债务或者提供担保取回质物、留置物，或者与质权人、留置权人协议以质物、留置物折价清偿债务等方式，进行对债权人利益有重大影响的财产处分行为的，应当及时报告债权人委员会。未设立债权人委员会的，管理人应当及时报告人民法院。

第二节　破产撤销权

一、破产撤销权之概念与立法模式

（一）破产撤销权的概念与意义

破产撤销权（下称"撤销权"，与民法撤销权对称使用时称"破产撤销权"），指债务人财产的管理人对债务人在破产申请受理前的法定期间内进行的欺诈债权人或损害对全体债权人公平清偿的行为，有申请法院予以撤销的权利。各国破产法对撤销权之称谓有所不同。我国台湾地区"破产法"称之为撤销权，日本破产法称之为否认权，在英美法系的一些国家，称之为可撤销交易制度。

撤销权的设立，是为防止债务人在丧失清偿能力的情况下，通过无偿转让、非正常交易或者偏袒性清偿债务等方法损害全体或多数债权人的利益，破坏破产法的公平清偿原则。债务人在陷于破产境地后，出于种种利益动机，往往会在破产案件受理前竭力转移财产、逃避债务，或对个别债权人进行偏袒性清偿，一些债权人也会利用各种不正当手段争夺清偿，从而造成经济秩序混乱。由于破产程序启动后，债务的个别清偿均被中止，所以上述违法行为集中发生在破产案件受理前、债务人仍控制其财产的一段期间内。要实现破产法保障公平、有序清偿的宗旨，就必须制定相应的行为规则，使债务人诚信地承担债务责任，并对债务人在此期间进行的不当财产处分行为采取必要的法律措施加以纠正，恢复、保全债务人的责任财产，这便是设置撤销权的立法本意。撤销权之设置是以维护债权人整体利益、保证公平清偿为基础的，所以不得不在一定程度上舍弃对债务人与行为相对人交易自由的保护。通过对无偿转让、非正常交易、偏袒性清偿等债务人具有清偿能力时在民法上有效行为的撤销，来维护债务人与债权人之间、债权人相互之间的实质平等，实现破产财产分配上的正义。

公平是人类恒久的追求。法律以实现公平为己任，而破产法尤需体现公平原则。撤销权作为体现破产法公平原则的一项关键制度，在保障破产立法宗旨、实现维护诚实信用原则、纠正债务人损害债权人利益的行为等方面具有不可替代的重要作用，为各国破产立法所重视。如英国即将"制定撤销不公平的损害债权人整体利益的转移与交易的规则"视为破产法最重要的目标。[1] 美国一位著名的破产法权威——麦克拉兰（Maclachlan）教授认为，可撤销交易制度是破产法对商法最重要的贡献，这不仅仅是因为该制度促进了破产法的平等分配原则，而且它减少了对债权人从智力竞争中得益的刺激，促进了合理的商业活动。[2] 需要注意的是，破产撤销权制度是一柄"双刃剑"，对当事人行为的撤销必然会影响到交易的安全与稳定，所以如果在设置撤销权时过于强调债权人（整体）的利益而忽视其他主体的正当利益，同样可能会造成市场经济秩序的混乱。为此，必须强调在撤销权上的利益平衡，对于某些当事人以诚实善意进行的行为，虽然可能减损了债务人的责任财产，影响了债权人的整体利益，也不宜简单地予以撤销。这便是诚实信用原则在破产法中的体现，只有恰当地平衡各方当事人的利益，才能保证撤销权制度的立法价值得以顺利实现。[3]

（二）撤销权的立法模式

各国立法中的民事撤销权分为对意思表示不真实等法律行为的一般撤销权（如我国《合同法》第54条）和债权人的特别撤销权（我国《合同法》第74条）。债权人撤销权又可分为破产法上的撤销权和民法上的撤销权，分别规定在破产法与民法典或其他相关单行立法中。如《法国商法典》在第442条以下的条款中规定破产撤销权，对民法撤销权则规定在《法国民法典》"契约对第

〔1〕　沈达明、郑淑君编著：《比较破产法初论》，对外贸易教育出版社1993年版，第129页。
〔2〕　石静遐：《跨国破产的法律问题研究》，武汉大学出版社1999年版，第268页。
〔3〕　王欣新："破产撤销权研究"，载《中国法学》2007年第5期。

三人的效果"标题之下的第 1167 条中。德国、日本等国之立法也是如此。

各国破产法对撤销权有两种立法模式：①列举主义，即将可撤销之行为逐一列举规定，法官据此判定，少有自由裁量权；②列举加概括主义，即除作列举规定外，还对可撤销行为作抽象的概括规定，法官可根据概括性规定享有一定的自由裁量权。前一立法模式有利于统一执法，但难免挂一漏万，执法时易显僵化，难以适应调整不断变化之社会的需要。而后一立法模式较为灵活，但对法官的素质要求较高，若出现对撤销权的滥用，反而会影响交易安全。

我国破产法对撤销权的规定采取列举主义。笔者认为，我国的破产欺诈行为严重，形式多样，且时时花样翻新，法律规定亦难免有不完善之处，破产立法可考虑采取列举加概括的模式，以加强对不法行为的打击力度，避免一些新型破产欺诈行为因立法无规定或者规定不明而逃脱法律制裁。

二、破产撤销权与破产无效行为制度

破产无效行为制度，是规定债务人在破产案件受理前的法定期间内进行的损害债权人共同利益或破坏公平清偿的行为无效的制度。破产无效行为制度与撤销权制度均是纠正债务人在濒临破产期间所为的损害债权人利益、破坏公平清偿行为的制度，具有共通之作用，之所以在不同国家中出现对债务人相同危害行为进行不同法律调整的制度，是因为各国在此问题上奉行不同的破产立法主义。

对破产程序启动之效力有无溯及力，在各国破产法理论上存在溯及主义与不溯及主义两种立法主义。溯及主义认为，破产宣告之效力溯及于破产人在破产宣告前已发生破产原因时的行为，那些恶意处分财产之行为据此而无效。此种立法主义以英国破产法为代表，为一些英美法系国家的破产立法所采用。不溯及主义则认为，破产宣告裁定自作出时生效，只及于破产人在破产宣告后所为的行为，不溯及于其在此前所为行为，即使其当时已经发生破产原因，为此就需要设置撤销权以纠正债务人于破产宣告前恶意处分财产之行为。此种立法主义以德国破产法为代表，为多数大陆法系国家的破产立法所采用。遵循不同的立法主义便产生出对破产人在破产程序启动前的临界期间内恶意处分财产行为的两种不同的实体法调整制度，即破产无效行为制度与撤销权制度。

破产无效行为制度与撤销权制度虽具有相同的目的，但作为不同法律属性下的实体制度，二者在权利的性质与效力、行使权利的主体与方式等方面存在一定区别。

1. 产生的法学理论基础不同。如前所述，破产无效行为制度源于破产法上的溯及主义，撤销权制度则源自于不溯及主义。

2. 权利人对行为性质的影响不同。依无效行为之一般法理，在破产无效行

为制度下，债务人的违法行为随破产程序的启动而依法律规定自动成为无效行为，不因权利人的承认等意思表示、时效的超过或无效原因消灭等情况而转为有效，其强调的是国家对违法行为的主动干预与制裁。而在撤销权制度中，强调国家对当事人自由意志的尊重。通常撤销权人有权选择是否行使撤销权，在其未行使撤销权时，国家不得主动干预撤销。

3. 权利行使的主体不同。根据民法对无效行为的处理原则，对绝对无效的法律行为，任何人均可主张其无效；对相对无效的法律行为，虽然仅当事人中享有相应权利者可以提出行为无效的主张，但法院仍可在无人申请的情况下主动进行审查，并宣布行为无效。而对可撤销行为则只有享有撤销权者可提出撤销主张，其他人无权请求撤销，法院也无权在无人申请时主动撤销该行为。须注意的是，破产撤销权的行使主体与民法撤销权有所不同。民法撤销权由债权人即直接利害关系人行使，而破产撤销权通常由管理人行使。由于管理人并非直接利害关系人，而是依法行使包括撤销权在内的破产事务管理职权的机关，所以对其而言，行使撤销权不仅是权利而且也是义务，违背义务时要承担相应法律责任。

4. 涉及的行为范围有所不同。破产撤销权指向的行为范围比较宽泛，只要行为损害债权人整体利益的均可撤销。按照学界的一般认识，其可以是法律行为，也可以是事实行为；可以是私法行为，也可以是公法行为（如执行行为、诉讼行为等）。而采取破产无效行为制度的立法一般将无效行为限定为法律行为，范围比较狭窄。[1]

5. 权利的时效期间或除斥期间不同。各国破产法对撤销权的行使均规定有时效期间或除斥期间。如《日本破产法》第85条规定："否认权自破产宣告日起2年间不行使时，因时效而消灭。自行为之日起经过20年时，亦同。"[2]《德国支付不能法》原第146条"撤销权的消灭时效"规定，撤销权请求权自支付不能程序开始时起经2年时效消灭。即使撤销权请求权已因时效而消灭，对于因可撤销的行为而产生的给付义务，支付不能管理人仍可以拒绝履行。[3]而对破产无效行为的追究原则上不存在消灭时效或除斥期间，无论该行为何时

---

〔1〕　常鹏翱："破产撤销权：破产法中的一个制度选择及其合理性探讨"，载中国法学网"学者专栏"，访问日期：2007年8月9日。

〔2〕　[日] 石川明：《日本破产法》，何勤华、周桂秋译，中国法制出版社2000年版，第264页。

〔3〕　据王欣新教授于2005年8月随全国人大财经委破产立法考察团到德国考察时听取德国专家的介绍，该条法律已作修改，撤销权的消灭时效已经改为自破产程序开始后、债务人的违法行为被发现后3年，以求更好地保护债权人的利益。

发现均可认定为无效。

各国根据本国国情在破产法中分别采纳破产无效行为制度或撤销权制度。我国《企业破产法（试行）》对此项制度未冠以明确名称且立法用语混乱，所以在学者之间对其称谓也不一致，有称之为破产无效行为者，有称之为撤销权者，有称之为否认权者，还有称之为追回权者，但以称之为撤销权者居主流。

《企业破产法（试行）》第35条规定违法行为"无效"，但在列举行为时却将绝对无效行为与可撤销行为混杂规定在一起，并采取撤销权的处理模式解决问题。如对无效行为本不应存在除斥期间，但《企业破产法（试行）》规定，在破产程序终结满1年后就不得再追回被非法转让的财产，包括隐匿、私分的财产；人民法院发现无效行为时本可主动认定其无效，而《企业破产法（试行）》却规定只有清算组才有主张无效的权利，不允许他人主张行为无效，也不允许人民法院主动认定行为无效；《企业破产法（试行）》仅规定清算组有权向人民法院请求追回财产，而未规定无效行为相对人有返还义务，等等。据此，我们认为，即使是在《企业破产法（试行）》中，该项制度的实质也应认定为撤销权制度，只有撤销权之称谓才能准确反映出其权利本质。我国《企业破产法》明确采用撤销权制度，并对若干民事无效行为单独作出规定，从而最终结束了这一争论。

三、破产撤销权与民法撤销权之比较

我国的撤销权制度从立法角度可分为破产法上的撤销权和民法及合同法上的撤销权，彼此间既有联系又有所区别。

在《民法通则》中仅规定了一般撤销权，未规定债权人撤销权。《合同法》中规定的撤销权有两种：①《合同法》第54条依据《民法通则》所作的相应规定，即因意思表示不真实而可变更、撤销的合同；②《合同法》第74条及其司法解释规定的债权人撤销权，这是对《民法通则》规定遗漏的补充。该条第1款规定："因债务人放弃其到期债权或者无偿转让财产，对债权人造成损害的，债权人可以请求人民法院撤销债务人的行为。债务人以明显不合理的低价转让财产，对债权人造成损害，并且受让人知道该情形的，债权人也可以请求人民法院撤销债务人的行为。"《最高人民法院关于适用〈中华人民共和国合同法〉若干问题的解释（二）》第19条第3款规定："债务人以明显不合理的高价收购他人财产，人民法院可以根据债权人的申请，参照合同法第74条的规定予以撤销。"这种撤销权与破产撤销权在法理基础上是相同的，不同的是，其以债务人处分财产的行为对个别债权人造成损害，而不是债务人已经丧失清偿能力、破产案件为法院所受理为适用条件。

民法撤销权在破产程序中也具有适用的效力（不过通常是依民事程序行

使），原则上并不因破产程序的启动而被排除适用，但在其与破产撤销权竞合时应适用破产撤销权。破产撤销权是依据民法撤销权的原理针对破产之特殊情况设置的，故其对民法撤销权在破产程序中的适用（如意思表示不真实行为的撤销）未作重复规定。两类撤销权之间存在密切的联系，也存在一定的区别。

1. 破产撤销权是专门针对债务人丧失清偿能力的特殊情况而设置的，是破产立法不溯及主义的产物，目的在于纠正债务人在破产程序开始前法定期间内的不当财产处分行为，其适用对象的范围同民法撤销权有较大区别。破产法规定的一些可撤销行为，往往是在债务人具有正常的债务清偿能力时有权进行的、对自己民事权利的正常处分行为，如对原来没有财产担保的债务提供财产担保，对未到期的债权提前清偿等。但在债务人发生破产原因的情况下，因违反破产法的公平清偿原则，便应将其认定为诈欺行为或偏袒性清偿行为予以撤销。

2. 在可撤销行为的主观构成要件上有所不同。如《合同法》规定，债务人以明显不合理的低价转让财产、对债权人造成损害时，以受让人明知为撤销的前提，而我国立法对破产撤销权未规定当事人包括相对人的主观构成要件要求。

3. 合同法之撤销权的构成，依对个别债权人造成损害这一实质性要件认定，其目的是为维护个别债权人的利益，所以与个别债权人的债权有依附关系。为此，个别债权人要行使撤销权的应具备一定的要件，如债权发生在债务人可撤销行为之前、以财产给付为标的、因清偿责任财产减少而受到损失等。破产撤销权的构成，主要依在法定可撤销期间内进行了特定行为这一形式性要件认定，其要解决的是对损害全体债权人利益或不公平清偿行为的纠正，是对债权人集体利益的保护。从这一意义上讲，破产撤销权依附于集团债权，但与个别债权人的利益可能有所分离，在撤销个别债权人获得的偏袒性清偿时甚至存在对立性矛盾。

4. 民法撤销权的行使权利主体为一方当事人或债权人，而破产撤销权一般只能由管理人行使，仅在法律规定的特殊情况下才可以由其他人行使。由于管理人并非撤销权的实际权利人或受益人，撤销权对管理人就不再是一种可以行使也可以放弃的权利，而是必须履行的法定职权。

5. 撤销权的行使范围不同。民法撤销权的行使范围在债务人的处分行为为可分行为的情况下，应当与申请撤销之个别债权人的债权数额相当；而破产撤销权的行使范围不受相关债权数额的限制。

6. 在诉讼时效或除斥期间方面也存在一定区别。《合同法》第75条规定，撤销权自债权人知道或者应当知道撤销事由之日起1年内行使。自债务人的行为发生之日起 5 年内没有行使撤销权的，该撤销权消灭。此项期间规定的性质属于消灭时效。而破产法的规定则有不同，《企业破产法（试行）》第 40 条规定，破产企业有本法第 35 条所列行为之一，自破产程序终结之日起 1 年内被查出的，由人民法院追回财产，依照本法第 37 条的规定清偿。《企业破产法》第 123 条规定，在破产程序终结后 2 年内，债权人发现因债务人可撤销行为应予追回的财产，可以请求人民法院追回财产，进行追加分配。此项期间规定的性质则应属于除斥期间。

此外，在权利行使方式等方面，两类撤销权也存在一定区别。

为维护债权人的权益，在破产程序中还应注意对民法撤销权与破产撤销权的综合运用。最高人民法院在《关于哈尔滨百货采购供应站申请破产一案的复函》中曾指出，债务人的逃债行为虽发生在人民法院受理破产案件前 6 个月以外，不能依据破产法行使撤销权，但仍可依据《民法通则》的规定予以撤销。[1]《企业破产法司法解释二》第 13 条也规定，在管理人未依法行使破产撤销权的情形下，允许债权人在破产程序中行使《合同法》规定的撤销权，但因此追回的财产得归入债务人财产。

四、破产撤销权之构成要件

债务人的可撤销行为通常是在其已经发生破产原因（或因该行为而引发破产原因）的情况下进行的，有侵害债权人利益的客观后果，并可推定其具有欺诈或偏袒性清偿的不公平性质。撤销权构成的关键，是债务人行为客观上造成债权人所获清偿减少或清偿不公，具有道德风险的因素。债务人在破产案件受理前的财产减少，还可能是由于经营失误、管理不善、交易损失等其他正常市场风险的发生，债权人利益虽可能因此受损，但对之没有撤销权利。

（一）撤销权构成的客观要件

1. 债务人有损害债权人利益的行为且继续有效存在。破产法中规定的可撤销行为均是以财产或财产性权利为标的的，不具有财产性内容的行为不属于破

---

[1] 最高人民法院在《关于哈尔滨百货采购供应站申请破产一案的复函》（1995 年 5 月 4 日，法函[1996] 48 号）中指出，哈尔滨百货采购供应站（下称"百货供应站"）在负债累累的情况下，抽出其绝大部分注册资金开办哈尔滨康安批发市场，尔后，申请破产。其做法严重侵害了债权人的利益。虽然该行为未发生在法院受理破产案件前 6 个月内，但其目的在于逃避债务，故原则上应根据《中华人民共和国民法通则》第 58 条第 1 款第 7 项的规定，追回百货供应站开办康安批发市场投入的 2217.3 万元及该场所得的盈利，作为破产财产统一分配。但在具体处理方式上，可采取整体转让康安批发市场或以债权人的债权作为股份，依照我国公司法的规定，组成规范化的公司，以避免康安批发市场与百货供应站同时倒闭。如上述两种具体处理方式均不可行，则可将康安批发市场的现有全部财产及其债务纳入百货供应站破产清偿范围之内。

产可撤销行为。因为在破产程序中，只有财产或财产性权利才对债权人的清偿利益具有实际意义，才有必要通过撤销权加以维护。对债务人不涉及财产内容的违法行为的撤销，可按照民法等相关法律进行。

撤销权设置的目的是为纠正债务人不当处分财产行为，恢复其责任财产，防止债权人的利益受到非法损害。所以，从理论上讲，撤销权构成的前提应是存在或可以推定存在因债务人的可撤销行为使债权人受偿利益受到损害的客观事实。如果在债务人进行某一行为时，企业经营与债务清偿能力状况正常，并无破产之虞，其行为未损害债权人利益，则对该行为不得撤销。

债务人行为对债权人利益的损害可以从两个方面评价：①财产标准，即该违法行为使债务人作为履行债务担保的一般责任财产减少，导致债务人丧失清偿能力而破产，或者使债权人在此后开始的破产程序中可得清偿减少；②债权人地位标准，即该违法行为使个别债权人得到偏袒性清偿，使其获得比该行为发生前更为有利的受偿地位，破坏对全体债权人的公平清偿，而该违法行为为有偿行为或无偿行为则在所不论。如美国破产法规定，如果债务人对某一债权人或为某一债权人的利益进行转移，转移的结果使该债权人取得多于他在第七章程序中可能得到的分配额，即转移改善了其受偿地位，此即构成一种无效的优惠转移，可以被申请撤销。[1]

需注意的是，在认定债务人行为具有危害性时，该行为应是有效行为，且其危害性于撤销权行使时仍然存在。若该行为未成立、为无效行为或嗣后失去效力的，均无行使撤销权之必要。如果某一行为在成立时对债权人有害，但在行使撤销权时其危害性已经消失，则行使撤销权也无任何意义。[2]如债务人曾经低价出售财产，本可撤销，但现时其已出售之财产的市价较之债务人原出售的价格更低，行为的危害性已不复存在，则不应再行使撤销权。但对因债务人原可撤销行为而受的财产损失，则可以向违法行为人追索赔偿。

此外，我国台湾地区学者史尚宽认为，保证人进行可撤销行为，保证债权人可以对其行使撤销权，但如保证人主张且证明其主债务人有充分的清偿能力，即使保证人丧失清偿能力，债权人也不得对之行使撤销权。[3]

2. 行为发生在破产程序开始前的法定可撤销期间内。立法如采用上述以存在债权人利益受到损害的客观事实作为判断撤销权是否成立的实质判断原则，较为公平，但由于存在债权人举证困难、责任原因不易划分等问题，在实践中

---

[1] 石静遐：《跨国破产的法律问题研究》，武汉大学出版社 1999 年版，第 270 页。

[2] （台）史尚宽：《债法总论》，荣泰印书馆 1986 年版，第 465～469 页。

[3] （台）史尚宽：《债法总论》，荣泰印书馆 1986 年版，第 472 页。

很难实行。例如，美国旧破产法曾经规定，托管人（即管理人）必须证明可撤销行为是在债务人已丧失清偿能力的情况下发生的，但在司法实践中发现这是很难做到的。美国国会在修改破产法的一项报告中说，在每一个破产案件中，在涉及优惠性清偿时，失去清偿能力几乎总是存在的，但又几乎总是无法确切证明的。所以美国在修订破产法时规定，在破产申请提出后的法定期间内，债务人被假设为已丧失清偿能力。如果任何债权人想要保住被指责为"优惠性"的清偿，必须反驳倒这项假设。[1]

为使人民法院及管理人等对债务人的行为是否给债权人利益造成损害、应否撤销有一个易于举证和判断的标准，我国破产法采用程序判断原则，即设置在破产程序开始前的可撤销期间，以在此期间内进行的相应行为为可撤销行为，原则上不再对该行为实施时是否损害债权人利益作实质判断，仅《企业破产法》第 32 条特别规定，个别清偿使债务人财产受益的除外。破产法的上述规定，一方面，可解决撤销权的举证责任等问题，有利于维护债权人利益；另一方面，对违法行为的构成期间加以确定，也有利于维护交易安全，保障市场经济秩序的稳定。

各国破产法对可撤销期间（亦称嫌疑期间）的规定有两种模式：①单一主义，即对各类可撤销行为规定统一的撤销期间，如我国旧破产法；②区分主义，即根据各种可撤销行为的社会危害性不同，设置长短不同的撤销期间，如德国、美国等大多数国家。

对可撤销行为撤销期间的长短，各国立法也规定不一。美国破产法规定，与一般人进行的某些可撤销行为，可撤销期间为破产申请前 90 天内；若该行为是与债务人的内部人或亲属等进行的，可撤销期间则为自破产申请之日起 1 年。《德国支付不能法》第 134 条规定，对债务人的无偿给付行为可撤销的期间为申请开始支付不能程序之日起前 4 年；其第 135 条规定，对替代资本的贷款，即为合伙人或股东享有的、以返还替代资本的借贷为内容的债权提供担保的，或为具有同等地位的债权提供担保的，可撤销的期间为申请开始支付不能程序之前的最后 10 年内；若为上述债权提供清偿的，则可撤销的期间为破产申请前 1 年内。日本破产法称撤销权为否认权，并将否认权分为故意否认、危机否认与无偿否认。对故意否认即对破产者明知有害于债权人而实施行为的否认，不问其行为的时间如何均可撤销；对危机否认则限定在破产人停止支付或破产申请后或在此之前 30 日内；对无偿否认则是指在破产的危机发生后或之

[1] 潘琪：《美国破产法》，法律出版社 1999 年版，第 157 页。

前 6 个月内行使的无偿行为或等同于无偿行为的否认。[1] 我国台湾地区"破产法"规定可撤销期间为破产程序开始前 6 个月。

我国《企业破产法（试行）》规定的可撤销期间为破产案件受理前 6 个月到破产宣告之日，期限设置过短，且未考虑行为的危害性质的轻重区分规定期间，不利于对债权人利益的保护。所以，《企业破产法》将可撤销期间适当延长，并根据可撤销行为的不同社会危害性，规定了自人民法院受理破产申请时起 1 年或 6 个月不同的可撤销期间。如对无偿转让财产的、以明显不合理的价格进行交易的、对原来没有财产担保的债务提供财产担保的、对未到期的债务提前清偿的、放弃债权的行为，撤销期间从原规定的受理破产案件前 6 个月延长至人民法院受理破产申请前 1 年内。对债务人已知其不能清偿到期债务，仍对个别债权人进行清偿，损害其他债权人利益的行为，管理人请求人民法院撤销的期间，为受理破产申请前 6 个月内。

从理论上讲，破产申请受理后，管理人接管债务人财产，债务人便无法再进行各种可撤销行为了。但如因种种原因，立法规定的债务人可撤销行为发生在破产申请受理后，其性质则发生变化，因此时债务人已无财产处分权利，所以其进行的违法行为不再是可撤销行为，而应属于无效行为。

3. 撤销权行使的法定期间。破产撤销权于破产程序启动后得以行使，各国破产法还相应规定有撤销权的消灭时效或除斥期间。《日本破产法》第 85 条规定，否认权自破产宣告之日起 2 年间不行使时，因时效而消灭。自行为之日起经过 20 年时，亦同。据此，当破产程序的延续时间超过否认权时效时，即使在破产程序中，该权利也不能再行使。《德国支付不能法》原第 146 条规定，撤销权自破产程序开始起 2 年不行使的，时效消灭。但后考虑到一些大型、复杂破产案件的审理时间会超过 2 年，而管理人及债权人未必能够在破产程序开始后及时发现债务人的违法行为并加以撤销，上述撤销权的时效规定过短，于是德国于 2004 年年底对此规定又作了修改，撤销权消灭时效为自破产程序启动后、债务人行为被发现时开始起算 3 年。规定撤销权行使期间之目的，是使涉及债务人的交易关系不致因对少数债权人利益之保护而过长地处于不稳定状况，维护交易安全。

我国破产欺诈逃债现象严重，如撤销权时效期间过短，不利于保护债权人利益。故《企业破产法》对撤销权在破产程序中的行使没有任何时间限制，同时其第 123 条规定，在破产程序终结后 2 年内，债权人可以请求人民法院行使

---

[1]　[日] 石川明：《日本破产法》，何勤华、周桂秋译，中国法制出版社 2000 年版，第 173 页。

撤销权，追回财产，进行追加分配。据此，破产程序进行期间应属于撤销权之诉讼时效中断期间，重新起算债权人行使权利的期间则以破产程序终结为起点，但该期间不再是诉讼时效期间，而是除斥期间。

在《企业破产法（试行）》中，撤销权的行使期间与其行使主体——清算组的成立时间不相协调。我国以案件受理为破产程序的开始，但清算组却在破产宣告后才成立，在此前便无人行使已随案件受理产生的撤销权。而且依旧破产法规定，破产案件受理后，债务人还可能会在经过长达 2 年的和解、整顿后才被宣告破产，撤销权才可能由清算组行使；而在和解、整顿成功时，则因债务人未经破产宣告，不存在清算组，根本无法行使撤销权，这显然不利于保护债权人权益。《企业破产法》对此立法疏漏作了纠正，规定将管理人的选任时间规定为在法院受理破产案件的同时。

（二）撤销权构成的主观要件

撤销权的主观构成要件，是指债务人、交易相对人以及转得人行为时具有的主观意思对撤销权的构成有无影响。撤销权的行使涉及对善意第三人利益的适当保护。古罗马的立法将可撤销行为分为有偿行为与无偿行为，对无偿行为的撤销不考虑主观因素，对有偿行为则以债务人主观上具有恶意和受益人明知欺诈事实存在为撤销权的构成要件。14 世纪后，意大利沿海城市的立法中开始出现完全不考虑债务人主观要件的撤销权。目前，对可撤销行为的构成要件中是否应包含当事人的主观恶意，各国立法规定不一，而且对破产撤销权与民法撤销权的主观要件规定也可能有所不同。

1. 有的国家立法规定，破产撤销权的成立无须主观要件，债务人与交易相对人或转得人在行为时主观上为善意或恶意，不影响撤销权的构成与行使。美国破产法上的优惠无效制度（即撤销权制度）具有一个重要特点，即债务人和有关被优惠的债权人的意识状态是无关紧要的。法律并不要求以恶意的动机和不合适的商业行为的存在作为优惠无效的理由。[1] 对善意的受让人也可以追回财产，但该受让人在其付出的价值范围内，对被转让的财产享有担保权益，即有优先受偿权。

2. 有些国家立法规定，债务人尤其是交易相对人和转得人的主观意思是否为恶意，对撤销权的构成具有一定影响。如德国、英国等国规定，对无偿转让财产行为，只要客观上损害了债权人利益即可撤销，无须再考量当事人有无主观恶意。因在债务人丧失清偿能力时对财产的无偿转让必将损害债权人利益，

〔1〕　石静遐：《跨国破产的法律问题研究》，武汉大学出版社 1999 年版，第 272～273 页。

行为本身已足以证明债务人存在恶意。对无偿取得财产的交易相对人或转得人而言，即使是善意的，因其未对取得的财产支付对价，也应当返还财产。日本破产法即规定，当转得人无偿取得转让或相当于无偿转让时，不论其是否具有主观上的恶意，只要其前手有被否认的原因时，即得对之行使否认权。[1] 对一些有偿行为的撤销则以交易相对人尤其是转得人存在主观恶意为必要条件。这是为了保护善意第三人的利益，维护市场交易的安全与秩序。所谓恶意第三人，指明知或应知财产转让非法的交易相对人和转得人，转手次数多少则不论。对有偿取得财产的善意第三人，尤其是转得人原则上不能追回财产，因其既无侵害债权人利益之故意，在交易中也无不当得利，这时，受害人只能向违法行为的责任人追究赔偿责任。如日本破产法规定，如转得人系有偿取得，则在当他知道其前手有被撤销的原因时，才能对之行使撤销权。[2]《德国支付不能法》第 145 条规定，在权利取得人明知其前权利人的取得行为有可以撤销的事由，或取得物为无偿方式时，可以对之主张行使撤销权。

对转得人而言，通常，只要第一取得人即交易相对人为善意，即使此后的转得人为恶意时，亦不能行使撤销权。只有第一取得人为恶意，转得人亦为恶意时，才能对转得人行使撤销权。如果转得人前后有数人时，数个转得人须全部为恶意，若其中一人为善意，其后的转得人纵为恶意，亦不能对之行使撤销权。数人共同为转得人时，转得物为可分物的，仅能对恶意转得人行使撤销权。其数人为共有时，唯对恶意的共有人就其应有部分行使撤销权。[3]

在如何确定债务人民事行为的主观恶意上，存在观念主义和意思主义两种学说。前者认为，恶意是指债务人对其行为可能造成履行无资力，从而有害于债权的后果具有一定的认识，不必要有诈害的意思；后者认为，不仅要对损害后果有一定的认识，而且主观上要有诈害他人的意思。[4] 对破产撤销权而言，如果需要以主观恶意作为其构成要件，则采纳观念主义的学说更为适宜。

从理论上讲，除无偿行为外，对转得人的善意行为原则上不应产生撤销权。但因行使撤销权的管理人对其主观心理状态难以举证证明，所以只要管理人证明转得人客观上进行了有害债权人的行为，就可以推定其主观上具有损害债权人的恶意。但转得人可以提出反证，证明其行为的合理性与必要性。

---

〔1〕 ［日］石川明：《日本破产法》，何勤华、周桂秋译，中国法制出版社 2000 年版，第 191 页。
〔2〕 ［日］石川明：《日本破产法》，何勤华、周桂秋译，中国法制出版社 2000 年版，第 191 页。
〔3〕 （台）史尚宽：《债法总论》，荣泰印书馆 1986 年版，第 474～475 页。
〔4〕 王利明："撤销权的若干问题探讨"，载王利明：《民商法研究》第 3 辑，法律出版社 2001 年版，第 651～652 页。

3. 我国破产法对撤销权采取形式判断原则，故对撤销权的构成未规定主观要件要求，但《合同法》对撤销权的规定则涉及一定主观要件之内容。[1] 是否可对善意第三人行使撤销权，体现出立法在保护债权人利益和保护善意第三人利益之间不同的价值取向。由于我国目前破产欺诈行为严重，需强化对债权人利益的保护，所以，在《企业破产法》中原则上未要求撤销权以当事人包括转得人交易时存在主观恶意为构成要件，对善意受让的转得人也可以追回财产。但对转得人的正当权益法律也应予以适当保护，我们认为，可以借鉴美国的做法，允许其在付出对价的范围内作为共益债务享有优先受偿权。此外，对一些特殊情况下可撤销行为的主观要件问题，将在后文分析。

五、撤销权的当事人

（一）撤销权的行使主体

1. 破产程序中撤销权的行使主体。撤销权为债权人之利益而设立，故其权利主体实质上是债权人。但各国立法通常规定，在破产程序中，撤销权的行使主体为管理人。在撤销权上存在权利主体与行使主体分离的现象。管理人行使撤销权，不是基于自身享有此项民事权利，而是基于法律规定的职权。增加可供债权人分配的财产，维护债权人之利益，属于管理人的职权范围，加之要避免各个债权人分散行使撤销权可能产生的混乱与冲突，所以要由管理人统一行使撤销权。

管理人行使撤销权是独立的职权，不需经过债权人或债权人会议的同意或授权，对某一行为是否撤销完全由其自行决定。有的人认为，破产撤销权是由债权人决定是否行使，而且是由管理人代表债权人去行使权力。[2] 这一观点是不妥的，破产撤销权是不可能由债权人决定是否行使的。如果所谓债权人是指个别债权人，则与破产事务由债权人会议集体决定的原则相违背，更何况债权人之间在撤销权问题上可能存在对立的利益，所要撤销的行为可能就是对某一债权人的偏袒性清偿行为，债权人的利益冲突可能使管理人无所适从，所以这种主张也是不具有可操作性的。如果所谓债权人是指债权人会议，则债权人会议的法定职权中就必须有决定是否行使撤销权的规定，但不仅我国破产法中无此规定，也尚未见到其他国家的破产法中有此种规定。此外，如果管理人行使撤销权都要经过债权人会议表决决定，不仅毫无效率、耗费时间、损失机会、增加追回财产的困难与债权人参与破产程序的成本，而且在第一次债权人

[1]《合同法》第74条规定，债务人以明显不合理的低价转让财产，对债权人造成损害，并且受让人知道该情形的，债权人也可以请求人民法院撤销债务人的行为。
[2] 齐树洁主编：《破产法研究》，厦门大学出版社2004年版，第384页。

会议召开之前，管理人将无法行使撤销权，显然不利于维护债权人的利益。

撤销权由管理人行使，这是一项一般性原则。同时，有些国家的破产法规定，在某些特殊破产程序中或特殊情况下，撤销权的行使主体可以有所不同。如《德国支付不能法》第280条规定，在债务人对财产的"自行管理"程序中，由于未设立管理人，便由财产监督人行使撤销权。其第九编规定，在消费者支付不能程序中适用简易破产程序（不设管理人）的，撤销权由债权人行使，债权人会议可以委托个别债权人行使撤销权。美国破产法规定，在第十一章下的重整程序中，不指定托管人即管理人的案件由经管债务人行使管理人的职权，所以，此时撤销权由经管债务人行使。其第十二章适用于有固定收入的家庭农场主，虽其程序中均要指定管理人，但债务人可以同时作为经管债务人存在，同样被明确授予管理人的撤销权，既可以与管理人共同享有撤销权，也可以单独享有撤销权。如果债权人要求行使撤销权，但经管债务人因利益冲突而拒绝行使，美国第八巡回法院认为，单个债权人可以申请法院许可债权人自己实施撤销行为。[1]

我国破产法规定撤销权由管理人（包括旧法之清算组）统一行使。《企业破产法》中未规定不设置管理人的简易破产程序，但是规定有重整程序，而且借鉴了美国的占有中的债务人即经管债务人制度，规定在重整程序中，经人民法院批准，债务人可以在管理人的监督下自行管理财产和营业事务，同时规定有管理人负责监督的事宜。此时撤销权应由谁行使便需要加以明确。有学者认为，此时破产撤销权应当由债务人行使，并且由于重整程序中以债务人（而非管理人）负责重整事务为常态，所以，明确赋予托管债务人以破产撤销权，具有较为突出的现实意义。[2]我们认为，即使在债务人自行管理的情况下，管理人通过行使调查权也可以充分了解与撤销权相关的情况，具备行使撤销权的条件。[3]而且，考虑到撤销权的行使可能与经管债务人的利益发生冲突，所以撤销权由管理人统一行使更为适宜。从国外立法来看，在日本的民事更生程序中，虽然引进了占有中的债务人制度，但民事再生法并未赋予再生债务人行使撤销权的权限，而是将该权限赋予了监督委员。[4]因此，即使在债务人自

---

〔1〕　［美］大卫·G.爱泼斯坦、史蒂夫·H.尼克勒斯、詹姆斯·J.怀特：《美国破产法》，韩长印等译，中国政法大学出版社2003年版，第278～279页。

〔2〕　韩长印："破产撤销权行使问题研究"，载《法商研究》2013年第1期。

〔3〕　王欣新、李江鸿："论破产重整中的债务人自行管理制度"，载《政治与法律》2009年第11期。

〔4〕　［日］金春、［澳］Stacey Steele、［澳］Andrew Godwln："破产重整程序中的管理人制度"，载《政法论坛》2010年第6期。

行管理的情况下，由管理人行使撤销权会更符合撤销权的立法宗旨，但管理人对撤销权的行使，要与经管债务人管理财产和营业事务的活动相协调，双方发生冲突时，应由人民法院决定。

2. 破产程序终结后的撤销权行使主体。管理人一般随破产程序的终结而解散，终止执行职务，但可撤销的违法行为有可能在破产程序终结后方被发现，这时撤销权的主体便只能另寻他人了。我国《企业破产法（试行）》第 40 条规定，可撤销违法行为在破产程序终结之日起 1 年内被查出的，由人民法院直接予以撤销，追回财产，对债权人追加分配。这一规定将管理人终止职务后的撤销权交由法院行使，虽很实用，但却不合法理。撤销权是由当事人主动行使的权利，无当事人的申请，法院不得自行作出撤销某一法律行为的裁判。由法院直接代当事人行使撤销权是不妥的，与其中立裁判地位不相符。所以，《企业破产法》对此作出修改，规定破产程序终结后 2 年内，债权人可以请求人民法院对可行使撤销权的财产予以追回。

3. 破产程序中债权人对撤销权的行使。在司法实践中，可能出现债权人要求管理人行使撤销权，但管理人拒绝行使的情况，此时债权人能否自行提起撤销权诉讼呢？对此，日本判例认为应该进行消极地解释，[1] 不允许债权人提起撤销权诉讼。其理由在于：①财团的管理权专属于管财者（即管理人）而不属于破产债权者；②否认权与债权人撤销权的目的是相同的，因此，既然承认了否认权，就不允许债权人再提起撤销诉讼。[2]

但我国对《企业破产法（试行）》的司法解释曾对此问题作出规定。《最高人民法院关于人民法院在审理企业破产和改制案件中切实防止债务人逃废债务的通知》（2001 年 8 月 10 日发布，法〔2001〕105 号）第 6 条中规定，"债务人有多个普通债权人的，债务人与其中一个债权人恶意串通，将其全部或者部分财产抵押给该债权人，因此丧失了履行其他债务的能力，损害了其他债权人的合法权益，受损害的其他债权人请求人民法院撤销该抵押行为的，人民法院应依法予以支持"。从此通知的内容中，可以得出债权人在破产程序中可以行使撤销权的结论。

在我国的司法实践中，也发生债权人在破产案件中自行行使撤销权的案

---

〔1〕　大审院 1929 年 10 月 23 日判决，《民事判例》第 8 卷，第 787 页；同 1937 年 7 月 9 日判决，《民事判例集》第 16 卷，第 1145 页。

〔2〕　［日］石川明：《日本破产法》，何勤华、周桂秋译，中国法制出版社 2000 年版，第 197 页。

例。据人民法院报报道,[1] 四川省彭州市凤鸣电业公司于 2003 年 7 月 3 日被宣告破产,在同年 10 月 22 日召开的第一次债权人会议上,债权人彭州市通济农村信用合作社向法院请求行使撤销权,撤销凤鸣电业公司与农行彭州支行、建行彭州支行签订的抵押合同。法院经审查查明,通济信用社是享有撤销权的债权人,且撤销权并未消灭。彭州凤鸣电业公司与农行彭州支行、建行彭州支行签订抵押合同时已处于资不抵债的状态,濒临破产,且两家银行对凤鸣电业公司有其他债权人和已陷入支付危机的状态知悉,两家银行对在凤鸣电业公司财产上设定抵押对其他债权人的影响显属明知,但仍订立事后抵押合同,损害了其他众多债权人的利益,构成恶意串通。法院遂依法作出裁定,撤销彭州凤鸣电业公司与农行彭州支行、建行彭州支行签订的抵押合同,并将原抵押财产列为破产财产予以清算清偿。

因报道中未说明该事后抵押合同的订立是否在破产法规定的可撤销期间内,所以无法判断当事人行使的是民法撤销权还是破产撤销权。如当事人行使的是民法撤销权,前文中已经谈到,民法撤销权在破产程序中仍可行使。当其与破产撤销权不重合时,如适用的对象不同,或者发生在破产撤销权无法适用的情况下(如超出破产撤销追溯时效等),民法撤销权即可以独立适用。我们认为,这时如果管理人不提出撤销请求,债权人可以依据民法、合同法或担保法关于撤销权的规定向人民法院提出撤销请求。但也有学者认为,在破产程序中,民法撤销权也应由管理人统一行使。我国台湾地区"破产法"第 78 条规定:"债务人在破产宣告前所为之无偿或有偿行为,有损害于债权人之权利,依民法规定得撤销者,破产管理人应声请法院撤销之。"美国破产法也不允许债权人在破产程序中自行行使其依据州法可以行使的撤销权,[2] 即民法撤销权,而只能由管理人行使。由管理人统一行使各类撤销权的好处是可以与对债务人财产的统一管理和分配相协调,提高工作效率。但我国对民法撤销权的行使是否属于管理人的职权范围的法律规定不明,管理人可能对此持消极态度。如在允许管理人行使撤销权的同时,也允许债权人自行行使民法撤销权更有利于维护其权益。

如当事人行使的是破产撤销权,便存在破产撤销权能否由债权人行使的问题。我们认为,在破产法明文规定破产撤销权由管理人行使的情况下,不宜由

---

[1] 王鑫、米文勇:"恶意串通损害他人权益的抵押行为可申请撤销",载《人民法院报》2003 年 12 月 18 日。

[2] [美]大卫·G. 爱泼斯坦、史蒂夫·H. 尼克勒斯、詹姆斯·J. 怀特:《美国破产法》,韩长印等译,中国政法大学出版社 2003 年版,第 278 页。

个别债权人直接行使撤销权，否则不仅会使债权人与管理人出现权利竞合，各行其是，可能影响破产程序的统一进行，而且还可能出现债权人之间的利益冲突（如撤销对个别债权人的偏袒性清偿行为），使破产法律关系复杂化，矛盾难以解决。但在实践中，可能存在管理人不依法行使撤销权的情形，对此，应分两种情况处理：第一种情况，针对债务人无偿转让财产、以明显不合理价格交易、放弃债权行为等《合同法》规定可以撤销的情形，管理人未依据《企业破产法》第 31 条的规定请求撤销的，债权人可以依据《合同法》第 74 条等规定提起诉讼，请求撤销债务人上述行为并将因此追回的财产归入债务人财产的，相对人不得以债权人行使撤销权的范围超出债权人的债权为由进行抗辩。第二种情况，针对其他可撤销情形则只能由管理人来行使破产撤销权。如管理人接到债权人要求其行使撤销权的请求后拒绝行使撤销权，或在一定期限内不予答复，债权人可以向人民法院提起强制管理人履行职责、行使撤销权的请求，由人民法院裁定解决。必要时，债权人方面还可以申请人民法院撤换管理人。

（二）撤销权的行使方式及由此产生之诉讼的被告

管理人可直接向债务人及可撤销行为的相对人主张行使撤销权，追回财产，但如对方不予承认，便只能以诉讼方式行使撤销权。反之，如果相对人依据可撤销行为向管理人主张行使相应权利，如抵押权等，甚至据此提起诉讼，管理人则可以撤销权加以抗辩，予以拒绝。《日本破产法》第 76 条规定："否认权由破产管理人以诉讼或抗辩行使。"有的人认为，在相对人不返还财产的情况下，管理人可直接申请法院强制执行。[1] 这种主张是错误的，在未经诉讼确认权利的情况下就允许申请法院强制执行，是对相对人诉讼权利的严重侵害。《最高人民法院关于贯彻执行〈中华人民共和国企业破产法（试行）〉若干问题的意见》第 45、46 条曾规定，人民法院在宣告企业破产后，应通知破产企业的债务人或财产持有人向清算组清偿债务、交还财产，债务人和财产持有人应按通知的数额、时间清偿，有异议者可在 7 日内请求人民法院予以裁定；逾期既未清偿又未提出异议的，由清算组申请人民法院裁定后强制执行。该司法解释的这一规定是不妥的，而主张对撤销权争议也采取这种解决方式更是错误的。所以，我国现行企业破产法规定，对撤销权等涉及当事人实体权利的争议应以诉讼方式解决。

对撤销权的法律性质存在（返还）请求权说或债权说、形成权说或物权

---

〔1〕 齐树洁主编：《破产法研究》，厦门大学出版社 2004 年版，第 386 页。

说、折中说等多种学说，多数学者认为，以折中说更为妥当。受不同学说影响，对于撤销权诉讼的性质也存在不同观点。依折中说之观点，仅要求撤销债务人行为者，为形成之诉，同时请求撤销及财产返还者，为形成之诉与给付之诉的结合。[1]

对在撤销权诉讼中应以何人为被告也存在不同的主张。在我国台湾学者之中，有的认为，如该撤销之行为为单方行为，仅须以破产人为被告即可，若为双方行为亦以行为相对人为被告已足，不必以破产人及行为相对人为共同被告。[2]有的认为，无论可撤销行为是双方行为抑或单方行为，均须以债务人为被告，绝无仅列相对人为被告之理。[3]根据我国台湾地区学者史尚宽之总结，对撤销之诉何人为被告存在多种观点："①有谓以受益人一人为被告者，其理由谓撤销原则上应向相对人为之。然裁判上对于债务人与第三人间行为之撤销，究与普通撤销不同。②有谓应以受益人或转得人为被告，无论如何，债务人不为被告。其理由有以撤销权为财产返还请求权（债权说）或有以撤销之效力为物权的相对的无效，即惟对于债权人与受益人或债权人与转得人之间发生效力（近来日本判例采此说）。③有谓应以行为之当事人为被告，即在单独行为以债务人为被告，契约以债务人及相对人为被告。无论如何转得人不为被告。此为以撤销之诉为绝对形成之诉之当然结论。④有谓应以债务人、受益人为共同被告。如有转得人时，其转得人亦为共同被告。此为以撤销之诉为形成及给付之诉之主张（日本过去判例采此说）。⑤有主张撤销之诉仅为形成之诉时，以行为之当事人为被告。兼有给付之诉时，并以受益人或转得人为被告。依余之见，以上各说以第五说较为可采。即仅撤销债务人之行为者，单独行为以债务人为被告。双方行为以债务人及债务人之相对人为被告。兼为财产返还之请求者，单独行为以债务人及受益人为被告。双方行为以债务人及债务人之相对人与受益人或转得人为被告（最后恶意之转得人）。"[4]日本破产法学者认为，被告应是受益者或转得者。破产者不能成为被告人。在对转得人进行否认时，可将受益者作为共同被告。此时，在两者之间通常形成共同诉讼的关系。[5]

---

[1]（台）史尚宽:《债法总论》，荣泰印书馆1986年版，第458～461页。

[2]（台）刘清波:《破产法新论》，东华书局1984年版，第206页；钱国成:《破产法要义》，三民书局1995年版，第94页。

[3]（台）陈荣宗:《破产法》，三民书局1986年版，第267页。

[4]（台）史尚宽:《债法总论》，荣泰印书馆1986年版，第477页。

[5]〔日〕石川明:《日本破产法》，何勤华、周桂秋译，中国法制出版社2000年版，第94页。

　　我国破产法对此问题未作规定。综观上述各种观点，我们认为，史尚宽先生之观点可为借鉴。原则上，如果只涉及对债务人行为的撤销，如撤销财产担保等，不存在追回财产问题，则可仅以债务人为被告。如果撤销权的行使同时还涉及对财产的追回，如撤销无偿转让财产行为，则需要增加交易相对人或转得人为共同被告，否则判决效力不涉及该当事人，无法对其采取执行措施。

　　六、撤销权行使的法律后果

　　撤销权行使的法律后果，是使债务人在破产申请受理前法定期间内实施的损害债权人利益的行为，因被撤销而丧失效力，管理人收回被处分的财产或恢复被处分的权利，利益归于破产财产，用于对全体债权人分配。如《德国支付不能法》第143条"法律后果"规定："①以可撤销的行为由债务人的财产让与财物、给出财物或抛弃财物的，必须将其返还支付不能财团。准用关于受领人明知不具有法律原因情况下不当得利的法律后果的规定。②无偿给付的受领人只有在自己因无偿给付而得利的情况下，才应当返还无偿给付。一俟受领人明知，或依情形应当知道无偿给付使债权人受到不利益的，即不适用此种规定。"[1] 日本破产法也规定，否认权的行使，使破产财团恢复原状（第77条）。根据日本学者之通说，否认的效果在审判上行使否认权之时产生，作为否认对象的行为，在与对方当事人的关系上，溯及性的失去效力，财产权当然复归于财团（物权性相对无效说）。[2]

　　撤销权的行使因被撤销行为的具体情况不同，随原状的恢复，产生使行为相对人丧失被撤销的权利、恢复原有权利义务的效果。如《德国支付不能法》第144条规定：可撤销给付的受领人返还所取得的物的，其债权恢复。以对待给付在支付不能财团中尚可区分为限，或以财团因得利而使自己的价值得到增加为限，应当由支付不能财团返还对待给付。除此之外，可撤销给付的受领人只能作为支付不能债权人主张返还对待给付的债权。"《日本破产法》也对撤销行为相对人权利的恢复作了规定：在破产人行为被否认的情形下，如其所受对待给付现存于破产财团，相对人可以请求其返还；因对待给付产生的利益现实存在时，则于该利益限度内，相对人可以作为财团债权人行使其权利。因对待给付产生的利益现已不存在时，相对人可以就其价额的偿还，作为破产债权人行使其权利。对待给付价额大于现存利益时，其差额亦同（第78条）；相对人在返还其所受给付或偿还其价额后，其债权因此而恢复原状（第79条）。[3]

---

〔1〕　即未因无偿给付而得利也应当返还无偿给付。

〔2〕　［日］石川明：《日本破产法》，何勤华、周桂秋译，中国法制出版社2000年版，第198～199页。

〔3〕　［日］石川明：《日本破产法》，何勤华、周桂秋译，中国法制出版社2000年版，第263页。

　　我国《企业破产法》对此问题未作规定，但《企业破产法司法解释二》对撤销"涉及债务人财产的相关行为"的法律后果做了具体规定。一方面，规定了相对人返还债务人财产的义务。如《企业破产法司法解释二》第9条第1款规定，管理人依据企业破产法第31条和第32条的规定提起诉讼，请求撤销涉及债务人财产的相关行为并由相对人返还债务人财产的，人民法院应予支持。我国《企业破产法》第31条、第32条规定了六种可撤销情形，均涉及债务人财产，但存在债务人财产追回问题的情形主要是指无偿转让财产的行为、以明显不合理的价格进行交易的行为、对未到期债务提前清偿的行为和危机期间的个别清偿行为。对于"放弃债权"的行为，管理人可以主张撤销该行为，恢复对债务人的债务人所享有的债权即可，不存在财产的返还问题；对于"对没有财产担保的债务提供财产担保"的行为，除非采取的是转移担保物的担保方式（如质押），否则，管理人请求法院撤销该担保行为的效力即可，也不存在追回财产的问题。另一方面，司法解释也关注到了撤销权行使之后的相对人权利恢复问题。例如，《企业破产法司法解释二》第11条规定，撤销涉及债务人财产的以明显不合理价格进行的交易，买卖双方应当依法返还从对方获取的财产或者价款。因撤销该交易，对于债务人应返还受让人已支付价款所产生的债务，受让人有权请求作为共益债务清偿。一般而言，对债务人所作的无偿转让财产或财产权利的行为、对原来没有财产担保的债务提供财产担保的行为以及放弃债权的行为予以撤销，不存在相对人恢复权利的问题。对于相对人在可撤销行为履行中所作的对待给付（如以非正常低价购买债务人财产时支付的对价或以非正常高价向债务人出售的财产），如仍存在于债务人财产中（如给付的为特定物），或破产财产因此而获利的（如给付的是货币），相对人可以行使取回权取回。如果相对人给付的特定物已经灭失或现存价值非正常减损，如管理人负有责任，其损害赔偿债权作为共益债务支付；如管理人并无责任，相对人可以其给付物的价款或差额申报债权参加破产分配。如果被撤销的是债务人对未到期债务的提前履行行为或对债务的偏袒性个别清偿，则撤销权的相对人在返还清偿之财产后，其因被撤销的债务清偿行为而消灭的债权连同所有的从权利和担保物权均予恢复。

七、可撤销权行为详析

　　通常在破产法理论上，根据可撤销行为所损害利益的当事人范围不同，将其分为两大类：①欺诈行为，又称诈害行为，指损害全体债权人利益的行为，如无偿转让财产或财产权利、非正常交易、放弃债权等；②偏袒行为，又称偏颇性清偿、优惠性清偿行为，指给个别债权人以清偿优惠而损害多数债权人利益的行为，如对原来没有财产担保的债务提供财产担保、对未到期债务的提前清偿等。美国破产法就据此将可撤销行为分为欺诈性转让与偏袒性清偿两大类。

但也有的国家以其他标准分类，如日本破产法将否认权（即撤销权）涉及的违法行为，按照行为自身特点分为故意否认、危机否认和无偿否认三种类型。故意否认是对破产者在明知侵害破产债权人利益的情况下进行的行为的否认，其否认以具有主观欺诈故意为前提，但不问行为之实施时间。危机否认是以破产者在有支付停止或破产申请后，或在此前 30 日以内进行的一定行为为对象的否认。无偿否认是对破产危机发生后或其前 6 个月以内进行的无偿行为或等同于此的有偿行为的否认。[1]

我国破产法对可撤销行为没有依理论分类划分，而仅以列举的方式加以规定。但在学术界通常采用欺诈行为与偏袒性清偿的分类方式，因其与我国立法规定的可撤销行为要件之内容较为契合。

（一）《企业破产法（试行）》对可撤销行为的规定

《企业破产法（试行）》第 35 条规定："人民法院受理破产案件前 6 个月至破产宣告之日的期间内，破产企业的下列行为无效：①隐匿、私分或者无偿转让财产；②非正常压价出售财产；③对原来没有财产担保的债务提供财产担保；④对未到期的债务提前清偿；⑤放弃自己的债权。破产企业有前款所列行为的，清算组有权向人民法院申请追回财产，追回的财产，并入破产财产。"这一规定存在将民事无效行为与破产法上的可撤销行为混杂规定在一起，对违法行为的法律性质表述混乱等立法失误。

1. 立法文字规定："破产企业的下列行为无效"。也就是说，下列条款中所有列举之行为均应是无效行为。但是实际上除隐匿、私分财产行为在民法上属于无效行为外，其他行为的法律性质应属于可撤销行为（依《民法通则》《合同法》之规定），而且立法对其也是按照可撤销行为处理的。如规定了撤销权行使的时效期间；只能由特定的撤销权人——管理人行使权利，无权利人申请时法院不能主动认定行为无效等，这些规定与法律对无效行为的处分原则是不相符的。

2. 如按照实质属性认定立法规定属于撤销权制度，则其将隐匿、私分财产行为规定为可撤销行为显然是不妥的。隐匿、私分财产的行为，主观上具有明显的侵害债权人（名义上是债务人）利益的欺诈故意，即使发生在债务人未丧失清偿能力时也属于绝对无效行为，均可追回被非法转让的财产，而且司法机

---

〔1〕　〔日〕石川明：《日本破产法》，何勤华、周桂秋译，中国法制出版社 2000 年版，第 173 页。

关在无当事人申请时也可主动追回财产。《企业破产法（试行）》将这些行为按照可撤销行为处理，使两类法律性质完全不同的行为混杂在一起，并规定只有行为发生在破产案件受理前6个月内时才能行使撤销权，而撤销权行使的终止时效为破产程序终结后1年，这就使发生在撤销期间之外的无效行为无法得到纠正，甚至使其在时效期满后反得到法律保护，这显然是错误的，会起到放纵违法行为的恶劣后果。

我国现行《企业破产法》纠正了旧法的错误规定，分别对无效行为与可撤销行为作出规定，消除了因将无效行为纳入可撤销行为而使人们对法律规定效力性质产生的困惑。由于企业破产法在无效行为与可撤销行为的规定上存在一定的关联关系，所以在此对无效行为一并分析介绍。

（二）破产无效行为

我国《企业破产法》对破产无效行为的规定与因采取破产效力溯及主义国家所设置的破产无效行为制度性质是完全不同的，其所涉及的范围只限于在任何时候依法律规定均属于无效之行为，不包括可撤销行为，所以不具有对撤销权制度的替代作用。其实质是针对《民法通则》《合同法》等立法中的无效行为在破产程序中的表现特点所作出的强调性规定，并无独立意义，如破产法不作规定，依据其他立法也完全可以解决问题。立法之所以做出重复性规定，只是为了突出其在实践中的危害性并强调打击该违法行为的重要性。

根据《企业破产法》第33条规定，破产无效行为包括为逃避债务而隐匿、转移财产的行为以及虚构债务或者承认不真实债务的行为。无效行为因其本质具有违法性，所以自始不发生法律效力。对无效行为无论何时发现，均可追回被行为人非法处分的财产，而且原则上任何人均得主张行为无效。人民法院在案件审理中可主动认定行为无效、追回财产，不以利害关系人提出申请为前提。

1. 为逃避债务而隐匿、转移财产的行为。隐匿是指将债务人财产藏匿或转移至他人无法找到或自认为他人无法找到的处所，或者隐瞒不报债务人财产，使之不能依破产程序被管理人接管和处分的行为。所隐匿的财产包括财产与财产性权利如债权等。隐匿财产既包括积极藏匿财产的行为，也包括消极隐瞒的行为，如对财产不在财务报表上作相应记载或者作不真实的记载、对财产去向隐匿不报、在接受有关财产情况的询问时不如实回答等。隐匿并不以转移财产所在地为要件，只要是秘密藏匿，意欲不为管理人、债权人和司法机关知晓，不论财产留在原处或转藏他处均构成隐匿行为。

根据《企业破产法》第8、11条的规定，债务人提出破产申请时，或债权人提出的破产申请为人民法院受理时，债务人应当向人民法院提供财产状况说明等证据材料。凡债务人未将企业财产列入财产清单的，在没有相反证据的情况下，均可推定为隐匿财产的行为。

转移财产是指将债务人企业的财产转移至原所在地之外或债务人企业的控制之外，使管理人无法接管和处分的行为。转移必然涉及财产的移动，所以其适用的范围应为动产。若从广义上讲，隐匿财产可以涵盖转移财产行为，只不过"转移财产"不强调其行为的秘密性。

《企业破产法（试行）》在其规定中还包括私分财产行为，《企业破产法》不再将此列为破产法上的无效行为。因为私分财产属于非法侵害债务人财产权（背后是债权人的债权）的行为，而冠之以"私分"，只是为突出其方式的违法性，强化其主要在企业内部人员之间进行的特征。此类违法行为并不具有破产特殊性，依据其他相关立法即可予以处理，无须在破产法中再作单独规定。

在此需强调的是，虽然法律规定的无效行为是"为逃避债务"而隐匿、转移财产的行为，但即使债务人是出于其他动机，不是"为逃避债务"而隐匿、转移财产的，同样是无效行为。立法规定的"为逃避债务"之动机，对无效行为的构成不具有否定性意义，不过是宣示性强调内容，若从立法严谨的角度说，则属画蛇添足。

2. 虚构债务或者承认不真实债务的行为。《企业破产法》第33条规定，虚构债务或者承认不真实债务的行为也属于无效行为，这是新增设的内容。由于债务人破产时其全部财产已不足以清偿债务，债务增加与否对其本人已经没有实际利益影响，损害的只是其他债权人的利益，所以债务人就可能通过虚构债务或者承认不真实债务，恶意串通向其他人转移利益，抽逃财产，以逃避债务。对此种欺诈行为应加以严厉打击。

在《企业破产法》的制定过程中，有人提出，债务人隐匿、转移财产的行为不属于法律行为，因为它不涉及财产所有权的转移，也没有行为相对人，只是债务人个人对财产的恶意处置。这些行为属于事实行为，不存在对外的法律效力问题，所以从其法律性质上讲，既不属于无效行为，也不属于可撤销行为，应由管理人直接向债务人追收相关财产。此种观点确有其道理。如前所述，《企业破产法》的上述规定一方面是受旧法的习惯性影响，另一方面是为威慑、打击实践中严重的破产欺诈行为，虽在理论上有不妥之处，但目前也还有其实用价值，将来待破产法的实施走入正轨后可再予以修正。

我们认为，《企业破产法》对无效行为时效期间的规定上存在重大的失误。该法第123条规定，在破产程序因债务人财产不足清偿破产费用、无财产可供分配或财产分配完毕而终结后，发现因无效行为而应追回的财产时，只能在破产程序终结之日起2年内追回，超过此期间就不得再追回。这一规定存在两个错误：①追回无效行为处分的财产，不应受诉讼时效或除斥期间的限制，无论何时发现均可追回。否则，债务人只要将其财产转移、隐匿起来，并在破产程序终结后2年内未被发现的，以后就可以成为其合法财产。这样的立法是在鼓励、包庇违法者，必须加以纠正。②将可追回财产的破产终结方式限定为因债务人财产不足清偿破产费用、因无财产可供分配或财产分配完毕而终结三种情况，未规定因重整或和解而终结破产程序时也可追回被非法处分的财产，这也是不妥的。在重整或和解破产程序中，不能排除债务人也存在未被发现的无效行为的可能。如不允许在破产程序终结后追回财产，债务人就可以在破产申请前隐匿、转移财产，再通过重整或和解终结破产程序，从而使其非法处分之财产得以保留，损害债权人的权益。错误限定破产程序终结方式的问题，在撤销权的行使中也同样存在，也需要加以纠正，后文不再赘述。

（三）可撤销行为

《企业破产法》第31、32条对可撤销行为进行了列举性规定。第31条规定："人民法院受理破产申请前1年内，涉及债务人财产的下列行为，管理人有权请求人民法院予以撤销：①无偿转让财产的；②以明显不合理的价格进行交易的；③对没有财产担保的债务提供财产担保的；④对未到期的债务提前清偿的；⑤放弃债权的。"第32条规定："人民法院受理破产申请前6个月内，债务人有本法第2条第1款规定的情形，仍对个别债权人进行清偿的，管理人有权请求人民法院予以撤销。但是，个别清偿使债务人财产受益的除外。"这些可撤销行为可分为损害全体债权人利益的欺诈行为与对个别债权人的偏袒性清偿行为两类。

1.欺诈行为。欺诈行为包括无偿转让财产行为、放弃债权行为、以明显不合理的价格进行交易的行为三种。

（1）无偿转让财产行为。无偿转让财产行为，指无对价或实质上无对价而转让财产的行为。其他国家的破产法通常将其规定为无偿行为。日本破产法学者认为，无偿行为是指破产者不根据对价而单方面减少财产（如债务免除、权利放弃）、增加债务（赠与）的行为。[1] 从立法的文字表述上可以看出我国立法存在涵盖不足的问题，仅将可撤销的无偿行为限定为"转让财产"，对非转让性质的无偿行为便无法撤销，如无偿设置用益物权的行为（对房屋等财产的无偿借用），无偿使用专利权、商标权、著作权的行为等。所以，我国立法也应借鉴其他国家立法之规定，将"无偿转让财产行为"修改为"无偿行为"。

---

〔1〕 ［日］石川明：《日本破产法》，何勤华、周桂秋译，中国法制出版社2000年版，第185页。

对财产的无偿转让是指在破产申请受理前的法定期间内进行的，按照行为时尚属有效的转让。如行为本属无效，依法应恢复原状，无须以撤销权追回财产。对无偿行为的撤销不考虑当事人主观有无恶意。如日本破产法规定，破产者在有支付停止或破产申请后或在此之前 6 个月以内行使的无偿行为及与此相等的有偿行为可以被否认，此种否认不需要以破产者、受益者的意思的主观要素为要件，而只要以行为的时期与无偿性的客观要件为理由即可，故是客观主义的否认。[1]

为正确贯彻立法本意，对此项规定理解时需注意，无偿转让的财产除有形财产外，还应包括债权、专利权、商标权等财产性权利。所谓转让也应是广义的，泛指财产权包括部分财产权能的变更，既包括积极的作为行为，如无偿转让债权，也包括消极的不作为行为，如放弃债权。无偿转让还包括形式上有偿，但实质上无对价的无偿行为。在实践中，无偿行为的形式是多种多样的，除其典型形式即赠与财产外，债务免除、放弃权利、对消灭时效完成后的债权清偿之承认、无偿设定用益物权、不为诉讼时效的中断、撤回诉讼、对诉讼标的之舍弃等均属于无偿行为之列。[2]

为保证撤销权行使的公平合理，《德国支付不能法》第 134 条第 2 款规定，如果无偿给付的是低值常见随意性赠与物品，则不得撤销，如参加婚礼所习惯赠与的礼金等。《英国破产法》第 242 条"无偿转让（苏格兰）"也规定，无偿赠与的财产如果是"生日、圣诞节或其他传统礼物，或者是为慈善目的向非公司的员工之外的人赠送的礼物"，视为合理转让，不得撤销。我国破产立法还应借鉴各国之规定，对不可撤销的合理赠与加以规定，以免背离世事人情，以助和谐社会的建立。

对债务人以公益性捐赠方式进行的无偿转让财产行为，破产程序中的管理人是否有权请求人民法院予以撤销，在我国则存在不同的观点。有的人认为，公益性捐赠行为虽然也是无偿转让财产行为，但是不属于可撤销的行为，理由在于：①撤销债务人的公益性捐赠行为违反合同法规定。《合同法》第 186 条规定："赠与人在赠与财产的权利转移之前可以撤销赠与。具有救灾、扶贫等社会公益、道德义务性质的赠与合同或者经过公证的赠与合同，不适用前款规定。"第 188 条还规定："具有救灾、扶贫等社会公益、道德义务性质的赠与合同或者经过公证的赠与合同，赠与人不交付赠与的财产的，受赠人可以要求交付。"法律对公益性捐赠行为的特殊保护效力应当延续到破产法的实施中。

---

〔1〕 ［日］石川明：《日本破产法》，何勤华、周桂秋译，中国法制出版社 2000 年版，第 185 页。
〔2〕 （台）陈荣宗：《破产法》，三民书局 1986 年版，第 256 页。

②撤销债务人的公益性捐赠行为不具有可操作性。当债务人公益性捐赠的财产已经实际用于公益性事业时，再想予以撤销是基本上不可能的，会引发社会矛盾。有的人认为，公益性捐赠行为也是无偿转让财产的行为，所以应当属于破产法上的可撤销行为，理由在于：①根据《企业破产法》第 31 条之规定，属于无偿转让的公益性捐赠行为应当撤销，而且《最高人民法院关于贯彻执行〈中华人民共和国民法通则〉若干问题的意见（试行）》第 130 条也规定："赠与人为了逃避应履行的法定义务，将自己的财产赠与他人，如果利害关系人主张权利的，应当认定赠与无效。"撤销公益性捐赠行为有充分的法律依据。②如果对公益性捐赠行为不能撤销，将会严重损害债权人的利益，并使其丧失任何法律救济渠道，而且还将鼓励、放纵债务人的欺诈行为。③如果任何债务人在面临破产之际都可以借助所谓的公益性捐赠行为逃避债务履行，甚至还可以沽名钓誉，将使社会经济秩序受到严重的危害。还有的认为，公益性捐赠能否被撤销，关键是看捐赠企业的主观状态。如果企业在法律规定的期限内是出于善意而进行捐赠，它就不能被撤销，也即应该适用《合同法》及相关法律规定；如果是出自恶意，就应该被撤销，也即适用《企业破产法》相关法律规定。主观上的善意要求捐赠的决策主体、捐赠的对象、捐赠的数额必须同时符合法律或章程规定，只要一项不符合即是恶意。[1]

我们认为，对债务人的公益性捐赠行为（即使是具有欺诈性的）能否撤销不能绝对而论，必须根据情况作具体分析。与合同法相比，破产法属于特别法，在法律适用上应当具有优先效力。对违法的欺诈性公益性捐赠行为如果不能撤销，不仅会损害债权人利益，而且也不利于公益慈善事业的健康正常发展。所以原则上讲，债务人的公益性捐赠行为触犯破产法之禁止规定，是可以撤销的。但考虑到社会效应、实际可操作性等因素，此种撤销权的行使也要受到一定限制。具体而言，在下列情况下，对公益性捐赠行为可以撤销：①受赠人与债务人存在串通欺诈行为，或受赠人存在过错，知道或应当知道债务人存在欺诈债权人的故意，知道或应当知道捐赠行为客观上损害了债权人的利益。②如果公益性捐赠行为尚未实际履行，管理人是完全可以申请法院予以撤销的。③财产虽然已经捐赠到社会慈善机构如基金会等，但尚未实际拨付使用于具体的慈善事业。在捐赠财产尚未实际使用的情况下，尚不存在实质意义上的善意第三人，此时社会慈善机构的地位类似于中介机构，对其接受的具有欺诈意义的捐赠不过是代管而已，故可以视为不当得利予以追回。为此，债权人如

---

[1] 史正保、邓亮、李智明："论破产程序中企业公益性捐赠行为的撤销"，载《鲁东大学学报（哲学社会科学版）》2013 年第 3 期。

果发现债务人在丧失清偿能力时有恶意利用公益性捐赠逃避债务的行为，应当立即申请其破产，以便在捐赠财产实际使用前及时督促管理人行使撤销权追回财产。但是，如果捐赠财产已经实际使用，原则上不得再予以撤销，追回财产。因为这时的撤销会损害真正使用捐赠财产的善意第三人的正当权益，而且不具有可操作性，其社会成本极高。总之，欺诈性的公益性捐赠行为能否被撤销，在各国均曾是一个难题。一方面，关心、赞助慈善公益事业是企业承担社会责任的一种主要方式；另一方面，保护债权人合法权益又是市场经济正常运转的基础。对这一矛盾各国是根据国情通过立法逐步加以解决的。如美国社会信用体系较为健全、法律完善、欺诈现象相对较少，所以立法对公益性捐赠行为较为宽容。其破产法规定，如果债务人对慈善团体的捐款总额没有超过当年收入的15%，或者虽超过15%，但与其一贯的捐款行为相一致，不认定为欺诈性转让。目前我国社会信用体系尚不健全，法律亦不完善，欺诈现象较多，所以立法对公益性捐赠行为的规制应较为严格。如果对违法的欺诈性公益性捐赠行为由于种种原因已经无法实际撤销，则必须在捐赠关系中改变捐赠者的姓名或名称，将债务人改为全体债权人。因为真正的捐赠者是实际承担捐赠财产负担的全体债权人，欺诈之债务人无权再以捐赠者的名义欺世盗名，相反，应让其恶名远扬。[1]

对为他人债务无偿提供担保的是否属于可撤销的无偿行为，学者间观点不一。有人认为，债务人为他人提供担保并无任何经济利益，且在担保契约成立时，债务人并未获得任何求偿权，故应属无偿行为。有人则认为是有偿行为，因为债务人提供担保可以将来的求偿权对被保证人行使追偿权。[2] 日本判例认为，对于他人的债务没有义务，但却在没有保证金（无对价）等的情况下进行了保证或提供了担保，由于求偿权不应该是在进行了此种保证之时产生的，因此即使根据保证债务的履行而产生求偿权，以此也不应该认为是有偿行为。[3] 我们认为，破产的债务人为他人的债务提供物权担保，不能适用"对没有财产担保的债务提供财产担保"而予以撤销，因为该债权人并不是债务人的债权人，债务人的对外担保行为并没有造成在自己的破产债权人之间的清偿不公。但是，仅靠代位求偿权也难以解决问题，因为在担保人代债务人清偿时，往往债务人已丧失清偿能力，虽然可以行使代位求偿权，但其权利实现的

〔1〕　王欣新："论破产程序中公益性捐赠行为之撤销"，载《人民法院报》2009年1月15日，第6版。
〔2〕　（台）陈荣宗：《破产法》，三民书局1986年版，第257页。
〔3〕　[日]石川明：《日本破产法》，何勤华、周桂秋译，中国法制出版社2000年版，第185页。

可能很小，所以将其解释为可撤销的无偿行为更为合理。[1]

需注意的是，债务人对可能得到的财产利益的拒绝，如拒绝赠与、抛弃继承、拒绝第三人对其债务的承担等，虽然客观上使债权人可能得到的清偿减少，但不属于可撤销行为。因为此类行为仅是未增加债务人的责任财产，并未减少债务人原有的责任财产，未对债权人的既得利益造成损害，所以不得撤销。

无偿行为对债权人利益的危害性最为明显，因其必然使债务人的责任财产减少，所以各国立法均对之规定较长的可撤销期间，如德国规定的可撤销期间为支付不能程序开始前4年内。目前我国现行《企业破产法》规定的可撤销期间为破产申请受理前1年，期间仍显过短，需再适当延长，方可适应打击破产欺诈行为之需要。

（2）放弃债权行为。如上所述，放弃债权行为的法律性质也属于无偿行为，所以其他国家立法通常将其纳入无偿行为之列，但我国破产立法将其列为一项独立的可撤销行为，故我们也对其进行单独分析。

放弃债权的行为有积极放弃与消极放弃两种形式。积极放弃是指债务人以作为方式主动表示对债权的放弃，如通知其债务人放弃债权、与其债务人签订免除债务的协议以及撤销诉讼、放弃诉讼标的等各种主动放弃诉讼权利的行为。消极放弃是指债务人以不作为的方式放弃债权，主要是债务人在其债权诉讼时效期间即将届满时有意不采取保全措施，以使债权超过诉讼时效期间的方式放弃债权，以及对支付令不提出异议、不提出诉讼抗辩等各种消极放弃诉讼权利的行为。不作为方式的行为同样可以成为撤销权行使的对象。《德国支付不能法》第129条2款规定，"不作为视同法律行为"。法律允许债务人在有清偿能力的情况下可以放弃自己的债权，但在其丧失清偿能力时放弃债权，则会减少责任财产，实际上是在损害债权人的清偿利益，所以应予撤销。债务人放弃的债权是否到期，则不影响撤销权的构成。

对债务人积极放弃债权的行为，管理人可予以撤销，不以当事人存在主观恶意为前提。但对债务人消极放弃债权的行为，我们认为，除有证据可以证明或推定是债务人有意进行的，不宜再由管理人撤销。在"放弃债权"这一概念中，"放弃"一词即明确包含有债务人的主观意思表示在内。而在实践中，债务人的债权超过诉讼时效，有可能是债务人的恶意行为造成，但也可能是其过失行为造成。如果不加区分一律都可以撤销，则等于宣告进入破产程序之债务

〔1〕 王欣新："论'对没有财产担保的债务提供财产担保'行为的认定"，载《人民法院报》2016年1月27日，第7版。

人的债权在法定可撤销期间内不受时效制度约束。这不仅将损害善意第三人的正当利益，还会影响整个诉讼时效制度的实施与效力，影响到交易安全和社会经济关系的稳定，与其可能保护的利益相比，显然有所失当。但是在举证责任的配置上，应当要求由债务人举证证明其消极放弃债权的行为并非恶意，以达公平。我国企业破产法司法解释也关注到了这个问题。根据《企业破产法司法解释二》第19条第2款的规定，"债务人无正当理由未对其到期债权及时行使权利，导致其对外债权在破产申请受理前一年内超过诉讼时效期间的，人民法院受理破产申请之日起重新计算上述债权的诉讼时效期间"，该条款实质上可实现对债务人恶意减少其财产的消极放弃债权行为产生类似于撤销其积极放弃债权行为的法律效果。

（3）以明显不合理的价格进行交易的行为。以明显不合理的价格进行交易，指债务人违反正常经济原则处分其财产的交易行为。在债务人丧失清偿能力时的此类交易会损害债权人的清偿利益，其本质上属于欺诈性转让。《企业破产法（试行）》将其规定为非正常压价出售财产的行为，但实际上还存在许多其他非正常交易行为，如以非正常高价购买财产、以明显不合理的价格以物抵债等，旧法规定的适用范围过窄，存在明显的疏漏。为此，《企业破产法》将此类可撤销行为扩大规定为"以明显不合理的价格进行交易"，以加强对破产欺诈行为的打击力度。但从立法的文字表述上可以看出，《企业破产法》的此项规定仍存在涵盖不足的问题。其他国家的破产法通常将此类行为规定为非正常交易行为。实践中的非正常交易主要表现在价格方面，但不能排除在其他方面也存在损害债权人利益的明显不合理的交易因素，如付款条件等（如以正常的价格与明显缺乏支付能力者交易并先行履行义务，但实际上根本得不到交易对价）。仅将可撤销行为的不合理因素限定为价格，会使不涉及价格因素的其他不正当交易脱离法律的调整范围，无法对之加以撤销。所以，我国立法应当借鉴其他国家之立法，将此项规定修改为"非正常交易行为"。

判断是否属于非正常交易行为的标准是交易条件，尤其是价格是否公平合理、交易是否对债务人的财产或清偿能力造成损害。我国企业破产法对非正常交易的判断标准无具体规定，这使得司法实践中有时难以确定行为是否违法。如债务人企业在破产案件受理前因资金困难，往往要出售部分财产以发放工资、清偿债务、筹集运营资金等，而此时财产出售的价格可能在其账面价值之下，判断其是否属于非正常交易就需要有一个具有可操作性的具体标准。否则人民法院便难以准确司法，各方当事人的正当权益也难以得到维护。

在美国的一些破产案例中，法院认为，要求每一次转让都实现财产的充分价值是不可能的，"非正常交易价格"一般是指转让价格低于正常市场价格的

70%。我们认为，破产撤销权本源于民法中的撤销权，只是根据破产制度的需要对民法撤销权做了限缩或扩张性规定，民法撤销权的有关规定如不与破产法相冲突，仍可适用。因此，对"以明显不合理的价格进行交易"的认定，可借鉴民法中相关的司法解释来确认正常价格的标准，同时注意判断交易的正当程序，从实体与程序两方面来解决正确适法的问题。以出售财产为例，首先，应先考虑该财产在当时的价值、可售价格与市场情况，同时也要适当考虑债务人出售财产的必要性与合理性，以及交易当事人之间的关系，以确定一个允许降价的合理比例。对此，可参考《最高人民法院关于适用〈中华人民共和国合同法〉若干问题的解释（二）》第19条的规定："对于合同法第74条规定的'明显不合理的低价'，人民法院应当以交易当地一般经营者的判断，并参考交易当时交易地的物价部门指导价或者市场交易价，结合其他相关因素综合考虑予以确认。转让价格达不到交易时交易地的指导价或者市场交易价70%的，一般可以视为明显不合理的低价；对转让价格高于当地指导价或者市场交易价30%的，一般可以视为明显不合理的高价。债务人以明显不合理的高价收购他人财产，人民法院可以根据债权人的申请，参照合同法第74条的规定予以撤销。"其次，可以通过出售财产的特定程序来确认行为是否合法。如通过公开拍卖等可以保证交易公平的充分竞价方式出售财产的，即使实际售价较低，也可认定不属于非正常压价出售财产。此外，债务人如果在有机会以较高价格出售时反以低价出售，如果无合理理由，即使是在通常的可降低价格比例之上，也应认定属于低价出售财产。此外，如果债务人在破产申请受理前无偿或以明显不合理的价格转让了由其控制的他人财产，由于该财产不属于破产财产，其本无权处分，故该行为应属于无效行为，而非可撤销行为。该财产的权利人可以行使相应权利追回其财产，并可向破产企业以及直接责任人员追索因此而造成的损失。一定要杜绝债务人在破产申请受理前恶意地向其关联人转让其控制下的他人财产，妄图使他人的取回权被迫转化为破产债权，进而逃债谋利的现象。

2. 偏袒性清偿行为。偏袒性清偿，又称优惠性清偿（因各文献对此称谓不同，在引文中仍保留原文称谓），指债务人在破产申请受理前的法定期间内，以提前偿还未到期债务、对原无财产担保的债务提供财产担保等方式，使特定债权人取得原没有的优先受偿地位或获得更多清偿。此类行为是为了庇护特定债权人，违背了对全体债权人公平、有序清偿的原则，侵害了其他债权人的合法权益，故为各国立法所禁止。

对偏袒性清偿的具体构成，各国立法规定存有差异。美国破产法上的优惠性清偿，是指"在清算申请提出前90天内并且是在债务人失去清偿能力的情况下，向某个债权人就已经存在的债务转让债务人的财产或权益，并且此种转让使该债权人获得大于在无此种转让时，该债权在债务人清算程序中本可获得的清偿"。[1] 特定债权人的受偿地位是否因某项行为得到个别的改善，是判断是否构成优惠性清偿的标准。同时，为了保障撤销权行使的公平、合理，美国破产法对可能符合形式要件的优惠性清偿还规定有若干种例外情况，可不予撤销，如债权的发生与清偿均在可撤销期间内、为正常经营活动的付款、小额消费债务（600 美元以下）付款、抚养费的支付、对贷款购买财产的担保设置等。

《德国支付不能法》将偏袒性清偿称为直接歧视性行为（或译为直接不利益的法律行为）。其第 132 条规定，直接歧视性行为是指无视债权人的利益而与第三人为非正当交易的行为。该行为须具备以下条件：①债务人有直接歧视破产债权人的行为，包括因债务人的不行为或行为而使其失去利益，但另一方因此而取得利益的行为；②债务人在行为时已经支付不能；③债务人的行为发生在法律规定的期限内，即破产申请前 3 个月内或破产申请后；④相对人为恶意，即在交易时知道债务人已经陷入支付不能或已经提出破产申请。[2]

有的国家如美国、英国还将优惠清偿分为直接优惠与间接优惠两种情况。直接优惠是向主债权人提供的优惠，如为原无财产担保债权人提供担保。间接优惠是使某些次债权人间接得到的利益，如对有保证担保的债权提前清偿，不仅使债权人得到直接优惠，而且使保证人因此免除保证责任，得到间接优惠。撤销权的行使不仅及于受直接优惠者，而且及于受间接优惠者。英国 1986 年破产法规定，法院得直接对保证人作出付款裁定或恢复他对债权人的保证责任。对于仅为优惠保证人而清偿债务的，法院得命令债权人返还所受的清偿。对于仅为优惠债权人的清偿，保证人则可主张善意抗辩而拒绝返还。[3]

我国企业破产法规定的偏袒性清偿行为有以下几种形式：

（1）对未到期的债务提前清偿。在债务人有清偿能力时，法律允许其在不损害债权人利益的情况下对未到期的债务提前清偿。但在债务人丧失清偿能力的情况下，其未到期的债务如延续至破产程序中到期清偿的，只能作为破产债权得到部分清偿，甚至得不到清偿。债务人在破产前夕对尚无清偿义务的未到期债务提前清偿，使该债权人得到优惠待遇，并因此减少责任财产而损害其他债权人的利益，故应予撤销。

所谓"未到期"的债务，从立法本意看，应是指在破产申请受理时尚未到

〔1〕潘琪：《美国破产法》，法律出版社 1999 年版，第 185 页。
〔2〕谢芝玲："德国破产法撤销权制度述评"，载《比较法研究》2003 年第 3 期。
〔3〕沈达明、郑淑君编著：《比较破产法初论》，对外贸易教育出版社 1993 年版，第 197 页。

期的、无债务人提供财产担保的债务。因此，《企业破产法司法解释二》第 12 条规定："破产申请受理前 1 年内债务人提前清偿的未到期债务，在破产申请受理前已经到期，管理人请求撤销该清偿行为的，人民法院不予支持。但是，该清偿行为发生在破产申请受理前 6 个月内且债务人有企业破产法第 2 条第 1 款规定情形的除外。"对债务人提供有财产担保的债权在担保物价值之内的提前清偿不属于可撤销之列，因该债权在破产程序中享有优先受偿权，对其提前清偿不影响其他债权人的利益。因此，《企业破产法司法解释二》第 14 条规定："债务人对以自有财产设定担保物权的债权进行的个别清偿，管理人依据企业破产法第 32 条的规定请求撤销的，人民法院不予支持。但是，债务清偿时担保财产的价值低于债权额的除外。"

根据上述司法解释的规定，"债务清偿时担保财产的价值低于债权额"的个别清偿应属于可撤销的情形。根据最高人民法院关于适用《中华人民共和国担保法》若干问题的解释（以下简称《担保法司法解释》）第 51 条的规定，抵押人所担保的债权超出其抵押物价值的，超出的部分不具有优先受偿的效力。《企业破产法》第 109 条规定，对设定担保物权的财产享有优先受偿的权利，未能受偿的债权作为普通债权进行清偿。由此可见，有特定财产担保的债权人基于物权担保的优先性局限于设定担保的财产价值范围内，因此，如果在清偿该笔债务时，设定担保的财产价值小于其债权额的，则对相关债权的清偿行为应予撤销。这是一种符合破产立法精神的规定，也是对担保债权人和普通债权人利益之间的合理平衡。实践中还需要注意，"债务清偿时担保财产的价值低于债权额"的时候，管理人是有权请求撤销整个清偿行为，还是只能请求撤销超过担保财产价值部分的清偿？有一种观点认为，从节约司法成本、保护担保债权人利益和稳定经济秩序的角度考虑，应当将其理解为仅撤销超过担保财产价值部分的清偿。但我们认为，这种观点欠妥当，难以适应司法实践的需要。从破产审判实践来看，判断债务清偿时担保财产的价值是否低于债权额，采取的是评估的方式，即适用的是担保财产的评估价，而担保物权实现时需要通过拍卖的方式，适用的是担保财产的拍卖价。由于评估价和拍卖价之间存在差异，因此，该个别清偿行为被撤销时，正确的理解应当是指整个清偿行为的撤销，而非"仅撤销超过担保财产价值部分的清偿"。个别清偿行为被整体撤销之后，担保债权人再在破产程序中就担保财产实现优先受偿权。[1]

（2）对没有财产担保的债务提供财产担保。债务人在可撤销期间内为原来

---

〔1〕 奚晓明主编：《最高人民法院关于企业破产法司法解释理解与适用：破产法解释（一）·破产法解释（二）》，人民法院出版社 2013 年版，第 228～229 页。

无担保的债权人提供财产担保的，将使其对特定财产享有优先受偿权，在破产程序中得到优惠性清偿，故应予撤销。撤销权的行使不以"恶意串通"为构成要件。在司法实践中，"对没有财产担保的债务提供财产担保"的认定，还需要重点注意以下几点：[1]

第一，所谓提供财产担保，仅限于提供物权担保，不包括非物权的财产担保如定金担保，因为非物权财产担保在破产程序中不享有优先受偿权。《企业破产法》"对没有财产担保的债务提供财产担保"的规定，文字表述并不准确，是立法时未及调整便将旧破产法的相关规定抄用下来，应在立法修订时予以修正。此外，可撤销的担保仅限于债务人提供的约定担保如抵押、质押，法定担保权如留置权在可撤销期间内仍可设立，不存在撤销问题。

第二，可撤销的担保仅限于债务人以自己的财产为自己的债务设定的担保。只有进入破产程序的债务人的财产被设定物权担保，才会使担保债权人获得原本没有的就该破产财产的优先受偿权，进而损害其他债权人的利益。故他人为债务人的债务提供物权担保的，与破产公平清偿无关，不在可撤销行为之列。反之，如果是破产的债务人为他人的债务而不是自己的债务提供物权担保，也不能适用这一规定加以撤销。

第三，同时担保行为不予撤销。同时担保行为也被称为同期交易。企业破产法规定对没有财产担保的债务提供财产担保的行为应予撤销，仅限于对原无担保的债务补充提供财产担保，进而使该债权人享有原本没有的优先受偿权的情况。据此，债务人与债权人在可撤销期间内签订主合同的同时签订抵押等担保从合同的，不在可撤销行为之列，因其不是对原无财产担保的债权补充提供担保，不具有改善某一债权人原有清偿地位的不公平性质，而且抵押担保合同的签订是具有主合同对价利益的。

虽然在签订主合同之同时签订了担保从合同，但在破产案件受理时仍未办理物权担保登记的，除法律另有规定的情况外，该债权属于无担保债权。对类似情况，一些国家或地区的破产法有不同规定，认为债务人在可撤销期间之前以书面合同承诺提供物权担保，即使未办理担保登记手续，在破产程序中也具有设定物权担保的效力，且不应被撤销。我国破产法没有此种例外豁免的规定，因为这种豁免在司法实践中可能诱发伪造担保合同或者担保合同签订日期，以骗取优先受偿权的欺诈行为。

第四，同时担保行为的认定。担保权的设立通常是一个持续完成的系列行

---

[1] 参见王欣新："论'对没有财产担保的债务提供财产担保'行为的认定"，载《人民法院报》2016年1月27日，第7版。

为，从签订担保合同到办理担保物权登记是需要一定时间的，有时还可能出现一些意外的延误。"同时担保行为"往往不太可能做到主合同的签订与物权登记的办理同时完成，会存在一定时差。而当这一时差较长且其始末两点跨越了法定可撤销期间之前后时，如何认定担保物权是否成立就存在不同观点了。有的人认为，"同时担保行为"应是合同的签订与担保物权的登记均在可撤销期间之前完成，如果担保物权的登记延迟至可撤销期间之内，则管理人有权申请法院予以撤销。还有的人认为，只要做到合同的签订与担保物权的登记均在破产案件受理之前完成，就可认定为"同时担保行为"，不得再予撤销。还有的人认为，担保的"同时"，是指主合同与物权担保合同签订的同时，即使在破产案件受理时尚未办理担保登记，也属于"同时担保行为"，具有设定物权担保的效力。我们认为，上述几种观点均有一定道理，但也均有不妥之处。合同签订与担保物权登记均在可撤销期间内的"同时担保行为"都不应被撤销，要求两者均在可撤销期间前完成的第一种观点显然是不合理的。而只要合同签订与担保物权登记均在破产案件受理前完成，就可认定为"同时担保行为"的第二种观点，又漠视了两者之间可能存在导致担保权不复合理存续的过长时间差，以及在破产案件受理前同时签订主合同与担保合同但因时间过短未来得及办理担保登记情况的合理处理。至于只要签订担保合同，在破产案件受理时担保权未登记也属于"同时担保行为"的观点也不能成立，前文已有论及，不再赘述。对此问题必须根据企业破产法的立法本意、物权法等相关立法的有关规定以及实务中的具体情况，区别处理，合理认定，才能保障破产法的适用公平。我们建议，重点考虑两个方面：其一，应当根据物权担保设立生效时间确定担保效力。[1] 其二，应为办理担保物权登记预留合理宽限期间。对法律规

---

[1] 依据物权法规定，抵押权的设立分为自抵押登记时设立和自抵押合同生效时设立两种情况。第一种情况适用于不动产担保，根据《物权法》第 187 条、第 180 条的规定，以"建筑物和其他土地附着物""建设用地使用权""以招标、拍卖、公开协商等方式取得的荒地等土地承包经营权"，以及"正在建造的建筑物"抵押的，抵押权自登记时设立。在此种情况下，抵押权的登记是生效要件，而不仅是对抗要件。第二种情况适用于动产担保，根据《物权法》第 188 条、第 189 条、第 181 条的规定，以"现有的以及将有的生产设备、原材料、半成品、产品""交通运输工具""正在建造的船舶、航空器抵押的"，抵押权自抵押合同生效时设立；未经登记，不得对抗善意第三人。在此种情况下，抵押权的登记不是生效要件，而仅是对抗要件。据此，法律规定"抵押权自抵押合同生效时设立"的，抵押合同签订并且生效于可撤销期间之前，抵押权的登记延迟至可撤销期间之内，抵押权依然成立，不得依企业破产法予以撤销。因为抵押权自抵押合同生效时就已经设立，权利的设立并未损害其他债权人的利益，只不过未经登记不得对抗善意第三人。抵押权的延迟登记并不影响其已在可撤销期间之前生效成立的事实，而在破产案件受理前的登记又使其效力补全，具有了在破产程序中对抗第三人的效力，故不得撤销。

定"抵押权自登记时设立"的，无正当理由将登记不适当的拖延至可撤销期间之内，可以依法撤销，但是应当给予当事人从抵押合同签订至登记机关办理抵押权登记手续的合理期间。凡是在合理期间内完成登记的，即使延迟至可撤销期间之内，也应视为"同时担保行为"。对于质权的同时设立也应按照这一原则认定。[1]

（3）危机期间的个别清偿行为。《企业破产法》第 32 条规定："人民法院受理破产申请前 6 个月内，债务人有本法第 2 条第 1 款规定的情形，仍对个别债权人进行清偿的，管理人有权请求人民法院予以撤销。但是，个别清偿使债务人财产受益的除外。"债务人已知自己不能清偿到期债务，且资产也不足以清偿全部债务，却不申请破产，仍在破产危机期间恶意对个别债权人进行清偿的，将损害其他债权人的利益，所以对其行为应予以撤销。本条规定的"对个别债权人进行清偿"，专指对无财产担保债权人的个别清偿，因有财产担保的债权人即使在破产程序中仍就担保物享有优先受偿权，故对其在担保物市值范围内的清偿不得撤销。此外，所谓个别清偿仅指对已形成之债权的清偿，不包括同时履行行为，如即时清结的买卖。

对破产案件受理前，债务人在发生破产原因情况下对到期债务的清偿行为能否撤销，各国立法规定不一。依我国台湾地区"破产法"之规定，对到期债务的清偿不属于可撤销行为，因该清偿是债务人应履行的法定义务。史尚宽先

---

[1] 对类似情况的合理登记期间，《美国破产法》第 547 条（偏颇行为的撤销）（e）（2）规定，受让人和转让人之间的财产转让后在 30 天内登记的，视为财产转让时点发生了移转；在 30 天之后登记的，视为登记时点发生了移转。而这种登记时点的移转，在实务中便构成担保的非同时。《日本破产法》第 164 条（权利变动的对抗要件的撤销）规定："①于支付停止后实施的、使权利的设定、移转或变更得以对抗第三人的必要行为，其行为如系在权利设定、移转或变更日后经过 15 日且系恶意为之者，可以予以撤销。但是，关于登记和注册，于预登记或预注册后，已进行正式登记或注册者，不在此限……"需注意的是，日本对物权担保采取登记为对抗要件的立法模式，与我国不同，所以其撤销权均是针对对抗要件行使，且附有主观恶意等要件。我国的物权担保登记制度建立时间较短，很多方面尚不完善，所以宽限期间应当较之其他国家更长一些方为合理，可以考虑定为 60 天。对于债务人与债权人在可撤销期间内签订主合同的同时签订抵押等担保从合同，但在破产案件受理前未能及时办理担保权登记的，如果间隔期在登记宽限期内，也应视为担保权成立，以保障"同时担保行为"人的正当权益。需注意的是，"抵押权自抵押合同生效时设立"的动产担保登记，不受须在宽限期内完成的限制。有的人提出，对未能在宽限期内办理物权担保登记的，还需看其延误登记的原因，如果是登记机关的过错或者其他不应归咎于担保权人的客观原因如不可抗力等造成的，则不应对物权担保予以撤销。此种观点具有一定道理，但需防止有人利用此点作为欺诈性设置物权担保的挡箭牌。还有的人提出，应完善担保登记制度，对签订担保合同后超过一定期间办理担保权登记的申请不予办理。我们认为，在目前没有法律明文规定的情况下，不予办理恐有不妥，但严加审查以防欺诈却是十分必要的。

生认为，"对于已届清偿期之债权为清偿结果，致其剩余财产不足清偿其他债权时，虽有主张此时亦得为撤销，然依债务之内容为清偿者，应不为有害行为。盖清偿已存之债务为债务人义务之履行，对于债务人的总财产并无所增减。债权人平等之原则并非限制债务人之自由为清偿，债权人如欲求平等比例之清偿，则应依破产程序为之"。[1] 但也有的国家采相反做法，如《德国支付不能法》第130条规定，对到期债务的恶意清偿也可以被撤销；日本破产法基于本意清偿之学说，也作有相似规定。

在我国的司法实践中，也存在一些债务人在破产申请之前恶意地先对其关联人的到期债务进行偏袒清偿，使其他债权人的利益在随后启动的破产程序中受损的行为。《企业破产法（试行）》对此种偏袒清偿行为未作撤销规定，可能使其逃避法律制裁。我国现行企业破产法的上述规定解决了对此类违法行为的撤销问题。不过该规定乃一柄双刃剑，在制约恶意偏袒清偿的同时，也会使债务人在此期间内所有的债务清偿行为面临被撤销的风险，可能损害善意第三人的权益，会严重影响交易的安全和经济秩序的稳定。尽管该规定将个别清偿使债务人财产受益的情况排除在外，但在债务人发生破产原因时对个别债权人进行的清偿，一般而言是不可能使债务人财产受益的。若严格实施此规定，债务人陷入财务困境后只要对某一债权人清偿，其他未得到清偿的债权人就可以提出破产申请，并在案件受理之后，立即要求撤销对该债权人的清偿。所有债权人依法本应得到的清偿都将变成不确定的，这对人们的经济活动预期将产生严重的不良影响，正常的债务清偿活动也将无法进行。在《企业破产法》立法过程中，我们便曾提出，这一规定是否妥当值得考虑。如果确实需要规定对此类行为的撤销，则应将可撤销行为限定在恶意所为的范围内，并对恶意的认定作出完善的规定。此外，对清偿是否存在恶意，还可以根据被清偿的债权人与债务人有无关联关系或其他利益关系、清偿有无必要等确认。

司法实践中，准确认定"危机期间的个别清偿行为"行为，还需要注意以下两个方面的内容：

第一，破产申请受理前民法行为的效力认定问题。根据《企业破产法》第32条的规定，在人民法院受理破产申请前6个月内，债务人出现破产原因的情况下，债务人对个别债权人进行的清偿行为，管理人有权请求人民法院予以撤销。该规定的目的在于保障全体债权人的公平受偿。债务人在上述情况下，利用民法上的抵销制度，通过双方互负债务抵销的方式实现对个别债权人的优先

---

[1]（台）史尚宽：《债法总论》，荣泰印书馆1986年版，第471页。

清偿的，如果该抵销本身符合破产抵销权行使条件的，则对全体债权人的公平受偿不产生影响，但如果该抵销不符合破产抵销权行使条件的，即属于《企业破产法》第 40 条第 2、3 项规定的禁止抵销情形的，该抵销行为实质上构成破产法上禁止的个别清偿行为，将侵害全体债权人的公平受偿。为此，《企业破产法司法解释二》第 44 条规定："破产申请受理前 6 个月内，债务人有企业破产法第 2 条第 1 款规定的情形，债务人与个别债权人以抵销方式对个别债权人清偿，其抵销的债权债务属于企业破产法第 40 条第 2、3 项规定的情形之一，管理人在破产申请受理之日起 3 个月内向人民法院提起诉讼，主张该抵销无效的，人民法院应予支持。"本条规定将抵销权禁止与《企业破产法》第 32 条有效衔接，通过否定抵销效力的方式撤销原假借抵销实现的对个别债权人的优先清偿，有利于避免债务人财产在企业危机期间的不当减少。

第二，危机期间个别清偿行为的撤销豁免。《企业破产法》第 32 条规定了危机期间的个别清偿行为可撤销，同时规定"个别清偿使债务人财产受益的除外"。从国外的立法经验来看，美国破产法对偏颇性清偿的例外情形做了比较明确的规定。[1] 但我国《企业破产法》第 32 条中的但书条款较为抽象，理论与实务界对此存在不同观点。有学者将此但书条款限定为交易等值且不存在"信用授予"的债权债务关系；有学者则主张将优先性个别清偿行为和债务人正常的经营行为与活动进行明确的界分。为了统一法律裁判的尺度，《企业破产法司法解释二》第 16 条规定："债务人对债权人进行的以下个别清偿，管理人依据企业破产法第 32 条的规定请求撤销的，人民法院不予支持：①债务人为维系基本生产需要而支付水费、电费等的；②债务人支付劳动报酬、人身损害赔偿金的；③使债务人财产受益的其他个别清偿。"其中，"债务人维系基本生产需要支付必要的水费、电费等"属于债务人为了正常商业活动所为之个别清偿，从破产实践来看，保障正常的生产经营秩序是债务人的基本生存利益，即便出现破产原因，只要债务人未进入破产程序，该生存利益仍应被摆在显要位置。此种情形下，债务人支付水、电等公共开支的行为应属典型的不应被撤销的必要清偿行为，因为对于生产类企业而言，拖延支付上述费用极有可能导致债务人相关设施被迫中断使用，使债务人在一段时间内无法生产或生产效率大幅降低，使其生产经营秩序混乱，对债务人财产不利。"债务人支付劳动报

---

[1] 根据美国破产法典第 547 条（C）款的规定，下列九种情形属于偏颇性清偿之例外：①同时发生的交易——为了交换新价值；②正常商业活动中的支付；③价金担保利益；④后位新价值；⑤浮动担保利益；⑥法定担保；⑦扶养费用的支付；⑧消费者债权人的小额支付；⑨非消费者债权人的小额支付。

酬、人身损害赔偿金",从严格意义来讲,这不属于"使债务人财产受益"的情形,在美国破产法中也无法找到对应的偏颇清偿之例外情形。但从生存权特别保护的角度出发,有必要将这种情形纳入不可撤销的范畴。此外,本条司法解释第3项规定是一种兜底条款,为《企业破产法》第32条中的但书条款留有了解释的空间,有助于法官在破产审判实践中依据具体的情形来自由裁量,以作出更有利于维护全体债权人利益的司法决定。

（四）对生效裁判和执行行为的撤销

在司法实践中,某些债务人为达到破产欺诈、偏袒清偿的目的,在可撤销期间内利用双方合谋提起的诉讼或仲裁程序,将依法可撤销的违法行为如非正常交易、为原来无担保的债务提供财产担保等,通过法院的判决、裁定、调解书或仲裁裁决等形式获得法律执行效力,借助法院的执行效力实现可撤销行为的合法化,由此便产生对生效裁判和执行行为的撤销问题。

对以生效裁判和执行方式进行的可撤销行为,一些国家的破产立法规定是可以撤销的。如《日本破产法》第75条（执行行为的否认）规定:"就欲否认的行为,虽有有执行力的债务名义,或其行为系基于执行行为者,亦不妨碍否认权的行使。"[1]《德国支付不能法》第141条（执行名义）也规定:"对法律行为已经取得具有执行力的债务名义,或行为系因强制执行所取得的,不因此而排斥撤销权。"所以,在这些国家,可撤销的行为中包括基于法院裁判和执行发生的财产变动行为。

我国破产法对此问题未作出规定,学者间对此也观点不一。我们一直认为,在债务人丧失清偿能力的情况下,其在可撤销期间内恶意利用生效裁判和执行方式进行的可撤销行为,违背破产法公平受偿的基本原则,损害多数债权人的利益,所以应予以撤销。但履行生效裁判毕竟是债务人的法律义务,如生效裁判和执行行为可以任意被推翻,也将影响到交易安全和经济秩序,所以对其虽可行使撤销权,但应以当事人存在恶意为前提。最终,该问题在司法解释中得到规定。《企业破产法司法解释二》第15条规定:"债务人经诉讼、仲裁、执行程序对债权人进行的个别清偿,管理人依据企业破产法第32条的规定请求撤销的,人民法院不予支持。但是,债务人与债权人恶意串通损害其他债权人利益的除外。"

对生效裁判和执行行为行使撤销权的方式,从理论上讲有两种:一是由管理人通过再审程序等民事诉讼程序撤销错误的裁判;二是由管理人依据破产法

---

[1] [日] 石川明:《日本破产法》,何勤华、周桂秋译,中国法制出版社2000年版,第263页。

直接对错误的裁判行使撤销权。前者与传统法律体系相容，但在权利行使方面可能会遇到烦琐的程序和地方保护主义，耗时费力；后者有利于充分维护债权人的利益，但会打破目前的民事诉讼程序，需要协调解决。上述《企业破产法司法解释二》第15条规定，是对管理人行使撤销权的规定，尽管原则上对撤销经诉讼、仲裁、执行程序的个别清偿不予支持，但规定有例外情况。也就是说，在例外的情况，管理人是可以以撤销权的方式撤销债务人与债权人恶意串通、通过生效法律文书进行的损害其他债权人利益的清偿的。

（五）对债务人与其关联人交易行为的撤销

我国破产法对债务人与其关联人进行的有损债权人利益行为的撤销未作特殊规定，这就使对债权人权益的保护可能存在漏洞。因为对非关联关系下的可撤销行为的法律调整，是建立在当事人均为独立利益主体的前提下，而债务人与其关联人之间存在利益关系，甚至彼此就是统一的利益共同体。所以，当可撤销行为发生在债务人与其关联人之间时，往往具有潜伏期长、更为隐蔽、对债权人损害更大等特征，故许多国家的破产法对之作有更为严厉的特殊规定，如更长的可撤销期间、更广泛的撤销范围。

美国破产法规定，一般违法行为的可撤销期间是在申请破产前的90日内，但如果其行为相对人是破产法规定的内部人，则此期限将延长至1年。我国破产法也应当借鉴其他国家立法之有益经验，参考在《证券法》《公司法》等相关法律、法规中对关联人所作的界定，对债务人与其关联人之间的不当行为规定更长的可撤销期间，以更好地维护债权人的利益。

八、可撤销行为的法律责任

对进行可撤销行为的人员，必须追究其法律责任，否则违法行为就不可能得到制止，债权人等受到的损失也不可能得到赔偿。由于债务人企业已经处于破产境地，对其进行行政、刑事、民事责任的追究均已失去意义，所以必须追究违法行为的直接责任人员个人的法律责任。

《企业破产法（试行）》第41条规定，"破产企业有本法第35条所列行为之一的，对破产企业的法定代表人和直接责任人员给予行政处分；破产企业的法定代表人和直接责任人员的行为构成犯罪的，依法追究刑事责任"。旧法沿袭官本位和计划经济下的行政管理模式，对违法行为首先适用行政处分责任。但在市场经济的背景下，行政处分对企业人员已基本上无法适用。作出行政处分是以处分者与被处分者之间存在行政隶属关系为前提的，现在绝大多数企业与行政机关已经完全没有行政隶属关系，根本无法作出行政处分，而且行政处分在市场经济条件下也已经失去实际制裁作用。旧破产法规定破产欺诈行为构成犯罪的，要依法追究刑事责任。但在《刑法》分则中对破产欺诈犯罪却长期未作规定，实际上对其根本无法追究刑事责任。而对保护债权人等利益最为重要的民事责任，法律却没有作出相应规定。在《企业破产法（试行）》之下，破产欺诈行为的民事责任没有、行政责任无用、刑事责任架空，由此造成违法成本与守法成本相同，但违法行为之利益却远远高于守法。此种法律责任格局实际是在诱导人们犯罪，这也正是过去实践中破产欺诈违法行为泛滥且屡禁不绝的主要原因之一。

为解决民事责任等法律责任的追究问题，《最高人民法院关于审理企业破产案件若干问题的规定》第101条规定："破产企业有企业破产法第35条所列行为，致使企业财产无法收回，造成实际损失的，清算组可以对破产企业的原法定代表人、直接责任人员提起民事诉讼，要求其承担民事赔偿责任。"其第100条还规定："人民法院在审理企业破产案件中，发现破产企业的原法定代表人或者直接责任人员有企业破产法第35条所列行为的，应当向有关部门建议，对该法定代表人或者直接责任人员给予行政处分；涉嫌犯罪的，应当将有关材料移送相关国家机关处理。"但在司法实践中，因破产法的整体实施环境及司法解释的立法效力所限，并未起到相应作用。

《企业破产法》及其司法解释对可撤销行为的法律责任制度作了重大修改完善。《企业破产法》第128条规定，债务人有法律规定的无效行为和可撤销行为，损害债权人利益的，债务人的法定代表人和其他直接责任人员依法承担赔偿责任。《企业破产法司法解释二》第18条进一步明确："管理人代表债务人依据企业破产法第128条的规定，以债务人的法定代表人和其他直接责任人员对所涉债务人财产的相关行为存在故意或者重大过失，造成债务人财产损失为由提起诉讼，主张上述责任人员承担相应赔偿责任的，人民法院应予支持。"《企业破产法》第131条规定："违反本法规定，构成犯罪的，依法追究刑事责任。"同时，取消了旧法中已无实效的行政处分规定。

对破产欺诈行为刑事责任的规定，不是破产法自身所能解决的。为此，《企业破产法》起草工作组在进行破产立法时建议，由全国人大常委会制定相应的刑法修正案，对破产犯罪问题及时作出规定，以保证企业破产法的顺利实施。

2006年6月29日，十届全国人大常委会第22次会议通过了《中华人民共和国刑法修正案（六）》，自公布之日起施行。该修正案的第6条规定，公司、企业通过隐匿财产、承担虚构的债务或者以其他方式转移财产、处分财产，实施虚假破产，严重损害债权人或者其他人利益的，对直接负责的主管人员和其他直接责任人员，处5年以下有期徒刑或者拘役，并处或者单处2万元以上20万元以下罚金。

　　这一规定对于打击破产欺诈犯罪，制止实践中严重的虚假破产逃债行为，保障破产法的正确实施，将起到重要的作用。但该规定也存在需要修改完善之处，问题出在该修正案规定的"虚假破产"一词上。虚假破产的概念与真实破产的概念相对应，专指不具备法定破产原因而申请实施的破产。从破产法的角度讲，仅仅是行为人不具备破产原因而申请实施破产，并不一定就构成犯罪行为，因为这只是一种中性行为。是否构成犯罪的关键不是行为人的破产是否虚假，而是看行为人在所谓的"虚假破产"之外，是否具有"隐匿财产、承担虚构的债务或者以其他方法转移、处分财产"，"严重损害债权人或其他人利益的"行为。不过在中文中，"虚假"一词历来是具有贬义的，所以当它在立法中与"破产"连用时，实际是隐含指向破产欺诈行为的，虽然在文义表述上并不准确。

　　如果从中性的角度分析虚假破产，应当说，法律一般并不制裁不具备破产原因而申请破产的行为。如根据美国破产法的规定与司法实践，债务人在提出破产申请时无需证明其资产或负债情况，即使其尚有充足的清偿能力也可以申请破产清算，法院也不审查债务人是否发生破产原因。因为其破产程序只是与个别民事执行程序相对应的一种债务清偿程序，即使是在未发生破产原因的情况下，债务人也可以自愿选择不适用执行程序而适用破产程序去清偿债务。在我国的司法实践中，也发生过债务人在破产程序的进行过程中，因市场变化、资产升值，使破产原因消失的情况，而这并不影响破产程序的继续进行。因为仅仅是不具备破产原因而申请或进行破产清算的行为，并不会产生损害债权人或其他人利益的社会危害后果，法律自然也就没有对其制裁的必要。真正需要法律规制的是行为人在破产程序之前或之中损害债权人或其他人利益的欺诈行为，所以严格地讲，债务人是否发生破产原因即所谓破产是否虚假，并不是犯罪的构成要件。

　　在司法实践中的确存在虚假破产的逃债行为，但更为大量存在的是债务人确实已经发生破产原因，在真实的破产而非虚假的破产中，"通过隐匿财产、承担虚构的债务或者以其他方式转移财产、处分财产，严重损害债权人或者其他人利益"。显然，对真实破产中的欺诈行为也必须追究违法者的刑事责任。但按照前述刑法修正案的文字规定，以"实施虚假破产"作为犯罪构成要件之一，将使"真实破产"下的欺诈犯罪无法纳入到追究刑事责任的范围之内，从而使法律对破产犯罪的调整存在巨大的漏洞。

　　在破产法理论上，隐匿财产、承担虚构的债务、无偿或低价转移、处分财产等损害债权人或其他人利益的种种行为，本身就属于破产欺诈行为，情节严重者足以构成犯罪，其犯罪构成要件与是否"实施虚假破产"无关。构成破产欺诈行为的具体范围，是《企业破产法》第31～33条规定的行为类别，其中第31、32条规定的行为在破产法上属于可撤销行为，第33条规定的行为属于无效行为。如果单纯从立法的合理性评析，对这些违法行为的罪名应定为破产欺诈罪，而不是虚假破产罪。

据《法制日报》2006年6月25日报道，原提交全国人大常委会审议的刑法修正案的规定是，公司、企业"为通过破产逃避债务而隐匿财产、承担虚构的债务或者以其他方式转移、处分财产，严重损害债权人或者其他人利益"的行为构成犯罪。尽管这一规定也存在不妥之处，如将"为通过破产逃避债务"设定为犯罪目的，本身表述不准确，而且未能将给特定债权人欺诈性优惠清偿等非逃避债务型的破产欺诈行为涵盖在内，但却可以将"虚假破产"和"真实破产"情况下的破产欺诈犯罪均纳入到追究刑事责任的范围之内。据报道，后因"有些常委委员提出，这一条是为惩治假破产真逃债、严重损害债权人利益、扰乱市场经济秩序的行为所作的规定，应明确以'实施虚假破产'作为犯罪构成要件。全国人大法律委员会采纳了这一意见"，才改成目前的模式。这一立法缺陷是由于不懂破产法、对破产犯罪尤其是破产欺诈行为的实际情况不够了解而造成的，应当及时予以纠正。

除此之外，我们认为，为进一步完善破产刑事法律责任的规定，应当借鉴其他国家的有关立法，扩大对破产欺诈逃债行为的处罚对象范围。因破产企业的一些违法犯罪行为只能是在与相对人（包括个别债权人）共谋的情况下进行的，将破产犯罪的处罚对象仅仅局限于公司、企业中直接负责的主管人员和其他直接责任人员，无法涵盖实践中复杂的违法犯罪行为主体。只有立法规定对其他破产违法犯罪人员的行为也给予相应的处罚，方能全面打击司法实践中猖獗的破产欺诈行为，保证我国破产法的顺利实施。与此相应，我国破产法还应进一步完善有关民事法律责任的规定，适当扩大对处罚对象的范围，将与破产企业合谋进行违法行为的相对人也涵盖在内。在相对人明知或应知其与债务人进行的可撤销行为会损害债权人利益时，应视为其具有共同侵权故意，对其造成的债权人财产损失应与破产企业的行为人承担连带赔偿责任。此外，在将来破产法适用于自然人时还应规定，对恶意进行可撤销行为的破产人不予免责，对其在公、私法上所受的权利或资格限制不予复权，以此树立良好的利益导向，倡导诚实守信之理念。

第三节　取回权

破产法上的取回权分为一般取回权与特别取回权。一般取回权，是指在管理人接管的债务人财产中有他人财产时，该财产的权利人享有的不依破产程序取回其财产的权利。特别取回权通常包括出卖人取回权、行纪人取回权和代偿取回权。我国《企业破产法》对出卖人取回权作有规定。行纪人取回权，是指行纪人受委托人的委托购入货物，于异地向委托人发送，委托人尚未收到又未付清价款时被宣告破产，行纪人即享有取回委托物的权利，其与出卖人取回权原理相同。代偿取回权，是指当取回权的标的财产被非法转让或灭失时，该财产的权利人有权取回转让其财产所得到的对待给付财产或补偿金。对后两项特别取回权，目前我国破产法中尚无规定，但在司法解释中对代偿取回权作有规定。

一、一般取回权

一般取回权（下称取回权）系指破产管理人占有不属于破产财团之他人财产，财产之权利人得不依破产程序，直接对该项财产行使权利，从破产财团取回其财产之权利。[1] 我国《企业破产法》第 38 条规定："人民法院受理破产申请后，债务人占有的不属于债务人的财产，该财产的权利人可以通过管理人取回。但是，本法另有规定的除外。"《企业破产法（试行）》则在第 29 条规定："破产企业内属于他人的财产，由该财产的权利人通过清算组取回。"

取回权基于民事法律而产生。管理人在接管财产时应以债务人所有的财产为限，但因时间紧迫，管理人难以在接管时立即查明其占有的财产中哪些不属于债务人，并予以返还。为维护债权人的利益，管理人只能将债务人占有的全部财产不加区分地一并先予以接管，然后再甄别处理，这就可能将不属于债务人的他人财产也暂时纳入其管理之下。依据民事法律的规定，这时该财产的权利人有权要求予以返还，由此产生破产法上的取回权。

取回权的基础权利主要是物权，尤其是所有权，但也不排除依债权产生取回权的情况。取回权是针对特定物行使的一种优先权利。司法实践中，取回权主要表现为加工承揽人破产时，定作人取回定作物；承运人破产时，托运人取回托运货物；承租人破产时，出租人收回出租物；保管人破产时，寄存人或存货人取回寄存物或仓储物；受托人破产时，信托人取回信托财产，等等。所有权以外的其他物权也可构成取回权。债务人合法或非法占有的他人财产均可构成取回权的标的物。此外，如取回权的标的财产已经为取回权人实际占有，当管理人要求返还时，取回权人可通过主张取回权予以抗辩。

取回权在破产案件受理后即成立，其行使不受破产程序限制，可直接主张取回，既不需要依破产程序向管理人申报权利，也不需要等待破产财产之分

---

[1]　（台）陈荣宗：《破产法》，三民书局 1986 年版，第 218 页。

配。我国《企业破产法》只明确了取回权行使的时间起点（人民法院受理破产申请后），这就意味着取回权人可以在破产程序终结前任何时间来行使其权利。但从司法实践看，如果在债务人财产分配方案形成以后，权利人再行使取回权，可能导致财产分配方案推倒重来，延误破产程序，造成经济损失。因此，《企业破产法司法解释二》第 26 条规定，"权利人依据企业破产法第 38 条的规定行使取回权，应当在破产财产变价方案或者和解协议、重整计划草案提交债权人会议表决前向管理人提出。权利人在上述期限后主张取回相关财产的，应当承担延迟行使取回权增加的相关费用"。

权利人向管理人行使取回权时，如双方无争议可直接取回财产，如有争议则应通过诉讼解决。根据《企业破产法司法解释二》第 27 条的规定，权利人依据企业破产法第 38 条的规定向管理人主张取回相关财产，管理人不予认可，权利人有权以债务人为被告向人民法院提起诉讼请求行使取回权。权利人依据人民法院或者仲裁机关的相关生效法律文书向管理人主张取回所涉争议财产，管理人不得以生效法律文书错误为由拒绝其行使取回权。此外，《企业破产法司法解释二》第 28 条规定，权利人在取回财产时如存在对待给付义务，则应向管理人支付相关的加工费、保管费、托运费、委托费、代销费等费用，否则，管理人有权拒绝其取回相关财产。

取回权的行使通常只限于取回原物，标的物之存在是行使权利的前提。如果标的物毁损、灭失或者被违法转让，则需要区分情况进行处理。我国《企业破产法司法解释二》第 30 条、第 31 条、第 32 条对此做了具体的规定。我们将在"代偿取回权"的内容中予以介绍。

在取回权的行使过程中，还可能出现在取回权标的物上存在让与担保时的情形。让与担保，是债务人将其特定财产的所有权转移给债权人作为债务担保，但该物一般仍由债务人实际占有，债务人有权在清偿债务后向债权人请求返还特定财产的所有权。在让与担保的债务人未偿清债务而进入破产程序时，担保权人对债务人占有下的担保物是否享有取回权，也存在不同观点。我国台湾地区学者史尚宽认为，让与担保权人享有取回权。[1]而陈荣宗先生则认为，在这种情况下，让与担保权人没有取回权，但可享有别除权。[2]我们认为，根据财产的所有权权利状况以及当事人设定让与担保时的本意，认定让与担保权人享有取回权较为妥当。但此时管理人有权要求清偿债务，取得担保标的物之所有权。如管理人未能清偿债务，为公平起见，可考虑由让与担保权人将担

---

[1]　（台）史尚宽：《物权法论》，荣泰印书馆 1979 年版，第 388 页。
[2]　（台）陈荣宗：《破产法》，三民书局 1986 年版，第 223 页。

保标的物之价款超过被担保债权的差额部分返还。

二、出卖人取回权

出卖人取回权，是指在异地动产买卖合同中，出卖人已经发货，买受方在尚未收到货物也未付清货款时进入破产程序，出卖人享有的取回货物之权利。我国《企业破产法》中未规定出卖人取回权，《企业破产法》弥补了这一不足。其第 39 条规定："人民法院受理破产申请时，出卖人已将买卖标的物向作为买受人的债务人发运，债务人尚未收到且未付清全部价款的，出卖人可以取回在运途中的标的物。但是，管理人可以支付全部价款，请求出卖人交付标的物。"

设置出卖人取回权的目的是合理保障出卖人的权益。此项法律关系中的标的物为动产，通常依转移占有而发生所有权变更。买受人在进入破产程序时尚未付清货款，也没有收到货物，未取得所有权。如不允许出卖人将当时尚属于自己的货物取回，货物为管理人收到后即成为破产财产，出卖人未得到支付的货款就只能作为破产债权而得到不完全的清偿，有失公平。为此，英国在立法中设置了中途停止权，法国、德国设置为追及权制度，而日本则设立出卖人取回权。[1] 总体上看，在大陆法系国家中普遍采取取回权制度，尽管其称谓可能有所不同。

在我国《企业破产法》的立法过程中，对是否设置出卖人取回权的问题学者间存有争议。有的学者认为，《合同法》的中止运输权[2] 就可以解决对出卖人的权利保护，不必再设置出卖人取回权，但大多数学者主张应设置出卖人取回权。我们认为，应当规定出卖人取回权，因为中止运输权并不能完全解决问题。受运输方式所限，出卖人可能无法行使中止运输权，买受人在其破产案件被法院受理后仍收到货物，这时出卖人就必须依靠取回权维护其利益。再如，根据《合同法》第 133 条的规定，当事人可以约定，货物的所有权以单证的交付而非实物的交付为转移。在出卖人先行交付单证时仅适用中止运输权便难以维护其权益了，因为即便停止了货物的运输，货物所有权也已属买受人所有，成为破产财产。

出卖人取回权的构成要件实际上有两个：①买受人尚未付清货款。如买受人已付清货款，出卖人自然无取回货物之权。所谓未付清货款，并不问原定的支付期限是否已到，因买受人破产、支付能力受损的事实往往已使出卖人难以

---

〔1〕 （台）陈荣宗：《破产法》，三民书局 1986 年版，第 225 页。

〔2〕 《合同法》第 308 条规定："在承运人将货物交付收货人之前，托运人可以要求承运人中止运输、返还货物、变更到达地或者将货物交给其他收货人……"

再按期获得全部货款。但如出卖人要求取回货物，而管理人要求付清货款、交付货物，在货款付清后出卖人便无权取回货物。②买受人在尚未收到货物时进入破产程序。如买受人收到货物后才进入破产程序，因货物所有权已发生转移，出卖人不能对已属破产人所有的财产行使取回权，其债权只能作为破产债权受偿。所谓买受人尚未收到，是指货物尚未被其现实地占有。出卖人向买受人交付提单或载货证券，不能视为买受人已经收到货物。即使其他法律规定或当事人约定交付提单或载货证券视为交货，或者约定货物交付托运人时，买受人即取得所有权，也不影响破产法上出卖人取回权的行使。此外，买受人于进入破产程序前，恶意地提前在运途中接收货物，也不能视为收到货物，不影响出卖人行使取回权。

此外，出卖人取回权主要发生在异地动产买卖合同中，因其设置的目的是要保障在发货至收货的时间差中买受人进入破产程序时出卖人的权益，而这个时间差一般只存在于异地买卖合同中。因为同城交易时交货直接、迅速，如买受人破产，出卖人可不发货，如其已发货便一般没有取回的时间余地。

有的学者认为，出卖人取回权只适用于取回所有权已移转的买卖标的物。买卖标的物的所有权未移转的，出卖人无须借助所有权以外的权利主张对标的物的回复占有，唯有标的物的所有权已经转移，出卖人不能再以所有人的身份行使权利时，才会借助非所有权的救济。同时，出卖人发运标的物的行为，又使其丧失了对买卖标的物的留置权。为了保全出卖人收取买卖价款的权利，法律才特别赋予出卖人以取回权对抗已取得买卖标的物所有权的买受人。[1]

我们认为，这一观点认为唯有标的物的所有权已经转移，出卖人不能再以所有人的身份行使权利时，才需借助非所有权即出卖人取回权寻求救济，是有违取回权之一般法理的。因为取回权就是建立在标的物的物权尤其是所有权仍属于出卖人的基础上的（例外情况除外），如货物的所有权已移转，则出卖人根本无权取回货物。在法律另有规定或者当事人另有约定、所有权在标的物交付之前转移的例外情况下，出卖人也需要先依据破产法之特别法优先的效力，否认所有权之转移，才能行使取回权。此外，动产的所有权自标的物交付时转移，乃是法律规定之常态。如按照该观点，出卖人取回权只能调整所有权已经移转的例外情况，这不仅贬低了权利设置的社会意义，而且显然与立法本意不符。

此外，还有学者认为，出卖人提出解除买卖合同，也是出卖人取回权的构

---

[1]　邹海林：《破产程序和破产法实体制度比较研究》，法律出版社1995年版，第295~296页。

成要件。因我国台湾地区"破产法"第111条规定："出卖人已将买卖标的物发送，买受人尚未收到，亦未付清全价而受破产宣告者，出卖人得解除契约，并取回其标的物。"有的台湾地区学者据此认为，出卖人行使取回权，应当以其主张解除买卖合同为要件。出卖人只有在依法解除买卖合同并退回已收取的部分对待给付的前提下，才能行使取回权。但也有学者认为，出卖人取回权成立于对买受人的破产程序启动之后，出卖人对标的物的取回权是物权性权利，无须以解除买卖合同为前提。我们认为，后一观点更有利于维护权利人的权益，也与我国破产法未要求出卖人须先解除买卖合同之规定相符，应予采纳。

正确理解、执行《企业破产法》规定的出卖人取回权，关键在于对法律规定的"出卖人可以取回在运途中的标的物"的理解，尤其是对"在运途中"概念理解的宽与窄。对所谓"在运途中"，可以有三种理解：①"在运途中"，是指出卖人实际取回标的物时之标的物状态，即只有标的物当时尚在运途之中才能够取回，如果一旦被管理人占有，所有权转归破产人，就不得再取回。②"在运途中"，是指出卖人向管理人表示要行使取回权时取回标的物之状态。即出卖人向管理人主张取回权时，取回之标的物应尚在运途中，但将来实际取回财产时，并不以标的物仍在运途之中为限，管理人收到货物后，出卖人仍可行使取回权。③"在运途中"，是指买受人进入破产程序时取回标的物之状态。即只要买受人进入破产程序时取回权之标的物尚在运途中，出卖人就享有取回权，其在管理人收到货物后才向其主张取回权，取回权仍旧成立。在三种不同理解下，对出卖人权益的保护程度大有差异。我国台湾地区学者陈计男认为，出卖人应在买受人被宣告破产后、收到货物前，向破产管理人主张取回权。[1]陈荣宗先生则认为，出卖人于法定情况下即可取得取回权，取回权的行使无须限定在买受人收到货物前，因为出卖人取回权对出卖人保护的作用，主要就是发挥在买受人收到货物后。德、日学者鲜有持前一种主张（出卖人只能在买受人收到货物前主张取回权）的。[2]

我们认为，上述第三种理解最符合出卖人取回权设置的本意，即只要买受人进入破产程序时取回权之标的物尚在运途中，出卖人即可享有取回权，不应要求出卖人必须在管理人收到货物前实际取回货物，也不应要求出卖人在管理人收到货物前向其主张取回权。其他两种解释均有不妥之处，将使出卖人取回权的规定失去存在的必要。因为在管理人未收到货物的情况下，货物的所有权和控制权理论上仍在出卖人手中，这时只要援引《合同法》上的中止运输权或

〔1〕　（台）陈计男：《破产法论》，三民书局1980年版，第205页。

〔2〕　（台）陈荣宗：《破产法》，三民书局1986年版，第229～230页。

抗辩权不予交付即可解决问题，不存在取回问题。所谓"取回"，只有在标的物被他人占有时才存在，如果标的物尚未被管理人占有，根本就不存在取回的问题，也就无须设置取回权。限定在买受人收到货物前出卖人才能行使取回权，或要求出卖人必须在管理人收到货物前向其主张取回权，不利于对出卖人权益的维护。对此，我国《企业破产法司法解释二》第 39 条做了略有折中的规定："出卖人依据企业破产法第 39 条的规定，通过通知承运人或者实际占有人中止运输、返还货物、变更到达地，或者将货物交给其他收货人等方式，对在运途中标的物主张了取回权但未能实现，或者在货物未达管理人前已向管理人主张取回在运途中标的物，在买卖标的物到达管理人后，出卖人向管理人主张取回的，管理人应予准许。出卖人对在运途中标的物未及时行使取回权，在买卖标的物到达管理人后向管理人行使在运途中标的物取回权的，管理人不应准许。"

有些国家的破产法对出卖人取回权保护得更为周全。如美国破产法规定，出卖人在交付货物后 10 天内可以提出追回货物的要求，即使这时债务人已被宣告破产，货物也已经收到，法院仍应允许出卖人取回货物。如果货物是债务人重整程序进行所必需的，法院可将出卖人的债权作为无担保第一优先债权或担保债权。但是，在出卖人向买方表示行使取回权前，买方已经收到货物并将其出卖者除外，因为货物已经不复存在，取回权也随之丧失。[1] 加拿大破产法则规定，未受偿的售货商有权收回供给破产企业的货物，只要这些货物在清算中能够辨认，而且是在破产前 30 天内交付的即可；农民、渔民、水产养殖人在破产前 5 天内向破产企业供应货物的，其所交付的财产可申请一项特殊担保，从清算出的债务人财产中优先给付。[2] 对比这些国家立法对出卖人权益的保护措施，我国破产法上的出卖人取回权，仍有继续完善之必要。

三、代偿取回权

（一）代偿取回权概述

代偿取回权，是指当取回权的标的财产被非法转让或灭失时，该财产的权利人有权取回转让其财产所得到的对待给付财产或补偿金。日本学者伊藤真认为，代偿取回权是标的物已转让给第三人，并未现存于破产财团中且不可能返还时，就替代标的物的对待给付或其请求权承认取回权的一种特殊取回权。[3]

一般取回权以取回物仍然存在于破产人处为基础成立，代偿取回权则在取

---

〔1〕　潘琪：《美国破产法》，法律出版社 1999 年版，第 205 页。

〔2〕　刘艺工主编：《加拿大民商法》，民族出版社 2003 年版，第 219 页。

〔3〕　〔日〕伊藤真：《破产法》，刘荣军、鲍荣振译，中国社会科学出版社 1995 年版，第 187 页。

回权标的物毁损、灭失或者被非法转让时，赋予取回权人依法取回标的物以代偿财产的权利。如无代偿取回权，一般取回权人便只能以取回权标的物的损害赔偿请求权作为破产债权要求清偿，从而受到损失。所以，代偿取回权是对一般取回权制度的必要补充。

对取回权的行使是否可延伸到代偿财产之上以及可延伸到何种代偿财产之上的问题，学者存在不同认识。第一种观点不承认代偿取回权，认为取回权的行使必须以取回权标的财产的存在为前提。如果该财产毁损、灭失或被非法转让，取回权人只能以该财产的物价作为破产债权受偿。这种观点忽视了破产程序中取回权与赔偿请求权即破产债权在权利实现上的巨大差异，不利于对取回权人正当利益的保护。第二种观点主张设置代偿取回权，但认为仅能适用于权利人的财产被破产人或者管理人转让，且受让人未支付价金的情形。[1] 这种观点仅将代偿取回权理解为权利人向财产受让人（而非管理人）请求支付未付价金的权利，如破产人或管理人已受领代偿财产，则认为代偿取回权不复存在。这种观点对代偿取回权适用范围的理解过窄，反对代偿取回权适用于破产人或管理人受领之代偿财产仍可与破产人财产相区别的情况。第三种观点认为，代偿取回权既包括请求管理人转让对受让人的请求权的权利，也包括请求管理人转让已经接受的对待给付财产的权利。此外，在承认代偿取回权的学者中，对取回权可延伸至的代偿财产是否必须是特定物也存在不同观点。有的学者认为，只有破产人或管理人已接受的对待给付财产为特定物时才可行使代偿取回权。[2] 有的学者主张，可行使取回权的代偿财产不必是特定物，但应能够与破产人的财产相区分。

为公平维护取回权人的正当权益，我国破产法应当设置代偿取回权，不能简单地以赔偿请求权即破产债权取代代偿取回权，理由如下：

1. 代偿取回权具有保障一般取回权在非正常情况下实现的特殊功能。代偿取回权将取回权人所享有的优先权由原标的财产延伸到其毁损、灭失或者被转让之后的代偿财产，可以最大限度地避免取回权人的损失。而赔偿请求权作为普通破产债权则不具有此种功能。

2. 代偿取回权是物权行使的特殊方式，即将可以从破产财产中区别的代偿财产由权利人取回。其权利行使的标的财产是取回权标的物的转化形式，本不属于破产财产，与一般破产债权的清偿财产不会混淆、交叉，不发生冲突，不会对破产财产造成实质不利影响。而赔偿请求权的标的是原标的财产因毁损、

---

[1]　吴合振主编：《企业破产清算》，人民法院出版社 2002 年版，第 210 页。
[2]　邹海林：《破产程序和破产法实体制度比较研究》，法律出版社 1995 年版，第 294 页。

灭失或者被转让而造成的损失，该损失只能以货币衡量，没有特定性，且只能从破产财产中得到比例分配。代偿财产的多少是一个事实判断，它由原标的财产的转化物的客观价值所决定，与行为人的过错无关。而赔偿请求权标的之多少是一个价值判断，通常要考虑受害人损失、加害人过错等因素。〔1〕

据此，代偿取回权和赔偿请求权具有不同的功能。当取回代偿财产仍不足以弥补取回权人损失时，其仍享有对其余损失主张赔偿的权利，但赔偿请求权作为破产债权没有优先受偿的效力。如债务人故意将他人市价10万元的车辆，以6万元的价格转让给第三人或者换回一台价值5万元的机器。这里的转让款或作为对价的机器均可以视为原标的物的代偿财产，只要符合代偿取回权的行使条件，都应当允许取回权人取回。但对债务人故意进行无权处分行为给权利人造成的差价损失，权利人只能主张赔偿请求权。

承认代偿取回权制度有利于维护破产程序的公平性。如对取回权标的物毁损、灭失或者被非法转让的情况不加区分，均将权利人视为破产债权人，不仅会使本可取回的财产不能取回，甚至可能诱发债务人在发生破产原因后非法转让他人财产的破产欺诈行为。

（二）各国代偿取回权的立法例

德国、日本、瑞士、韩国等大陆法系国家在其破产法中明确规定了代偿取回权制度。《德国破产法》第48条规定："本可要求取回之物在破产宣告前被债务人或者破产宣告后被管理人不当出售时，若对方尚未给付，取回权人可要求让与对对方给付之请求权。已向破产财产给付而能加以识别的，他可要求从破产财产中取回该项对方给付。"〔2〕《日本破产法》第64条（代偿取回权）规定："①破产人（已发布保全管理命令时的保全管理人）于破产宣告前将取回权标的的财产转让时，取回权人可以请求转移对待给付请求权。破产管理人将取回权标的的财产转让时亦同。②于前项情形，如果破产管理人已受对待给付，取回权人可以请求给付破产管理人所受的对待给付财产。"《瑞士破产法》第202条规定："债务人出售第三人所有的财产，在破产宣告时尚未收取货款的，则原所有人可以通过向债务人支付应得报酬要求转让对买方的货款债权或者货款已为破产管理人收取的，要求发还货款。"〔3〕《韩国破产法》也有类似规定。

---

〔1〕　孙向齐："破产代偿取回权研究"，载《法学杂志》2008年第2期。
〔2〕　刘汉富译："德国破产法"，载王保树主编：《商事法论集》第5卷，法律出版社2000年版，第551页。
〔3〕　刘汉富译："瑞士联邦债务执行与破产法"，载王保树主编：《商事法论集》第5卷，法律出版社2000年版，第498页。

我国《企业破产法》未规定代偿取回权，但在《企业破产法司法解释二》中确立了代偿取回权的基本规则，并区分为及时变现财产引发的代偿取回权、违法转让财产引发的代偿取回权和占有物毁损、灭失时的代偿取回权等不同情形进行处理，较好地维护了破产程序的公平性。

（三）代偿取回权的标的

确定何种情况对代偿财产可以行使取回权，是公正设置权利的关键。我们认为，能否行使代偿取回权，不是看代偿财产是种类物还是特定物，关键是看代偿财产能否与债务人的财产相区分。只要代偿财产能够与破产人财产相区分，即便是种类物或货币，如货款、保险金、补偿金，也应当允许权利人行使取回权。但在代偿财产与破产人财产混同时，行使所谓代偿取回权将变成从破产财产中取回与取回权标的物等价财产的个别清偿，必然会损害其他破产债权人的利益，所以不应允许。

代偿取回权的标的不应限定为特定物的理由如下：

1. 取回权人财产遭遇毁损、灭失或被转让后，不管代偿财产的形式如何，其性质都是不应当纳入破产分配的他人财产。在取回权标的物毁损、灭失或被转让之后，债务人或者管理人仅是代偿财产的代管人，并不是财产的所有人。若限制权利人对代偿财产行使取回权，必然造成债务人的不当得利。

2. 取回权标的物被转让的对待给付或者毁损、灭失后的补偿一般都是货币，若将代偿取回权的标的物限定为特定物，将会使其权利适用失去普遍意义。

3. 我国《物权法》第174条规定："担保期间，担保财产毁损、灭失或者被征收等，担保物权人可以就获得的保险金、赔偿金或者补偿金等优先受偿。被担保债权的履行期未届满的，也可以提存该保险金、赔偿金或者补偿金等。"《担保法》也有相同规定。据此，担保物权人对原物的代偿财产具有与原物相同的优先权，物权的优先效力可以延伸到其货币形态的代位物。举轻以明重，如取回权人对取回权标的毁损、灭失所转化的赔偿金不能享有代偿取回权，势必造成对所有权人的保护力度反而不及担保物权人的情形。为维护立法逻辑的统一，应当承认取回权人对取回权标的物转化的代偿赔偿在特定情况下享有代偿取回权。

根据上述分析，代偿取回权的标的可分为三类：①特定物。包括原财产被转让后，受让人支付给债务人或者管理人的作为对价的特定物，也包括第三人赔偿的特定物。②货币等种类物。包括原财产被转让或者发生毁损、灭失而由受让人、保险公司、第三人针对该财产而支付的价金、保险金、补偿金、赔偿金等。对此类代偿财产行使取回权应符合能够与债务人的其他财产相区分的条件，以防权利滥用损害其他债权人权益。③原财产被债务人或管理人转让，在受让人尚未支付对价时债务人破产，权利人可以要求管理人移转对受让人之请求权，即要求管理人作出移转的意思表示和发出作为对抗要件的债权转让通知。[1]

（四）代偿取回权的行使

1. 不同情况下代偿取回权的构成。

（1）因取回权标的物被违法转让时的代偿取回权。对此问题的分析处理，需要结合《物权法》《企业破产法》及其司法解释的规定进行分析，关键是第三人取得违法转让的取回权标的物是否构成《物权法》第106条规定的善意取得，然后再根据违法转让行为发生在破产申请受理之前还是之后进行分析。

第一，债务人占有的他人财产被违法转让给第三人，依据《物权法》第106条的规定第三人已善意取得财产所有权，或者因其他原因导致原权利人无法取回该财产的，如果违法转让人所获得的受让人支付的对价财产能够同债务人财产相区分，则原权利人在进入破产程序后，可以针对该对价财产行使代偿取回权。如该对价财产与债务人财产混同，无法区分的，则不能行使代偿取回权。在无法行使代偿取回权的情况下，则只能以赔偿请求权申报破产债权或者共益债务获得清偿。根据《企业破产法司法解释二》第30条的规定，转让行为发生在破产申请受理前的，原权利人因财产损失形成的债权，作为普通破产债权清偿；转让行为发生在破产申请受理后的，因管理人或者相关人员执行职务导致原权利人损害产生的债务，作为共益债务清偿。

如果债务人在破产案件受理之前转让权利人财产，受让人于管理人接管财产时仍未向债务人支付对价的，权利人可以向管理人请求对受让人的给付之请求权行使代偿取回权。管理人应为之办理债权转让手续。有学者认为，取回权人在财产被转让而未支付对价时，应向财产受让人请求返还原物或者支付价金，以替代向破产人求偿的权利。[2]我们认为，这种理解是不妥的，因取回权人与受让人之间并无合同关系，无权直接向其要求支付对待给付，代偿取回权只能以管理人为相对人行使。如果取回权人以物权的追及力为理由，要求受让人返还原物，则需先依法确定原转让合同无效，但这时其要求行使的权利性质已不再是代偿取回权了。

第二，债务人占有的他人财产被违法转让给第三人，第三人已向债务人支付了转让价款，但依据《物权法》第106条的规定未取得财产所有权，原权利

---

〔1〕　［日］伊藤真：《破产法》，刘荣军、鲍荣振译，中国社会科学出版社1995年版，第188页。

〔2〕　吴合振主编：《企业破产清算》，人民法院出版社2002年版，第210页。

人依法追回转让财产的，则不存在代偿取回权行使的问题。由此需要关注的是已支付对价的第三人如何申报债权的问题。根据《企业破产法司法解释二》第31条的规定，对因第三人已支付对价而产生的债务，法院应当按照以下规定处理：转让行为发生在破产申请受理前的，作为普通破产债权清偿；转让行为发生在破产申请受理后的，作为共益债务清偿。

（2）取回权人的财产因自然原因或者第三人原因遭受毁损、灭失后的代偿取回权。根据《企业破产法司法解释二》第32条的规定，债务人占有的他人财产毁损、灭失，因此获得的保险金、赔偿金、代偿物尚未交付给债务人，或者代偿物虽已交付给债务人但能与债务人财产予以区分的，权利人有权主张取回就此获得的保险金、赔偿金、代偿物。保险金、赔偿金已经交付给债务人，或者代偿物已经交付给债务人且不能与债务人财产予以区分的，法院应当按照以下规定处理：财产毁损、灭失发生在破产申请受理前的，权利人因财产损失形成的债权，作为普通破产债权清偿；财产毁损、灭失发生在破产申请受理后的，因管理人或者相关人员执行职务导致权利人损害产生的债务，作为共益债务清偿。债务人占有的他人财产毁损、灭失，没有获得相应的保险金、赔偿金、代偿物，或者保险金、赔偿物、代偿物不足以弥补其损失的部分，按照上述规定处理。

（3）管理人根据需要及时变现财产时的代偿取回权。在实践中，有些财产的自身属性决定了其保质期较短，或者保管费用太高，或者可能严重贬值，如果不及时将这些财产予以变现，财产的价值会大幅减少甚至消失。因此，破产法司法解释规定管理人可以将鲜活易腐等财产先予变现。管理人在未经财产权利人授权的情况下，对权属不清的财产进行转让变现并提存，表面上看也是一种无权处分。但是，此种情形下的转让变现，能够有效防止财产价值贬损或者丧失，既符合管理人的角色和职责，也符合债权人、债务人及权利人的利益，具有正当性和合法性。因此，管理人的这种财产处分行为，并非真正意义上的无权处分，而是有权处分，只不过这种权利来自法律的授权，是其诚实信用原则的体现，但由此也会引发相应的权利人代偿取回权的行使问题。《企业破产法司法解释二》第29条规定，"对债务人占有的权属不清的鲜活易腐等不易保管的财产或者不及时变现价值将严重贬损的财产，管理人及时变价并提存变价款后，有关权利人就该变价款行使取回权的，人民法院应予支持"。

2. 代偿取回权的选择性行使。在取回权标的被债务人或者管理人转让时，如受让人为善意第三人，转让合同被确定为有效，则权利人只能依法对管理人行使代偿取回权。如果受让人即时取得尚未成立，原物仍有可能从第三人那里取回，在此场合，权利人可选择行使一般取回权或者代偿取回权。[1] 即取回权人可以通过管理人阻止受让人善意取得的成立，如在未支付价款的情况下，及时宣布转让合同无效，在管理人追回财产后，取回权人再行使取回权。取回权人也可以在管理人取得给付财产后行使代偿取回权。

3. 代偿取回权的具体行使方式。代偿取回权可以通过诉讼和非诉讼途径来行使。如管理人承认代偿取回权，权利人可直接取回代偿财产。但为了防止管理人滥用此项权利，损害债权人的权益，一些国家和地区的破产法规定，管理人承认取回权人的权利请求，须经监察人（即我国《企业破产法》中的债权人委员会）同意，在没有监察人或者监察人未确定时要经法院同意。我国《企业破产法》第 69 条规定的管理人应向债权人委员会报告的事项中，未包括同意取回权人行使代偿取回权。但因该事项与其他应报告债权人委员会的事项的重要性相同，故应被视为法律规定的"对债权人利益有重大影响的其他财产处分行为"，而要求管理人的此项决定接受债权人委员会的监督。如管理人对代偿取回权的行使存在异议，取回权人可以向受理破产案件的人民法院提起诉讼解决。法院判决未认定权利人具有代偿取回权的，权利人仍可主张赔偿请求权。

此外，代偿取回权在重整程序中的行使有一定的特殊性。《企业破产法》第 76 条规定："债务人合法占有的他人财产，该财产的权利人在重整期间要求取回的，应当符合事先约定的条件。"《企业破产法司法解释二》第 40 条规定："债务人重整期间，权利人要求取回债务人合法占有的权利人的财产，不符合双方事先约定条件的，人民法院不予支持。但是，因管理人或者自行管理的债务人违反约定，可能导致取回物被转让、毁损、灭失或者价值明显减少的除外。"据此可知，一般取回权在重整程序中原则上不能加速到期、提前行使，除非管理人或自行管理的债务人违反约定。但重整程序中对一般取回权行使的限制不应及于代偿取回权。因为在行使代偿取回权时，原财产已不存在，管理人占有代偿财产已失去合同依据，代偿财产也与双方原来在合同中设定的使用目的不符，故应允许取回权人行使代偿取回权。

四、所有权保留买卖合同中的取回权行使

我国《合同法》第 134 条规定："当事人可以在买卖合同中约定买受人未履行支付价款或者其他义务的，标的物的所有权属于出卖人。"如果买卖合同中设有所有权保留条款，买受人破产时，出卖人有无取回权，学者间对此存在

---

[1] [日] 石川明：《日本破产法》，何勤华、周桂秋译，上海社会科学院出版社 1995 年版，第 79 页。

不同观点，主要是对所有权保留的法律性质意见不一。有的学者主张，所有权保留的性质属于担保物权，即相当于动产抵押，其设定目的在于保障价款债权的实现，在买受人未付清全部价款而破产的情况下，出卖人享有担保物权人的权利，即享有别除权。也有学者主张，所有权保留的性质属于附停止条件的所有权移转，在买受人未付清全部价款而破产的情况下，出卖人享有所有权，可以主张取回权。我国台湾地区学者陈荣宗认为，"依德国通说，保留所有权之动产系附停止条件移转所有权。于买受人破产之情形，出卖人因买卖价金尚未全部受偿而仍然为物之所有权人，故保留所有权之出卖人，得主张取回权。惟破产管理人得清偿买卖价金，使停止条件成就而取得所有权。于出卖人破产之情形，出卖人仍然为物之所有权人，买受人尚未取得所有权，故买受人不能主张取回权。惟买受人得清偿买卖价金而取得所有权"。[1] 一些国家的破产法也如此规定，如《法国困境企业司法重整与清算法》第 121 条第 2 款规定："如果买卖双方在交货之前书面约定在支付全部价金后所有权始得转让，并且标的物仍以实物存在，出卖人可以请求返还。"

我国《企业破产法》的司法解释对此做了规定，采纳了上述第二种观点。《企业破产法司法解释二》第 34 条规定："买卖合同双方当事人在合同中约定标的物所有权保留，在标的物所有权未依法转移给买受人前，一方当事人破产的，该买卖合同属于双方均未履行完毕的合同，管理人有权依据企业破产法第 18 条的规定决定解除或者继续履行合同。"据此，对所有权保留买卖合同中的取回权行使问题，需要根据具体情况进行分析。

（一）出卖人破产时的取回权行使

1. 出卖人破产时管理人决定继续履行合同的情形。如果买卖合同中设有所有权保留条款，出卖人进入破产程序后，出卖人管理人决定继续履行所有权保留买卖合同的，买受人应当继续履行合同义务；如果买受人未依照约定履行合同义务或不当处分标的物的，出卖人管理人取回标的物无疑是最好的救济手段。因此，《企业破产法司法解释二》第 35 条明确了出卖人破产时管理人决定继续履行合同的情形下的处理规则：首先，出卖人破产，其管理人决定继续履行所有权保留买卖合同的，买受人应当按照原买卖合同的约定支付价款或者履行其他义务。其次，买受人未依约支付价款或者履行完毕其他义务，或者将标的物出卖、出质或者作出其他不当处分，给出卖人造成损害，出卖人管理人有权依法主张取回标的物。但是，买受人已经支付标的物总价款 75% 以上或者第

---

[1] （台）陈荣宗：《破产法》，三民书局 1986 年版，第 221 页。

三人善意取得标的物所有权或者其他物权的除外。最后，出卖人因上述情形未能取回标的物，出卖人管理人有权依法主张买受人继续支付价款、履行完毕其他义务，以及承担相应赔偿责任。

2. 出卖人破产时管理人决定解除合同的情形。如果出卖人管理人决定解除所有权保留买卖合同的，就会出现出卖人管理人如何追收买卖标的物、买受人能否以自身不存在违约或者侵害合同权利的行为进行抗辩以及买受人已支付的价款如何清偿等问题。因此，《企业破产法司法解释二》第36条明确了出卖人破产时管理人决定解除合同的处理规则：首先，出卖人破产的，其管理人有权决定解除所有权保留买卖合同并依据《企业破产法》第17条的规定要求买受人向其交付买卖标的物的。其次，买受人不得以其不存在未依约支付价款或者履行完毕其他义务，或者将标的物出卖、出质或者作出其他不当处分情形进行抗辩。最后，买受人依法履行合同义务并依据规定将买卖标的物交付出卖人管理人后，买受人已支付价款损失形成的债权作为共益债务清偿。但是，买受人违反合同约定的，出卖人管理人有权主张上述债权作为普通破产债权清偿。

（二）买受人破产时的取回权行使

1. 买受人破产时管理人决定继续履行合同的情形。如果买卖合同中设有所有权保留条款，买受人进入破产程序，此时买受人管理人决定继续履行所有权保留买卖合同的，因该合同义务存在加速到期的情形，买受人管理人应当及时履行合同义务，否则出卖人可以依法行使取回权。《企业破产法司法解释二》第37条明确了买受人破产且管理人决定继续履行合同的情形下的处理规则：首先，买受人破产，其管理人决定继续履行所有权保留买卖合同的，原买卖合同中约定的买受人支付价款或者履行其他义务的期限在破产申请受理时视为到期，买受人管理人应当及时向出卖人支付价款或者履行其他义务。其次，买受人管理人无正当理由未及时支付价款或者履行完毕其他义务，或者将标的物出卖、出质或者作出其他不当处分，给出卖人造成损害的，出卖人有权依据《合同法》第134条等规定主张取回标的物。但是，买受人已支付标的物总价款75%以上或者第三人善意取得标的物所有权或者其他物权的除外。最后，出卖人因前述情形未能取回标的物的，出卖人有权依法主张买受人继续支付价款、履行完毕其他义务，以及承担相应赔偿责任。对因买受人未支付价款或者未履行完毕其他义务，以及买受人管理人将标的物出卖、出质或者作出其他不当处分导致出卖人损害产生的债务，出卖人有权主张作为共益债务清偿。

2. 买受人破产时管理人决定解除合同的情形。如果买受人管理人决定解除所有权保留买卖合同的，出卖人如何行使取回权？在出卖人行使取回权时，如何平衡双方之间的权益？《企业破产法司法解释二》第38条明确了买受人破产且管理人决定解除合同的情形下的处理规则：首先，买受人破产，其管理人决定解除所有权保留买卖合同的，出卖人有权依据《企业破产法》第38条的规定主张取回买卖标的物的。其次，出卖人取回买卖标的物的，买受人管理人有权主张出卖人返还已支付价款。取回的标的物价值明显减少给出卖人造成损失的，出卖人可从买受人已支付价款中优先予以抵扣后，将剩余部分返还给买受人；对买受人已支付价款不足以弥补出卖人标的物价值减损形成的债权，出卖人有权主张作为共益债务清偿。

第五章

别除权与破产抵销权

第一节 别除权

一、别除权概述

（一）别除权的概念与特征

在破产法理论上，通常认为别除权是指债权人因其债权设有物权担保或享有法定特别优先权，而在破产程序中就债务人（即破产人，下同）的特定财产享有的优先受偿权利。如《日本破产法》第 92 条规定，于破产财团所属财产上有特别先取特权、质权或者抵押权者，就其标的财产有别除权。别除权是大陆法系中使用的概念，在英美法系中与之相应的概念是有担保的债权（指有约定或法定物权担保的债权）。别除权的优先受偿权，是由债务人特定财产上原已存在的担保物权或特别优先权具有之排他性优先受偿效力沿袭而来的，其中又以源自约定担保物权者最为常见。从权利本源上讲，别除权并非破产法所创设，但在破产程序中具有其新特点。别除权之名称，便是针对其在破产程序中的特点而命名的。

我国《企业破产法》没有使用别除权的概念。在立法过程中，曾一度使用过"别除权"的称谓，但后为使法律能够更加通俗易懂，便没有再使用这一破产法理论上的专用名词。《企业破产法》第 109 条对别除权作出规定："对破产人的特定财产享有担保权的权利人，对该特定财产享有优先受偿的权利。"对破产人的特定财产享有的担保权包括约定担保权和法定担保权（即特别优先权）。

别除权与破产程序中存在的其他相关权利相比，具有以下特征：

1. 别除权是对债务人之财产行使的权利。这与取回权是针对管理人管理下的非债务人财产行使的权利不同。所以，别除权人就担保物的价款受偿时，如有超过债权数额的余额，应用于清偿破产费用、共益债务和其他破产债权。在债务人以其财产为自己债务提供担保时，别除权人如放弃优先受偿权，可作为普通破产债权人受偿。如担保物的价款不足以清偿别除权人的全部优先受偿债权额，未受偿之债权便转化为普通破产债权。但如破产人仅作为担保人为他人债务提供物权担保，担保债权人的债权虽然在破产程序中可以构成别除权，但因破产人不是主债务人，在担保物价款不足以清偿担保债额时，余债不得作为普通破产债权向破产人要求清偿，只能向原主债务人求偿。此时，别除权人如放弃优先受偿权利，其债权也不能转为对破产人的普通破产债权，因二者之间只有担保关系，并无基础债务关系。

2. 别除权是针对债务人设定担保之特定财产行使的权利。这与普通破产债权和产生于破产申请受理后的破产费用、共益债务是针对无担保的破产财产行使的权利，在清偿财产的范围上不同。别除权的担保物限于特定物，据此，即便是在债务人的无担保财产不足以清偿破产费用时也不得从担保财产中清偿。如在担保期间，担保物在其行使权利前灭失，优先受偿权利也随之消灭，别除权人对破产人的债权只能作为普通破产债权受偿。但《物权法》第174条规定："担保期间，担保财产毁损、灭失或者被征收等，担保物权人可以就获得的保险金、赔偿金或者补偿金等优先受偿。被担保债权的履行期未届满的，也可以提存该保险金、赔偿金或者补偿金等。"这是由担保物权的物上代位性决定的。如属管理人执行职务导致担保物权人受到损害的，其债权应列为共益债务，由债务人财产优先支付。如从债务人财产中不能获得全部清偿，而损失系因管理人未尽到忠实、勤勉义务造成的，管理人应向担保物权人承担赔偿责任。如债务人在破产申请受理前将担保物变卖且无法追回，虽然可以追究债务人及相关责任人员的赔偿责任，但债权人不再享有别除权。不过在变卖价款或对价尚未交付给债务人或仍能从债务人财产中加以区分的情况下，别除权人对该价款或对价可继续享有别除权。

3. 别除权是一种优先受偿权。别除权的优先受偿不同于破产费用、共益债务从债务人无担保财产中的优先随时清偿，更不同于普通破产债权因性质不同而根据社会政策在清偿顺序上排列的先后。别除权的优先受偿权是针对特定担保财产行使的，原则上不受破产清算与和解程序限制，可优于其他债权人单独、及时受偿。但在重整程序中，别除权的优先受偿权利受到限制，以免因对担保物的执行而影响重整程序挽救企业功能之发挥，但对其实体担保权益仍通过种种措施予以充分保护。

4. 除破产法另有规定者外，别除权优先受偿的权利范围原则上依《物权法》《担保法》等法律确定。需要注意的是，有的国家立法规定，享有别除权之债权在破产申请受理后产生的利息也在优先受偿的范围内。我国《企业破产法》第46条第2款规定，附利息的债权自破产申请受理时起停止计息。此项规定未排除其对别除权人的适用，据此，别除权在破产申请受理后产生的利息在破产程序中是不予清偿的。不过由于该条第 1 款同时还规定"未到期的债权，在破产申请受理时视为到期"，别除权人在破产申请受理后就可以作为到期债权的债权人及时行使优先受偿权，不清偿其债权在破产申请受理后产生的利息，一般不会造成其损失。但如管理人在破产申请受理后无故阻延别除权人正常行使优先受偿权利的，应向别除权人赔偿延误清偿的利息损失。

此外，由于别除权的优先受偿权利在企业重整程序中受到限制，《企业破产法》第 87 条第 2 款第 1 项规定，人民法院在强制批准重整计划草案时，别除权在重整中"因延期清偿所受的损失"应得到公平补偿。通常的公平补偿措施是定期向其支付在重整申请受理后债权的相应利息。这种补偿属于立法的特别规定，与"附利息的债权自破产申请受理时起停止计息"的规定并不矛盾。同时，立法允许当事人在重整计划草案中对别除权人的清偿及补偿问题另行作出约定，前提是"该表决组已经通过重整计划草案"。

（二）别除权与破产债权和债务人财产的关系

对别除权与破产债权的关系，在理论上有两种观点：一种观点认为，别除权在破产程序中享有优先受偿权，故不属于破产债权。另一种观点认为，除他人以财产为债务人担保者外，别除权也属破产债权，只不过是性质特别的破产债权。因别除权首先是对债务人的债权，其物权担保只是从属性权利，优先受偿权的享有并没有改变其是对债务人的债权的基本性质。只有确认别除权也属于破产债权，才能解释为什么别除权人放弃优先受偿权后，或其债权中担保物价款不足清偿的部分，可自动转为破产债权受偿。

我国《企业破产法》《企业破产法（试行）》对别除权与破产债权的关系规定不同。《企业破产法（试行）》第 30 条规定："破产宣告前成立的无财产担保的债权和放弃优先受偿权利的有财产担保的债权为破产债权。"即别除权不属于破产债权。同时，该法中规定担保财产不属于破产财产，将别除权和破产债权的相应清偿财产作了严格区分。而《企业破产法》对此作了修改，其第 107 条第 2 款规定，人民法院受理破产申请时对债务人享有的债权称为破产债权。据此，别除权也属于破产债权。此外，立法将担保财产也纳入债务人财产，其第 30 条规定："破产申请受理时属于债务人的全部财产，以及破产申请受理后至破产程序终结前债务人取得的财产，为债务人财产。"《企业破产法司法解释二》第 3 条第 1 款更是明确规定："债务人已依法设定担保物权的特定财产，人民法院应当认定为债务人财产。"我们认为，从理论上分析别除权与破产债权的关系，前述第二种观点也即《企业破产法》的规定更为合理。由此，在破产法理论上，破产债权的概念便有广、狭两义。广义的破产债权既包括无物权担保的债权即普通破产债权，也包括有物权担保的债权即特殊破产债权。狭义的破产债权则仅指无物权担保的债权。但在破产债权与别除权对应使用时，通常是指普通的破产债权。

在确认别除权属于破产债权的同时，便产生了别除权人在对担保物行使权利之前，能否以破产债权人的身份不受限制地先对债务人无担保财产行使权利、从中受偿的问题。各国立法对此问题有三种解决模式：第一种是担保物权先行主义，即别除权人必须先行对担保物行使权利，其未能从担保物上受偿的债权部分才可以对债务人的无担保财产行使权利。第二种为选择主义，即别除权人可以自行选择先对担保物行使权利，还是先对债务人无担保财产行使权利。但因此会出现别除权人在预计担保物价款不足清偿时，先以全部债权作为破产债权参加无担保财产的分配，然后再就未能从无担保财产中获得清偿的债权执行担保物，使其不能从担保物中获偿的债权部分从无担保财产中多获分配，有损其他普通破产债权人利益的情况。为此，日本、韩国等国的立法采取第三种模式即有限制的选择主义，规定如债务人的无担保财产先行变价分配，别除权人可先以其全部债权作为破产债权参加分配，但对其分配额应予以提存。待担保物变价后，别除权人再以担保物价款不足清偿的债权部分作为普通破产债权，按照破产分配的统一比例以提存财产清偿，超过应分配部分的提存财产向其他破产债权人作补充分配。有学者主张我国也应采取有限制的选择主义。[1]

我们认为，《企业破产法》第110条规定，"享有本法第109条规定权利的债权人行使优先受偿权利未能完全受偿的，其未受偿的债权作为普通债权；放弃优先受偿权利的，其债权作为普通债权"。故可以推定现行《企业破产法》采取的是担保物权先行主义。

我国《企业破产法（试行）》第28条第2款规定，债务人"已作为担保物的财产不属于破产财产"。但大多数国家的破产法规定，担保财产也属于破产财产，所以我国现行《企业破产法》规定，担保财产也属于债务人财产即破产财产。担保财产是否属于破产财产，在司法实践中一般不会引发实际权利冲突，但存在如何规定才能使其在理论上更为合理、在实务操作中更为方便的问题。破产案件受理后，管理人将接管债务人的全部财产，其中也应包括设置担保又未转移占有的财产。如立法规定担保财产不属于债务人财产，将使管理人对担保物的接管活动失去法律依据。另外，担保物的变价款在优先清偿担保债权后，如有剩余将直接清偿其他破产债权人，如担保物不属于破产财产，便难

---

[1]　徐武生：《担保法理论与实践》，工商出版社1999年版，第335～336页。

以解释为什么本不属于破产财产的担保物，在清偿担保债权后的剩余就可以直接用于对其他破产债权人清偿。综上所述，现行《企业破产法》关于担保物属于破产财产之规定更为合理、可行。

　　（三）别除权之优先受偿权

　　优先受偿权之设立，就是为了保障债权人就特定担保财产的优先清偿，如在债务人破产即丧失清偿能力最为严重时优先受偿权反而受限制，就违背了立法之宗旨及当事人设立担保的本意。此外，别除权人优先受偿权的行使不会影响其他破产当事人的正当权利，也不会影响到破产程序的正常进行。所以，各国破产法均承认别除权人有不受破产清算与和解程序限制，单独、及时优先受偿的权利。有的学者虽承认别除权的优先受偿权，但主张其要受破产程序限制。[1] 我们认为，这种观点是不妥的。所谓别除权不受破产程序限制，与"在破产程序之外行使权利"等表述是有一定区别的，它并非指别除权的行使与破产程序完全无关（这在实践中往往是不可能的，尤其是在管理人占有担保物时），而是指别除权的行使不受破产程序中各种限制权利行使规定的约束，至于其他一般管理性规定仍可能对别除权的行使产生影响。

　　从我国《企业破产法》的规定看，别除权人优先受偿权的行使，不应受以下法律规定的限制：

　　1. 不受《企业破产法》第19条的规定，即人民法院受理破产申请后，有关债务人财产的"执行程序应当中止"的限制。除人民法院受理的是重整申请外，别除权人可依法对担保物继续进行执行程序，或提起新的执行程序。如《企业破产法》第96条第2款规定："对债务人的特定财产享有担保权的权利人，自人民法院裁定和解之日起可以行使权利。"为使此问题更加明确，在制定企业破产法司法解释时应当规定，在破产清算和和解申请受理后，"物权担保债权人就担保物提起的民事执行程序，不受执行程序中止规定的限制"。《最高人民法院关于贯彻执行〈中华人民共和国破产法（试行）〉若干问题的意见》第39条第2款规定："担保物权人在破产案件受理后至破产宣告前非经人民法院同意，不得行使优先权。"该规定限制别除权人在破产宣告前行使优先权，与现行《企业破产法》相违背，故不能再予沿用。

　　但如担保物处于管理人的管理之下，往往需其配合方能实现变现受偿，由于管理人在破产申请受理时才由法院指定，而在其就任后可能面临诸多紧急、重要问题需要迅速处理，所以在司法实践中，使别除权人行使优先受偿权需要

---

〔1〕　齐树洁主编：《破产法研究》，厦门大学出版社2004年版，第434~435页。

与管理人的其他工作相协调，难免出现一定期间的滞后。为使管理人的工作能够有序进行，使别除权人的权利能够及时实现，在司法解释中应考虑规定适当的期限，作为别除权人行使权利的催告期，管理人未在此期限内协助实现担保物权利的，别除权人便有权自行处置受偿。再有，从工作方便之角度考虑，在其他法院提起的执行程序应移交至受理破产案件的法院继续执行。

此外，当别除权人占有担保物，但却迟迟不行使受偿权利，以致影响到破产程序进行时，管理人除可以要求清偿债务、收回担保物外，也可以请求人民法院强制执行担保物，清偿别除权人。

在担保物为管理人占有时，可能会发生对担保物的保管、维护、变价等费用。在担保物变现之前，这些费用往往只能先从破产财产中垫付。所以，在担保物变价之后，首先应当支付对担保物的保管、维护、变价等费用，剩余的部分再用于清偿别除权人。

此外，依《企业破产法》第46条规定，在破产申请受理后，未到期的债权视为已到期，此规定原则上也适用于未到期的别除权。但重整程序应予除外，否则不仅不符合债权加速到期制度设立的目的，反而可能加重债务人的负担，影响重整程序的顺利进行。

2. 不受《企业破产法》第16条"人民法院受理破产申请后，债务人对个别债权人的债务清偿无效"规定的限制。人民法院受理破产申请后，别除权人有权继续接受管理人即债务人方面对其所作的清偿，包括执行担保物的清偿和对债务的履行清偿。《企业破产法》第37条也规定："人民法院受理破产申请后，管理人可以通过清偿债务或者提供为债权人接受的担保，取回质物、留置物。前款规定的债务清偿或者替代担保，在质物或者留置物的价值低于被担保的债权额时，以该质物或者留置物当时的市场价值为限。"在破产申请受理后，除提供替代担保者外，管理人对担保物原有的占有状况不得改变。《企业破产法》第17条规定的债务人的财产持有人应向管理人交付财产的义务，不应被曲解适用于对担保物的收回。《企业破产法》第18条规定的管理人对未履行合同的解除权，更不能适用于对担保合同的解除。《企业破产法》第32条规定的可撤销行为，也不适用于别除权人。

此外，在司法实践中，我们还需要注意在重整程序中别除权之优先受偿权与担保权暂停行使之间的关系。为保障企业的挽救，《企业破产法》第75条第1款规定："在重整期间，对债务人的特定财产享有的担保权暂停行使。但是，担保物有损坏或者价值明显减少的可能，足以危害担保权人权利的，担保权人可以向人民法院请求恢复行使担保权。"在司法实践中，需要结合《物权法》与《担保法》正确理解与执行上述法律规定。首先，要理解企业破产法规定暂停担保权行使的立法本意与目的。暂停担保权的行使是为了给企业重整创造良好的外部条件，避免因担保财产的执行而影响企业的挽救与生产经营，而不是为了阻止担保债权人行使权利、剥夺其担保权利。所以，担保权暂停行使的范围，必须根据企业重整是否需要使用该项担保财产确定，对没有使用需要的财产就不必暂停担保权的行使，而应当及时清偿担保债权人。同时，还必须考虑对担保权的基本保障，不能仅因为企业重整需要就违法侵害担保权利，所以《企业破产法》才规定："担保物有损坏或者价值明显减少的可能，足以危害担保权人权利的，担保权人可以向人民法院请求恢复行使担保权。"其次，所谓"担保权暂停行使"，只是在程序权利即权利行使的时间上加以限制，而不影响担保权人的实体权利，这是一项不得违背的基本原则。担保权人的权利可分为相关联的两项：一是在债务人履行债务之前，以担保财产为其受偿保障（此项权利在债务人清偿债务后消灭），并在债务人未清偿债务时实现担保权；二是在担保权实现即变现后，对变价款享有优先受偿权。这两项权利通常是同时行使的，但在某些情况下也可能分别行使。在重整程序中，担保权人暂停行使的是对担保财产的实现权利即变现权，但对担保财产变现后款项的优先受偿权并不停止行使，而且《企业破产法》第87条第2款第1项还明确规定，即使在担保财产不变现时，担保权人的优先受偿权也不受影响。在重整实践中，有时会由于种种原因将抵押等担保财产变现，在变现款项的处理和担保权人优先受偿权的行使上，出现了一些因理解错误或利益所诱而违背法律与法理的现象。例如，有的管理人扣留变现款项，以将来统一分配为由，不及时向担保债权人支付；还有的以重整程序需要为由挪用变现款项，用于支付职工工资、生产经营费用或其他费用，甚至在地方政府的干预下优先用于对政府债务的个别清偿。这些做法违背了《企业破产法》《物权法》《担保法》的规定，应予纠正。[1]

二、别除权产生的基础权利

（一）别除权之担保物权基础

各国立法对担保物权种类的规定不尽相同。我国法律规定的担保物权中被公认在破产程序中可享有别除权的有抵押权、质权和留置权。除此之外，有日本学者认为，让渡（即让与）担保、临时登记担保以及所有权保留等非典型物权担保，也可以在破产法上享有别除权。[2]《日本破产法》还承认共有人的别除权，其第94条规定："于数人共有财产权情形，其中一人受破产宣告时，对

---

〔1〕 王欣新："论重整中担保权的暂停行使"，载《人民法院报》2015年7月1日，第7版。
〔2〕 ［日］石川明：《日本破产法》，何勤华、周桂秋译，中国法制出版社2000年版，第82页。

其有共有债权的其他共有人，对于因分割而应归属于破产人的共有财产部分有别除权。"〔1〕

1. 抵押权和质押权。各国立法均规定，抵押担保可以产生别除权。抵押权存在一般抵押权与特别抵押权、约定抵押权与法定抵押权之分。对一般抵押构成别除权的情况无须赘述，需注意的是《物权法》《担保法》外的其他立法中规定的特别抵押权。

《海商法》第11条规定有船舶（含建造中的船舶）抵押权。船舶抵押权与一般抵押权相比具有一些特殊性，如未经登记的船舶抵押权不得对抗第三人；建造中的船舶设定船舶抵押权，办理抵押权登记时，还应当向船舶登记机关提交船舶建造合同；除共有人之间另有约定者外，船舶共有人就共有船舶设定抵押权，应当取得持有2/3以上份额的共有人的同意；船舶抵押权人在抵押人不履行债务时，只能依法拍卖抵押船舶，从卖得的价款中优先受偿，不能采取变卖或折价还债的方式处理等。《民用航空法》第16条规定，设定民用航空器抵押权，由抵押权人和抵押人共同向国务院民用航空主管部门办理抵押权登记；未经登记的，不得对抗第三人。针对特别抵押权，《担保法》第95条规定："海商法等法律对担保有特别规定的，依照其规定。"质押担保与抵押担保形成的别除权大体相似，故不重复论述。

2. 留置权。对留置权能否在破产法上享有别除权，各国立法规定不一致，主要是因对其权利性质认定不同。德国、法国、意大利的民法将留置权视为诉讼上的抗辩权，即属于债权性质，而日本、瑞士的民法将其规定为担保物权。所以，有的国家规定，留置权可以在破产法上享有别除权；有的国家规定，留置权不能在破产法上享有别除权；还有的国家将留置权区分为民事留置权和商事留置权，规定只有商事留置权可以在破产法上享有别除权。〔2〕如《日本破

---

〔1〕　［日］石川明：《日本破产法》，何勤华、周桂秋译，中国法制出版社2000年版，第265页。

〔2〕　商事留置权是指：①由于代理商的交易代理或行纪中介而产生的债权，代理人可以对已由自己占有的财产进行留置；②商人之间依据商事行为而产生的债权债务关系，债权人对已由自己占有的债务人的财产可以进行留置；③委托行业的经营者，对于根据自己的业务需要而占有的委托人（债务人）的财产，在债务人没有支付因此而产生的委托费用之前，可以行使留置权；④铁路、公路、航空、轮船等公司或个人作为承运人，对基于有关承运关系所生的债权未受清偿之前，对运送的货物可以行使留置权。参见柴发邦主编：《破产法教程》，法律出版社1990年版，第209页。也有学者认为，商事留置权就是指企业之间的留置。我国《物权法》第231条规定："债权人留置的动产，应当与债权属于同一法律关系，但企业之间留置的除外。"据此，企业之间的留置即商事留置权，非企业之间的留置即民事留置权。参见曹士兵：《中国担保制度与担保方法》，中国法制出版社2015年版，第385页。

产法》第93条规定："于破产财团所属财产上存在商事留置权者，对于破产财团，视为特别先取特权。这种先取特权后于其他特别先取特权。除前款规定者外，留置权对于破产财团丧失其效力。"

我国的《民法通则》《物权法》《担保法》均将留置权视为担保物权，并未作民事或商事留置权的区分，留置权人就留置物享有优先受偿权，并在破产程序中享有别除权。留置权是依对留置物的实际占有而存在的，如债权人失去对留置物的占有，其在破产程序中的别除权随之消灭。如留置物被债务人外的他人非法剥夺占有，留置权人可依民法有关占有权的规定请求返还。占有恢复后，视为未丧失占有，留置权并不消灭。

3. 让与担保和所有权保留。让与担保，是指债务人或第三人为担保债务人的债务，将担保标的物的权利移转于债权人，于债务清偿后，标的物应返还于债务人或第三人，而于债务不履行时，担保权人可就该标的物优先受偿的权利。[1]

让与担保在担保人进入破产程序时是否构成别除权，学者间存在不同观点。日本学者石川明认为，对让与担保的性质构成，"以前重视所有权移转之形式方面的理论构成占据主导地位，最近，重视担保目的之实质方面的理论构成为判例和学识界所普遍采用"。[2] 根据重视让与担保实质目的的理论，石川明认为，担保权人在破产程序中对担保物没有取回权，而享有别除权。如根据重视所有权移转形式的理论，在让与担保的担保人被宣告破产时，担保权人是担保物形式上的所有人，对担保物享有取回权，我国学者也有持此观点的。[3]

所有权保留，是指买卖合同的卖方在交付标的物后，仍保留对标的物的所有权，直至买方付清全部货款的一种担保方式。《合同法》第134条规定："当事人可以在买卖合同中约定买受人未履行支付价款或者其他义务的，标的物的所有权属于出卖人。"

日本学者石川明认为，所有权保留的实质是一种担保方式，所以在买受人破产时，不应承认出卖人对标的物的所有权，出卖人可享有对未支付价款的别除权。在出卖人破产时，买受人可以支付剩余价款而取得标的物的所有权。如买受人不支付剩余价款，破产管理人可以将买受人已经支付的价款返还，收回

---

〔1〕 中国物权法研究课题组（课题负责人梁慧星）：《中国物权法草案建议稿：条文、说明、理由与参考立法例》，社会科学文献出版社2000年版，第83页。

〔2〕 ［日］石川明：《日本破产法》，何勤华、周桂秋译，中国法制出版社2000年版，第74页。

〔3〕 邹海林、常敏：《债权担保的方式和应用》，法律出版社1998年版，第409页。

标的物的全部所有权，作为破产财产处理。[1]

我国学者邹海林则认为，在买受人破产时，出卖人可以保留有对标的物的所有权为由，对标的物行使取回权。破产管理人可以通过支付剩余价款而取得标的物的所有权。在出卖人破产时，出卖人享有对标的物的取回权，标的物属于破产财产。买受人可以其支付价款并占有标的物为由，享有对标的物的别除权。[2]

在让与担保和所有权保留问题上之所以出现观点分歧，关键是对其法律性质理解的角度不同。让与担保之目的虽为担保，但采取的是变更所有权的方式，所有权之移转与担保之实现具有不可分割的关系，所以担保人破产时，认定担保权人对担保物享有所有权较为适宜。但担保物价款高于担保债权的，则由担保权人就担保物变价款优先受偿，余款退还担保人。对于所有权保留问题，本书在前章谈及取回权时已经有所论述，并介绍了破产法司法解释的规定，在此不再赘述。

（二）定金担保与别除权

对于定金担保是否构成别除权，《企业破产法》未作规定。我们认为，定金担保虽为财产担保，但不是设置在债务人特定财产上，与抵押、质押等设定于特定物上的担保不同。在定金为货币的情况下，定金担保原则上不属于别除权。

定金以货币为担保物时，是以种类物而不是以特定物担保，即以财产的价值形态而非特定物质形态作担保的。定金的性质决定了其交付后一般不可能采取登记货币号码、单独保管、禁止使用等措施对之特定化，故已交付之定金一般是不可能与债务人的其他财产（如货币）相区分的，无法在其上直接设置物权性权利，不能通过物权性限制保障债权人的利益，起不到物权担保的作用。实际上，定金是在其债权范围内以债务人的非特定全部财产为清偿对象的，这就使定金债权与普通破产债权的清偿财产范围完全混同。若债权人对定金可享有别除权，必然会因担保财产范围不明出现权利冲突，甚至可能出现债务人全部财产不足清偿定金债权的现象。同时，因定金的担保财产是非特定物，无从判断其价款是否高于担保债权，也不存在因担保物灭失而丧失优先受偿权的情况。故如承认定金担保的别除权，实际上是以收受定金的债务人的全部财产为定金债权抵押担保，这既与相关法律规定不符，也不利于公平维护普通破产债权人之权益。

[1]　[日] 石川明：《日本破产法》，何勤华、周桂秋译，中国法制出版社 2000 年版，第 77 页。
[2]　邹海林、常敏：《债权担保的方式和应用》，法律出版社 1998 年版，第 422 页。

此外，定金的担保作用也与其他担保形式不同。定金存在给付方和收受方，且两方都可能因不履行合同而成为债务人，与抵押等仅由债务人单方提供的担保不同。定金担保对收取方确实具有担保的作用，但对给付方则仅在债务人有清偿能力时具有担保作用，若其丧失清偿能力，不仅起不到担保作用，反而会加重损失。在债务人收受定金的情况下，其收到定金后可自由处分，亦可继续对外发生新的债务，债权人对此无法控制，既不能防止其丧失合同履行能力，也不能保证在其丧失清偿能力时债权人得到有物权保障的清偿。所以，究定金之实质乃是一种双倍债权担保，是对债务人的加重责任，从担保性质上讲，尤其是对给付定金的一方来说，仍属于人的担保，故不属于别除权。

我们认为，对于定金担保债权，在破产程序中可根据不同情况处理：

1. 对债务人在破产申请受理前支付定金而又未履行的合同，债权人可依《民法通则》及《担保法》规定的定金罚则对定金不再返还，如管理人决定解除合同，也无权要求返还定金。债务人的破产并不能产生解除定金担保的效力，否则定金担保形式便形同虚设。

2. 当收受定金的债务人进入破产程序时，应当按照定金债权的法律性质，将双倍返还定金的债权作为破产债权处理，不再给予取回权或优先受偿权。《最高人民法院关于审理企业破产案件若干问题的规定》第55条第2款规定，清算组解除破产企业未履行的合同时，不再适用定金罚则。这一规定违背了《合同法》《担保法》等法律，属于司法解释的越权规定，在实践中也是行不通的。虽定金的双倍返还具有一定的惩罚性，但与违约金不同，其主旨仍在担保。如在债务人破产、债权已不可能得到足额清偿时，反而取消定金的担保作用，则《担保法》的基本原则将被破坏。而且依此原则，在破产人支付定金的情况下就应当向收受定金者追索回定金。而在《担保法》等均明确规定给付定金的一方不履行债务无权要求返还定金时，如仅依据一项司法解释就要求返还定金，法律依据不足。此外，如在破产申请受理前，法院已作出生效判决，要求债务人双倍返还定金，在破产程序中如对此项债权不予确认，必然出现不执行法院生效判决的现象。如果对此项债权予以确认，则又将出现与司法解释相矛盾的问题。所以，这一规定不应再继续执行。

实践中，绝大多数的定金担保为货币形式，但也可能以其他财产作为定金。在债权人交付特定物定金、破产人违约应双倍返还定金的情况下，债权人就其交付的可与债务人其他财产相区别的特定物定金可以行使取回权，应加倍返还的部分则作为破产债权。

（三）别除权之优先权基础

1. 优先权概说。优先权，在日本称先取特权，是指特定债权人依据法律的直接规定，对债务人的全部财产或特定财产之变卖价值享有的优先于其他债权人受偿的权利。其中，对债务人全部财产（非特定财产）享有的优先受偿权利，为一般优先权；对债务人特定财产享有的优先受偿权利，为特别优先权。

优先权主要是立法基于社会政策、公共利益等方面的考虑而设置的，目的是破除债权人之间形式上的平等，以维护实质上的社会公平。赋予特种债权以优先权，主要是考虑债权的性质或产生原因，体现公平、正义等法律与社会理念以及保障公共利益和社会利益的立法政策。[1] 优先权为法定权利，无需当事人约定，不以登记或占有公示为成立要件。优先权中的特别优先权具有担保物权的一般特征，可构成别除权。《法国民法典》第 2095 条规定优先权为按照债务的性质给予债权人优先于其他债权人甚至抵押权人受清偿的权利。因各国国情不同，优先权的种类、范围、清偿顺序等有所不同，而能否延续到破产法中行使亦有不同，所以并非所有的优先权均可在破产程序中获得优先受偿的权利，更不是所有的优先权都可以取得别除权的法律地位。

2. 一般优先权。一般优先权是对破产人全部财产而非特定财产的权利，所以须依破产程序行使，这与特别优先权可以不受破产程序限制而对债务人特定财产行使权利不同。一般优先权在破产程序中的优先，表现为对破产人无担保财产的优先清偿顺序上。日本学者认为，"一般的先取特权，因为是可以从债务人的总财产中优先得到清偿的权利，所以被担保的债权是具有优先性的破产债权。但是，它不能从特定的财产中获得清偿，故不是别除权"。[2]

3. 特别优先权。特别优先权在破产程序中构成别除权。由于我国尚未制定民法典，对优先权制度缺乏系统规定，目前主要是在《海商法》《民用航空法》等立法中对特别优先权作出规定。

《海商法》第 21 条规定了船舶优先权。所谓船舶优先权，是指海事请求人依照《海商法》第 22 条的规定，向船舶所有人、光船承租人、船舶经营人提出海事请求，对产生该海事请求的船舶具有的优先受偿的权利。该法第 22 条规定了船舶优先权的具体范围，指出："下列各项海事请求具有船舶优先权：①船长、船员和在船上工作的其他在编人员根据劳动法律、行政法规或者劳动合同所产生的工资、其他劳动报酬、船员遣返费用和社会保险费用的给付请求；②在船舶营运中发生的人身伤亡的赔偿请求；③船舶吨税、引航费、港务费和其他港口规费的缴付请求；④海难救助的救助款项的给付请求；⑤船舶在营运中因侵权行为产生的财产赔偿请求。载运 2000 吨以上的散装货油的船舶，

---

〔1〕　郭明瑞、仲相、司艳丽：《优先权制度研究》，北京大学出版社 2004 年版，第 9～10 页。
〔2〕　〔日〕石川明：《日本破产法》，何勤华、周桂秋译，中国法制出版社 2000 年版，第 84 页。

持有有效的证书,证明已经进行油污损害民事责任保险或者具有相应的财务保证的,对其造成的油污损害的赔偿请求,不属于前款第⑤项规定的范围"。

在各项船舶优先权之间,清偿顺序也有先后之别。《海商法》第 23 条规定:"本法第 22 条第 1 款所列各项海事请求,依照顺序受偿。但是,第 4 项海事请求,后于第 1 项至第 3 项发生的,应当先于第 1 项至第 3 项受偿。本法第 22 条第 1 款第 1、2、3、5 项中有两个以上海事请求的,不分先后,同时受偿;不足受偿的,按照比例受偿。第 4 项中有两个以上海事请求的,后发生的先受偿。"第 24 条规定:"因行使船舶优先权产生的诉讼费用,保存、拍卖船舶和分配船舶价款产生的费用,以及为海事请求人的共同利益而支付的其他费用,应当从船舶拍卖所得价款中先行拨付。"

船舶优先权应当通过法院扣押产生优先权的船舶的方式行使,并具有物上代位性。《海商法》第 26 条规定:"船舶优先权不因船舶所有权的转让而消灭。但是,船舶转让时,船舶优先权自法院应受让人申请予以公告之日起满 60 日不行使的除外。"第 27 条规定:"本法第 22 条规定的海事请求权转移的,其船舶优先权随之转移。"

船舶优先权的权利时效为特别时效。《海商法》第 29 条规定:"船舶优先权,除本法第 26 条规定的外,因下列原因之一而消灭:①具有船舶优先权的海事请求,自优先权产生之日起满 1 年不行使;②船舶经法院强制出售;③船舶灭失。前款第 1 项的 1 年期限,不得中止或者中断。"

《民用航空法》中规定了民用航空器优先权。民用航空器优先权是指向民用航空器所有人、承租人提出赔偿请求的债权人,对产生该赔偿请求的民用航空器具有的优先受偿权利。该法第 19 条规定:"下列各项债权具有民用航空器优先权:①援救该民用航空器的报酬;②保管维护该民用航空器的必需费用。前款规定的各项债权,后发生的先受偿。"

民用航空器优先权的行使方式与时效等与其他优先权相比,有较大不同。《民用航空法》第 20 条规定:"本法第 19 条规定的民用航空器优先权,其债权人应当自援救或者保管维护工作终了之日起 3 个月内,就其债权向国务院民用航空主管部门登记。"享有民用航空器优先权的债权转移时,其民用航空器优先权随之转移。民用航空器优先权也应当通过人民法院扣押产生优先权的民用航空器的方式行使。民用航空器优先权的时效较短,《民用航空法》第 25 条规定:"民用航空器优先权自援救或者保管维护工作终了之日起满 3 个月时终止;但是,债权人就其债权已经依照本法第 20 条规定登记,并具有下列情形之一的除外:①债权人、债务人已经就此项债权的金额达成协议;②有关此项债权的诉讼已经开始。民用航空器优先权不因民用航空器所有权的转让而消灭;但是，民用航空器经依法强制拍卖的除外。"

在《民用航空法》中还规定有地面第三人的损害赔偿债权对相应的保险或者担保的优先权。其第157条第1款规定："因飞行中的民用航空器或者从飞行中的民用航空器上落下的人或者物，造成地面（包括水面，下同）上的人身伤亡或者财产损害的，受害人有权获得赔偿；但是，所受损害并非造成损害的事故的直接后果，或者所受损害仅是民用航空器依照国家有关的空中交通规则在空中通过造成的，受害人无权要求赔偿。"根据《民用航空法》的规定，民用航空器的经营人应当投保地面第三人责任险或者取得相应的责任担保。在民用航空器的经营人破产的情形下，受害人可以直接对保险人或者担保人提起诉讼。该法第169条规定："依照本法第166条规定提供的保险或者担保，应当被专门指定优先支付本章规定的赔偿。"

《合同法》第286条规定："发包人未按照约定支付价款的，承包人可以催告发包人在合理期限内支付价款。发包人逾期不支付的，除按照建设工程的性质不宜折价、拍卖的以外，承包人可以与发包人协议将该工程折价，也可以申请人民法院将该工程依法拍卖。建设工程的价款就该工程折价或者拍卖的价款优先受偿。"承包人的此项权利属于特别优先权，当债务人即发包方破产时可以构成别除权。

此外，《担保法》第56条规定："拍卖划拨的国有土地使用权所得的价款，在依法缴纳相当于应缴纳的土地使用权出让金的款额后，抵押权人有优先受偿权。"国家对"应缴纳的土地使用权出让金"，优先于抵押权人等其他债权人受偿。此项优先权在破产程序中可构成别除权。

4. 破产程序中的税收优先权。《税收征收管理法》第45条第1款规定："税务机关征收税款，税收优先于无担保债权，法律另有规定的除外；纳税人欠缴的税款发生在纳税人以其财产设定抵押、质押或者纳税人的财产被留置之前的，税收应当先于抵押权、质权、留置权执行。"对此种税收优先权在破产程序中是否享有别除权，尤其是其产生在先的税收债权是否仍享有优先于其他别除权受偿的超级优先权，存在较大争议。

我们认为，税收优先权属于一般优先权，并非针对债务人特定财产设置的权利，不符合别除权的特征，在破产程序中也不属于优先于别除权的超级优先权。从《企业破产法》的规定看，可以在一定范围内享有优先于别除权的超级优先权，仅限于该法第132条规定的部分职工债权，税收优先权不在其内。破产人所欠税款仅是优先于普通破产债权，其清偿顺位被排在职工债权之后。这一方面是考虑到在破产程序外，税收债权有强大的实现手段，享有优先于无担保债权受偿的权利，发生在物权担保设置前欠缴的税款甚至可以优先于物权担保权受偿，本可以优先实现，但其消极地未行使权利，所以在破产程序中不应再给予其特殊保护。另一方面，《企业破产法》规定，在该法公布之日以前发生的职工债权具有优先于别除权的受偿权利，如果允许税收债权也优先于别除权受偿，将与职工债权发生冲突。

5. 一般优先权的立法完善问题。目前我国立法尚未建立起完善、协调的优先权制度，这就难以通过优先权的设置实现维护社会公平、保障人权尤其是保护社会弱势群体权益、保障公共利益、维护社会经济秩序等目标。这一问题在汇集所有矛盾、最终解决所有债务清偿的破产程序中尤显突出，需要在立法中予以完善。

从我国的司法实践情况看，除《企业破产法》已作规定者外，在破产清偿时应考虑是否给予优先地位的债权主要有：破产企业应支付的因其交通、生产、环境污染等侵权事件对职工以外的人造成人身损害的医疗费、补偿费、赔偿费、丧葬费等，特定时期发生的具有强制性（如强制扣款，不交纳就以下岗、解聘相威胁）的职工集资款，以及职工为企业生产经营活动垫付的出差费、招待费等款项，等等。这些债权的清偿问题必须认真解决，否则就难以在破产案件的审理中实现社会公平，甚至可能有损我国和谐社会的构建。

（四）别除权与职工债权的清偿顺序

在《企业破产法》中，涉及别除权与一般优先权间清偿顺序矛盾的，主要是职工债权与物权担保债权间何者优先的问题。《企业破产法》第132条规定："本法施行后，破产人在本法公布之日前所欠职工的工资和医疗、伤残补助、抚恤费用，所欠的应当划入职工个人账户的基本养老保险、基本医疗保险费用，以及法律、行政法规规定应当支付给职工的补偿金，依照本法第113条的规定清偿后不足以清偿的部分，以本法第109条规定的特定财产优先于对该特定财产享有担保权的权利人受偿。"

《企业破产法》以"老事老办法、新事新办法"的折中方式解决了实践中的难题，虽然在一段过渡期间内还可能出现职工债权优先于担保物权受偿的现象，但随着社会保障制度的健全和历史遗留问题的逐步解决，我国的破产制度将较彻底地告别非市场因素的干扰，对市场经济秩序起到长远的保障作用。

在对这一规定的理解与执行中需注意：①可优先于担保物权受偿的职工债权仅限于在《企业破产法》公布之日以前发生的债权；②在《企业破产法》实施后受理的破产案件中，可能出现在《企业破产法》公布日前后均有职工债权发生，部分有优先受偿权、部分无优先受偿权的现象。由此产生一个新的清偿顺序问题，如以无担保财产先清偿发生在前的有优先受偿权的职工债权，待清偿发生在后的无优先受偿权的职工债权时，无担保财产可能已经被分光，而其余职工债权对担保财产又无优先受偿权，将最终导致得不到清偿。如先清偿发生在后的无优先受偿权的职工债权，发生时间在前的有优先受偿权的职工债权虽然未能从无担保财产中受偿，但仍可以从担保财产中受偿，这样职工债权可获得最大限度的清偿，但担保债权人的利益则受到损失。对此问题应在司法实践中予以注意，协调解决。

《企业破产法》实施后，如果职工债权需要从担保物变价款中受偿，别除权人在破产分配之前执行担保物时，应当预留对职工债权的清偿部分，待对无担保财产进行分配后，再根据职工债权对担保物变价款的实际清偿需要情况结算分配。有多个别除权人并存时，应按照担保物价值的比例分担对职工债权的清偿损失。

第二节　破产抵销权

一、破产抵销权之意义与特点

（一）破产抵销权之意义

破产法上的抵销权（简称"破产抵销权"），是指债权人在破产申请受理前对债务人即破产人负有债务的，无论是否已到清偿期限、标的是否相同，均可在破产财产最终分配确定前向管理人主张相互抵销的权利。我国《企业破产法》第40条规定："债权人在破产申请受理前对债务人负有债务的，可以向管理人主张抵销……"此即破产抵销权。

抵销权本是民法上的权利，但其运用于破产程序中，比民法上的抵销权对维护当事人的权益具有更为重要的意义，可在债权相互抵销的范围内实际起到担保的作用。在正常的民事活动中，当事人双方均有支付能力，民法上的抵销权主要是为双方当事人节省结算时间和费用，还可以避免交叉诉讼，但其担保的作用并不突出。而在破产程序中，如无抵销权的设置，破产债权人对破产人享有的债权因破产人无力清偿，只能得到一定比例的偿还，甚至完全得不到偿还，但破产债权人对破产人所负的债务，却必须全额清偿，利益相差甚大。破产抵销权的实施使债权人的破产债权在抵销范围内得以全额、优先清偿。

破产法上的抵销制度，是破产债权只能依破产程序受偿的例外。在破产程序中承认抵销权的理由："一是抵销制度是为了担负担保性功能，通过行使抵销权，而不根据破产手续就能优先得到清偿；二是如果不允许抵销，就会产生不公平的现象，即自己欠破产财团的债务，被要求作出全面地履行；与此相对，自己拥有的债权则作为破产债权，只能受到按比例的平均的分配（清偿）"[1]，相同的当事人之间，同样性质的债权却处于不平等的清偿地位，有违公平原则。所以，基于"自然的公平"原则，一些国家在破产法中专门设立了破产抵销权，以保障破产债权人的上述权益，而简化程序、节省清算时间和费用等考虑，则早已退居于末位。

也有一些国家的破产法不允许进行破产抵销，主要是法国法系的国家，如法国、比利时、卢森堡、西班牙、希腊、葡萄牙、埃及、科威特以及一些拉美国家。主张禁止破产抵销的观点认为，破产抵销的作用在于使享有抵销权的债权人实际上达到担保其债权实现的目的，这违背了按比例分配债务人财产的原则，因为享有抵销权的债权人通过抵销得到了对其债权的充分偿付（在抵销数额内），这使得抵销类似于一种未公开的担保权，对其他债权人而言是不公平的。[2] 但即使是在这些国家中，对于一些相互关联的特殊交易形成的交叉债权往往也是允许抵销的。如否定破产抵销的法国，也允许保险费与保险金的抵销，以及破产人所交付货物的应收价款与迟延履行或瑕疵履行产生的损害赔偿权的抵销。[3] 如前所述，我国的破产立法完全允许进行破产抵销。

（二）破产抵销权之特点

抵销权是交叉债权人的特有权利。为适应破产程序之特点、保证对债权人的公平清偿，破产法对民法中的抵销权加以适当的扩张或限制，形成破产法上的抵销权，并产生一些不同于民法抵销权的特点。

1. 民法上的抵销权，要求相互抵销的债务均已到清偿期限，不同种类标的物债权的抵销需双方一致同意，但对抵销债权的成立时间、性质等则无限制。对可撤销合同形成的债权，享有撤销权的一方可以主张抵销（视为其放弃撤销权），对方当事人则无抵销权。破产法上抵销权的构成则有所不同，上述一些限制可能并不适用。因为在破产程序中，未到期的债权在破产申请受理后视为已到期；附条件的债权也享有受偿权利；不同种类标的物的债权均要折合为货币形式加以等质化，所以均可以在破产程序中进行抵销。如我国台湾地区"破产法"第113条第1款规定："破产债权人于破产宣告时，对于破产人负有债务者，无论给付种类是否相同，得不依破产程序而为抵销。"我国《企业破产法司法解释二》第43条规定："债权人主张抵销，管理人以下列理由提出异议的，人民法院不予支持：①破产申请受理时，债务人对债权人负有的债务尚未

〔1〕 ［日］石川明：《日本破产法》，何勤华、周桂秋译，中国法制出版社2000年版，第133页。
〔2〕 石静遐：《跨国破产的法律问题研究》，武汉大学出版社1999年版，第300~301页。
〔3〕 张学安：《银行跨国业务中的抵销问题研究》，中国政法大学出版社2001年版，第61页。

到期；②破产申请受理时，债权人对债务人负有的债务尚未到期；③双方互负债务标的物种类、品质不同。"

但是为保证公平，破产法上的抵销权有不同的抵销规则，规定有禁止抵销的条款，如：原则上仅允许破产申请受理前成立的债权相互抵销，以保证抵销权利的正确行使；因债权性质在破产程序中无权受偿者也不得抵销等。

2. 民法上的抵销权，可以由当事人约定而排除，法律一般并不加以干涉。但破产法上的抵销权属于特别程序中当事人的法定权利，所以一些国家立法规定，该权利不因当事人在破产程序外的事先约定而被排除，如英国。不过破产债权人可以自愿放弃此项权利，行使对其民事权利的处分权。

由于抵销的前提是当事人相互享有债权，所以，如果一方在对方可能进行抵销的情况下将其债权或债务转让给他人，就可能导致抵销权无法行使。为此，一些当事人在合同中约定禁止债的转让，以防止有人恶意转让债权或债务，规避他人行使抵销权。有的国家立法还规定，如果债务人破产，即使其转让债权或债务也不影响他人抵销权的行使。

（三）破产抵销权之行使

对破产抵销权的行使方式，各国立法规定不一，我国《企业破产法》对此未作具体规定。有的人主张，抵销权可以自动行使，也就是说，在当事人双方交叉债务产生之时，即可起到自动消灭相互债务之效果。这种观点有所不妥，可能违背当事人原订立相应合同之本意，使抵销从原本之结算意义上的活动，不当地扩展到合同订立之目的阶段，从而影响正常的交易秩序，甚至出现为获得抵销权而欺诈性地订立、履行合同的现象。所以，抵销权应当通过当事人的明确意思表示行使，如当事人之间因抵销权发生争议，则应通过诉讼解决。根据我国《企业破产法司法解释二》第41条、第42条的规定，债权人依据《企业破产法》第40条的规定行使抵销权，应当向管理人提出抵销主张。管理人收到债权人提出的主张债务抵销的通知后，经审查无异议的，抵销自管理人收到通知之日起生效。管理人对抵销主张有异议的，应当在约定的异议期限内或者自收到主张债务抵销的通知之日起3个月内向人民法院提起诉讼。无正当理由逾期提起的，人民法院不予支持。人民法院判决驳回管理人提起的抵销无效诉讼请求的，该抵销自管理人收到主张债务抵销的通知之日起生效。债务抵销是不具有溯及力的，当事人虽然享有抵销权，但在其作出抵销的意思表示、行使权利之前不具有自动消灭债务的效力。所以，在债务人行使抵销权之前，如果对可抵销债务的履行有违约行为的，仍然要承担违约责任。

对于民法上的抵销权，双方当事人均可主动行使。而破产法上的抵销权原则上只能由债权人主动向管理人行使，管理人（或债务人即破产人）不得主动主张债务抵销。《企业破产法》第 40 条明确规定，债权人在破产申请受理前对债务人负有债务的，可以向管理人主张抵销。《企业破产法司法解释二》第 41 条第 2 款规定，管理人不得主动抵销债务人与债权人的互负债务，但抵销使债务人财产受益的除外。之所以原则上只能由债权人主张抵销，是因为抵销作为债权人的一项权利，是可以任由其行使或放弃的，而管理人主动主张抵销，一般只能使个别债权人受益，而使破产财产减少，客观上对多数破产债权人不利，与管理人应当为全体债权人共同利益活动的职责不符。

有的学者主张，在破产财产最终分配方案确定之后，对债权人依据方案实际分配的债权数额，管理人可以主动主张抵销。我们认为，这种抵销的法律性质不属于破产法上的抵销，而是民法上的抵销，所以不受破产法之限制，管理人可以主动主张抵销。在破产程序中，破产抵销权的存在是不排斥民法抵销权的同时存在与独立行使的，如破产费用和共益债务与债务人即破产人之债权的抵销就属于民法上的抵销。

抵销权与别除权都是具有保证债权人优先受偿性质的权利，那么别除权人的债权在破产程序中是否允许进行抵销呢？有的学者认为，"抵销权只能由破产债权人行使。……与破产人充抵债务的债权，须是在破产宣告前成立的无财产担保的债权"[1]。此种观点缺乏法律依据。无论民法上的抵销权还是破产法上的抵销权，能否抵销与抵销之债权有无优先受偿权无关。只要该债权不在法律禁止抵销之列，就可享有抵销权。由于别除权和破产抵销权都属于优先权，所以在权利行使上没有先后次序之别。

别除权人抵销的债权是可以通过对担保物的执行全额获偿的债权，所以从性质上讲，别除权人的债权抵销属于民法上的抵销。由于破产法原则上不准管理人主动主张债务抵销的原因是其会因此导致破产财产减少，与管理人之职责不符，而别除权的抵销对破产财产没有不利影响，所以，管理人可以主动抵销，但抵销的范围应限制在担保物的市价范围内。《企业破产法》对抵销权的禁止性规定原则上不适用于别除权的债权抵销。因此，我国《企业破产法司法解释二》第 45 条明确规定："企业破产法第 40 条所列不得抵销情形的债权人，主张以其对债务人特定财产享有优先受偿权的债权，与债务人对其不享有优先受偿权的债权抵销，债务人管理人以抵销存在企业破产法第 40 条规定的情形提出异议的，人民法院不予支持。但是，用以抵销的债权大于债权人享有优先受偿权财产价值的除外。"

---

[1] 柯善芳、潘志恒：《破产法概论》，广东高等教育出版社 1988 年版，第 212 页。

对主张抵销的破产债权是否也应经过申报、确认，各个国家或地区立法规定不一。有的立法规定，用于行使抵销权的债权无须申报债权，如德国旧破产法（第53条）。我国台湾地区学者也主张，行使抵销权的债权无须申报债权。[1]但是，我国破产法中没有行使抵销权的债权可免予申报的规定，所以，抵销权人也须申报债权。破产抵销权必须在破产财产最终分配确定之前行使，以免延误破产程序的进行。

当事人行使破产抵销权不受法定清偿顺序的约束，也就是排序在后的债权可以在排序在前的债权获得全额清偿之前进行抵销。但破产抵销不得打破当事人特别约定的具有普遍效力的清偿顺序，如通常认为，银行发行的次级债不得在其他所有债权人获得清偿之前进行抵销。至于对个别债权间的清偿顺序的约定，一般不影响破产程序中的抵销权的行使。

二、特殊破产抵销权的行使

（一）附期限债权的抵销

根据民法及合同法的有关规定，对未到期的债务一般不得主张抵销，但享有期限利益的一方可以放弃期限利益而主张抵销。在破产程序中，附期限的债权可以进行破产抵销。如我国台湾地区"破产法"第113条第2款规定："破产债权人之债权为附期限或附解除条件者，均得为抵销。"债权人之债权附有期限时，在扣除未到期之利息后可以与破产人之未附期限的债权抵销。反之，债权人之未附期限的债权也可以与破产人之附期限的债权进行抵销。这时，破产人之附期限债权为计息债权的，计算至抵销之时；其债权为不附利息的债权时，不再作利息扣除，视为债权人放弃期限利益。

但在重整程序中，为保障债务人避免破产之目的顺利实现，通常认为，债权人附期限而未到期的债权不能进行破产抵销。如果因此使债权人的抵销权受到实质性的不利影响，当事人可以向法院申请不受此规定限制。

（二）附条件债权的抵销

附条件的债权能否进行破产抵销，需视其所附条件而定。债权人之附解除条件的主动（自动）债权处于生效状态的，可主张破产抵销。但由于其债权可能因解除条件成就而消灭，所以应就债权的抵销数额提供担保，或者按抵销数额提存相应的货币，以确保其债权因解除条件成就而消灭时，管理人能够及时收回抵销财产。在破产财产最终分配的除斥期间届满时，附解除条件的债权的解除条件仍未成就的，破产抵销便产生确定性效力，债权人提供的担保或提存

〔1〕（台）耿云卿：《破产法释义》，五南图书出版公司1992年版，第338页。

可以解除。

附停止条件的主动债权，因其债权尚未生效，我国台湾地区学者的通说认为债权人不可以主张破产抵销。《日本破产法》则采取不同的态度，其第100条规定："有附停止条件债权或将来请求权的人清偿其债务时，为日后抵销，可以于其债权额限度内，请求寄存其清偿额。"我国也有学者主张可进行间接抵销，即附停止条件的破产债权人在清偿其债务时，可以请求将与被动（受动）债权相当的破产财产提存，破产财产分配除斥期间届满后，停止条件成就者，破产债权人可就提存额受偿；停止条件不成就者，破产债权人不得参加破产分配，已提存的破产财产用于对其他破产债权人分配。[1] 我们认为，此种主张具有可操作性。

债权人就其不附条件的主动债权，可以主张与破产人附解除条件的被动债权进行破产抵销。由于此种抵销系由债权人提出，故无须破产财团提供担保或提存，但对日后破产人债权所附之解除条件成就时如何处理，学者间观点不一。我国台湾学者陈荣宗认为，债权人在破产人债权附解除条件的情况下主张抵销，应认为是"自愿放弃对被动债权解除条件成就之利益"，所以抵销后被动债权所附解除条件成就时也不得主张破产财团不当得利，要求返还。[2] 我国台湾学地区者耿云卿也持此种观点。[3] 但也有一些我国台湾地区学者持相反观点，认为这样做有失公平，在此种情况下，破产管理人应将抵销债额作为破产财团的不当得利予以返还。[4] 后者现为司法实践中的通说。

有的学者认为，自愿放弃解除条件利益说固然不妥，但是简单地要求将抵销债额作为破产财团的不当得利返还也未必恰当，于是提出了第三种观点。如我国台湾地区学者陈计男指出："盖受动债权其解除条件如在破产程序终结后成就者，其受益者固为破产财团，然破产财团业已分配完毕，已无破产财团可供清偿此项债务，而破产人又受免责之保护，此时宜解为自动债权之破产债权人于主张对附解除条件之受动债权抵销时，自愿承担此项危险。在受动债权于破产程序终结前成就者，破产财团固受有利益，但其利益似非与自动债权抵销之全部金额，因受动债权如其条件在为抵销时成就，自动债权不过为一普通之破产债权，仅能依破产程序受一定比例之分配，故破产财团所受利益，仅属该分配额，如依通说解为财团债务，则该破产债权人因其有一附解除条件的债权

〔1〕 汤维建：《破产程序与破产立法研究》，人民法院出版社2001年版，第349页。
〔2〕 （台）陈荣宗：《破产法》，三民书局1986年版，第277页。
〔3〕 （台）耿云卿：《破产法释义》，五南图书出版公司1992年版，第340页。
〔4〕 （台）柴启辰：《破产法新论》，宏律出版社1982年版，第199页。

反变为可受全数之清偿，对一般债权人显然不公平，故于此情形宜解为在自动债权依破产程序应受分配范围内，作为财团债务，将其利益返还予该自动破产债权人。"[1] 我国学者中有赞同第二种观点即作为不当得利返还者。[2] 我们认为，陈计男先生的观点更为全面，符合实际情况，且具有可操作性，应为我国的破产实践所采纳。

债权人就其不附条件的主动债权，可以主张与破产人附停止条件的被动债权进行破产抵销。通说认为，此时主动债权人的主动抵销，是自愿放弃被动债权停止条件不成就、尚未发生法律效力之利益。但也有学者认为，主动债权人的抵销不视为放弃权益，"抵销后，若在破产分配开始后的除斥期间内，受动债权停止条件仍不成就，自动债权则应恢复成普通债权，继续依破产程序受偿"。[3] 我们认为，此种主张可以成立。

主动债权与被动债权均附有解除条件或停止条件的，其破产抵销问题可依照前述原则分别处理。

（三）将来（或有）请求权的抵销

所谓将来请求权，主要是指在主债务人破产时，因可能履行与破产人相关的不可分债务、连带债务、保证债务而产生的代偿责任的当事人，在将来可以行使的代位求偿权。对将来请求权的抵销，《日本破产法》第 100 条将其视同附停止条件的债权抵销处理。日本的司法判例及一些学者认为，破产人的连带债务人或保证人不得行使抵销权。[4] 我国台湾地区的学者大多也持此种观点。

我们认为，对此需根据具体情况加以分析。我国《企业破产法》第 51 条第 2 款规定："债务人的保证人或者其他连带债务人尚未代替债务人清偿债务的，以其对债务人的将来求偿权申报债权。但是，债权人已经向管理人申报全部债权的除外。"在债权人已向破产的主债务人申报债权的情况下，破产人的不可分债务人、保证人或连带债务人因不再享有代位求偿权即将来请求权，当然不得行使抵销权。如债权人未申报债权，破产人的不可分债务人、保证人或连带债务人可以通过申报债权预先行使代位求偿权。这时，破产人的不可分债务人、保证人或连带债务人的债权因处于发生法律效力阶段，应是附有解除条件的债权，即以将来债权人不向破产人的不可分债务人、保证人或连带债务人追偿为解除条件的债权。所以对此种债权，应当按照附解除条件的债权来解决

[1]（台）陈计男：《破产法论》，三民书局 1980 年版，第 211 页。

[2] 汤维建：《破产程序与破产立法研究》，人民法院出版社 2001 年版，第 348 页。

[3] 汤维建：《破产程序与破产立法研究》，人民法院出版社 2001 年版，第 349 页。

[4][日] 石川明：《日本破产法》，何勤华、周桂秋译，中国法制出版社 2000 年版，第 141 页。

其抵销问题。

与之相关，如果保证人破产，同时其对担保债权人也享有债权，由此产生担保债权人是否可以主张与保证人可能被追究的担保责任相互抵销的问题。有的人认为可以抵销，也有的人认为不得抵销。我们认为，对此也应区别不同情况决定。可以抵销的前提是担保债权人向保证人申报了债权。如果保证人承担的是连带责任，因其负有独立清偿全部债务的义务，自然应当允许债权人抵销。对负补充责任的保证人，也应当允许抵销，因为《担保法》第 17 条规定，人民法院受理债务人破产案件，中止执行程序的，保证人不得行使先诉抗辩权。在债权人行使抵销权之后，保证人可以向主债务人行使代位求偿权。

此外，《担保法》第 20 条规定："一般保证和连带责任保证的保证人享有债务人的抗辩权。债务人放弃对债务的抗辩权的，保证人仍有权抗辩。抗辩权是指债权人行使债权时，债务人根据法定事由，对抗债权人行使请求权的权利。"所以，保证人可以行使债务人的抵销权进行抗辩。

需注意的是，被担保人一般不得主张以其对担保人的债权与担保人尚未履行的担保义务抵销。因为在此种情况下的抵销，不能免除主债务人对其债权人的清偿责任，可能导致发生重复清偿。

如果连带债务人中有人享有与该连带债务相关的对破产人的债权，可以抵销以消灭连带债务。但如某一连带债务人个人对破产人享有与该连带债务无关的债权的，如何抵销则观点不一。有的人主张，仅允许对其个人在连带债务中应承担的份额进行抵销，超过其应承担份额的部分不得抵销，而且其他连带债务人也不得以其债权主张抵销。有的人主张，连带债务人中一人享有抵销权时，即可用于对全部连带债务的抵销。抵销之后，抵销权人可以再向其他连带债务人要求承担其应承担的债务份额。我们认为，从连带债务的法律本质看，后一种主张较为合理。

三、破产抵销权的禁止

为防止破产抵销权被当事人滥用，损害他人利益，各国或地区破产法对抵销权的行使均规定有禁止条款。如我国台湾地区"破产法"第 114 条规定："有左列各款情形之一时，不得为抵销：①破产债权人，在破产宣告后，对于破产财团负债务者；②破产人之债务人，在破产宣告后，对于破产人取得债权或取得他人之破产债权者；③破产人之债务人，已知其停止支付或声请破产后而取得债权者，但其取得系基于法定原因或基于其知悉以前所生之原因者，不在此限。"《日本破产法》第 104 条规定的内容与之基本相同。

我国《企业破产法（试行）》未规定禁止抵销的情况。《最高人民法院关于审理企业破产案件若干问题的规定》第 60 条仅规定，受让人以受让的债权抵销其所欠债务人债务的，人民法院不予支持。《企业破产法》对禁止抵销的情况作出了更为完善的规定，其第 40 条规定："债权人在破产申请受理前对债务人负有债务的，可以向管理人主张抵销。但是，有下列情形之一的，不得抵销：①债务人的债务人在破产申请受理后取得他人对债务人的债权的；②债权人已知债务人有不能清偿到期债务或者破产申请的事实，对债务人负担债务的；但是，债权人因为法律规定或者有破产申请 1 年前所发生的原因而负担债务的除外；③债务人的债务人已知债务人有不能清偿到期债务或者破产申请的事实，对债务人取得债权的；但是，债务人的债务人因为法律规定或者有破产申请 1 年前所发生的原因而取得债权的除外。"《企业破产法司法解释二》对该条规定做了进一步的解释。

据此，在破产程序中禁止抵销的情况有以下几种：

1. 债务人的债务人在破产申请受理后取得他人对债务人的债权的，禁止抵销，因为债权转手后的抵销会损害其他破产债权人的利益。

破产债权一般只能获得其债权名义数额一定比例的清偿，甚至得不到清偿，其实际价值即收购价格远低于名义价值。但当它用于抵销债务时，却可获得全额清偿，在破产清偿与抵销清偿之间有巨大的差额。如不禁止债务人的债务人用破产申请受理后取得的他人破产债权对债务抵销，则势必出现债务人低价收买破产债权以抵销须全额偿付的债务，非法谋利，损害其他破产债权人利益的现象。

2. 债权人已知债务人有不能清偿到期债务或者破产申请的事实，对债务人负担债务的，禁止抵销；但是，债权人因为法律规定或者有破产申请 1 年前所发生的原因而负担债务的除外。

如不禁止此种情况下的抵销，就可能出现债权人通过购买债务人的财产造成负债，却恶意地不予清偿，待到破产程序启动后再用其不能获得完全清偿的破产债权进行抵销，从中渔利，使其他破产债权人可分配的破产财产减少。但债权人负担的债务，是因为法律规定（如继承）或者破产申请 1 年前所发生的原因者除外。如在破产申请 1 年前当事人签订了企业合并合同，但延迟至破产申请 1 年内才完成工商变更登记，而企业的合并各方有的对债务人享有债权，有的对债务人负有债务的，合并后即可以进行抵销。

3. 债务人的债务人已知债务人有不能清偿到期债务或者破产申请的事实，对债务人取得债权的，禁止抵销；但是，债务人的债务人因为法律规定或者有破产申请 1 年前所发生的原因而取得债权的除外。

此项规定禁止抵销的理由与第一种情况实质相同，只不过将禁止的时间提前到"已知债务人有不能清偿到期债务或者破产申请的事实"。所谓"对债务人取得债权"，一般均是指取得他人对债务人的债权。因为只有在此种情况下才存在取得债权成本与抵销清偿之间的差额，才会有利可图。如果是债务人的债务人自己通过与债务人的正常交易而取得债权，实际上不仅无差额之利可图，反而可能造成新的损失。"但书"豁免禁止抵销的情况与前一项相同。

此外，实践中还需要解决破产申请受理前债务人与个别债权人假借民法上的抵销权实施个别清偿的问题。根据《企业破产法》第 32 条的规定，在人民法院受理破产申请前 6 个月内，债务人出现破产原因的情况下，债务人对个别债权人进行的清偿行为，管理人有权请求人民法院予以撤销。该规定的目的在于保障全体债权人的公平受偿。债务人在上述情况下，利用民法上的抵销制度，通过双方互负债务抵销的方式实现对个别债权人的优先清偿的，如果该抵销本身符合破产抵销权行使条件的，则对全体债权人的公平受偿不产生影响，但如果该抵销不符合破产抵销权行使条件的，则应列入禁止抵销的范围。因此，《企业破产法司法解释二》第 44 条明确规定："破产申请受理前 6 个月内，债务人有企业破产法第 2 条第 1 款规定的情形，债务人与个别债权人以抵销方式对个别债权人清偿，其抵销的债权债务属于企业破产法第 40 条第 2、3 项规定的情形之一，管理人在破产申请受理之日起 3 个月内向人民法院提起诉讼，主张该抵销无效的，人民法院应予支持。"

4. 债务人股东因欠缴债务人的出资或者抽逃出资对债务人所负的债务，禁止抵销。根据各国立法之惯例，股东之破产债权，不得与其欠付的注册资本金相抵销，我国《企业破产法司法解释二》第 46 条也明确规定，债务人股东因欠缴债务人的出资或者抽逃出资对债务人所负的债务，债务人的股东主张与债务人对其负有的债务抵销，债务人管理人提出异议的，人民法院应予支持。之所以禁止债务人股东因欠缴出资或者抽逃出资所负债务与其破产债权抵销，主要理由有二：

（1）两种债权之性质不同，因在破产之特定情况下发生冲突而不得抵销。股东出资是应缴付给公司用于对公司全体债权人承担责任的特定目的财产，其出资形式和缴付方法必须符合公司法的规定，而股东之破产债权属于普通商事债权，只能通过破产分配从债务人即公司的一般财产中获得公平清偿，不能从股东处以其出资直接获得个别优先清偿，包括抵销清偿。为贯彻债权清偿的相对性原则，避免将两类不同性质的财产、债权混合清偿，损害全体债权人的利益，要禁止股东欠缴的出资在破产程序中与其破产债权抵销。

在债务人有清偿能力时，因其所有债务均能还清，对个别债权的清偿与对全体债权的清偿不发生矛盾，债务人的特定目的财产与非特定目的财产在清偿时的混合使用便不会损害其他债权人的利益。实际上，也只有在债务人有清偿能力的情况下，才可能考虑允许股东以其对公司的债权折抵其未交付的出资即公司注册资本，因为这时债权的正常清偿与抵销清偿即折抵出资之间是不存在差额的。但在债务人丧失清偿能力时，因其所有债务已不可能还清，对个别债权的优先清偿便会与对全体债权的公平清偿发生冲突。因为这时债权的破产清偿与抵销清偿之间存在巨大差额，允许将应当用于清偿全体债权人的欠缴注册资本金与破产债权抵销，会损害其他债权人的利益。

有的人认为，债权可以转为注册资本，所以债权与注册资本未到位的债务应当可以抵销。这一观点是不能成立的。即使是允许债权转为注册资本的国家或地区，也需要对之附加必要的条件，如前文提到的债务人必须有清偿能力等。此外，我国台湾地区"公司法"第44条还规定："股东以债权抵作股本，而其债权到期不得受清偿者，应由该股东补缴；如公司因之受到损害，并应负赔偿之责。"

（2）破产企业出资人以欠缴的出资与其破产债权抵销的行为，具有双重法律性质：一方面是债务抵销行为，另一方面也是出资的缴纳行为。所以，判断股东欠缴之出资能否与其破产债权抵销，不仅要考虑法律关于债务抵销的一般规定，而且还必须符合公司法关于出资缴纳的规定。我国《公司法》第28条规定，股东应当按期足额缴纳公司章程中规定的各自所认缴的出资额。根据《公司法》第27条的规定，股东可以以非货币财产作价出资，但"对作为出资的非货币财产应当评估作价，核实财产，不得高估或者低估作价"。公司法中确定的股东足额缴纳出资的义务，在任何情况下均必须严格履行，尤其是在公司进入破产程序，需要用股东的出资去履行公司对全体债权人的清偿责任时。

在债务人公司进入破产程序时，股东享有的破产债权的名义债额与实际价值是大有差异的，要依破产清偿比例而定。通常破产债权只能得到一部分清偿，甚至得不到清偿，即其实际价值将大大低于名义债额。这时如果允许股东将其破产债权与欠缴的注册资本金抵销，实际上是允许股东以其名不副实的破产债权不足额地缴纳法律和公司章程中规定其应当全额缴纳的出资额，这不仅违反了资本充实原则，而且也违反了对"作为出资的非货币财产应当评估作价，核实财产"的规定。这将严重损害其他债权人与公司的合法权益，这种损害是破产债权出资不实造成的，所以必须予以禁止。

5. 债务人股东滥用股东权利或者关联关系损害公司利益对债务人所负的债务，禁止抵销。我国《企业破产法司法解释二》第46条规定，债务人股东滥用股东权利或者关联关系损害公司利益对债务人所负的债务，债务人的股东主张与债务人对其负有的债务抵销，债务人管理人提出异议的，人民法院应予支持。该项规定是衡平居次原则（又称为"深石原则"）的精神在我国破产制度中的有限体现。衡平居次原则是美国在处理关联公司破产案件中就关联公司债权的处理通过判例发展起来的一项制度。适用衡平居次原则的债权作为居次债权，其一般劣后于普通债权而获清偿，因此，在破产程序中，其不能获得比普通债权人更为优越的待遇，在普通债权未获全额清偿之前，债权人不能行使抵销权以使该债权获得优先清偿。通常情况下，破产程序中普通债权难获全额清偿，因此，适用衡平居次原则的债权禁止抵销，便成为衡平居次原则在破产程序中的应有之义，且不论该债权的获得是否具有破产抵销权禁止抵销的例外情形。如果当事人违反上述法律、司法解释禁止抵销的规定进行了抵销，管理人可以向法院申请予以撤销。

此外，其他立法在实体法意义上规定禁止抵销的情况在破产程序中同样适用。一些国家规定，因债务之性质不得抵销者，在破产程序中也禁止抵销，如养老金、抚养费、抚恤金、生活费、工资、税收等；破产债权人因犯罪行为或侵权行为而对破产人负担的债务禁止抵销，以避免道德风险。根据国际惯例，海运费是不得抵销的。这些情形有待于我国在立法和司法解释中作出进一步规定。

第 六 章

破产债权

第一节 破产债权概述

一、破产债权的概念

破产债权是指在破产程序启动前成立的，经依法申报确认，并得由破产财产中获得清偿的可强制执行的财产请求权。破产债权本质上是源于民法上的合同、不当得利、无因管理、侵权行为或其他法律上的原因而发生的债权，但由于该债权的受偿以破产财产为特定化之责任财产，债权的行使以参加破产程序为必要，所以被称之为破产债权。破产债权是各国破产立法中的重要内容。[1]

破产债权可以分为实质意义上的破产债权和形式意义上的破产债权。前者是指破产程序启动或破产宣告前成立的对破产人可行使的一切财产上的请求权。后者则仅指债权人依法申报并可依破产程序公平受偿的破产债权，它以参加破产分配为唯一目的，又被称为分配债权。[2] 从形态上看，实质意义上的破产债权显示了债的静态特征，即债的内容和本质；形式意义上的破产债权显示了债的动态特征，即债的实现方式。从范围上考察，实质意义上的破产债权概括了债的全部，而形式意义上的破产债权则是对债权的约束，即不依破产程序申报债权或被否认，便不得行使。实质意义上的债权是形式意义上的债权的基础，前者以后者为其实现的途径，后者是前者依破产程序转化的结果。从各国的情况来看，大多破产立法对破产债权的定义一般都是指实质意义上的破产债权，而把形式意义上的债权放在破产债权的条件或要件中规定。[3] 如我国《企业破产法》第 107 条第 2 款规定，"人民法院受理破产申请时对债务人享有

---

[1]　在我国《企业破产法》的制定过程中，曾经在草案中专门规定有"破产债权"一章，并对破产债权规定有定义，但后为简化条款，予以删除。该章删除后虽减少了部分条款，达到了"瘦身"目的，但也使立法的系统性削弱，不利于对破产债权进行全面、完整的理解。参见王欣新：《破产法》，中国人民大学出版社 2011 年版，第 170 页。

[2]　齐树洁主编：《破产法研究》，厦门大学出版社 2004 年版，第 312 页。

[3]　王艳敏、孙璐：《破产法》，中山大学出版社 2005 年版，第 111 页。

的债权称为破产债权。"同时又在第 56 条第 2 款规定："债权人未依照本法规定申报债权的，不得依照本法规定的程序行使权利。"

破产债权系特定性质的债权在破产程序启动后依法演化而来。由于各国立法对破产程序启动的时间设置不同，有的以破产案件受理为时点，有的以破产宣告为时点，所以在不同国家的立法中，对破产债权确定时点的规定也有所不同。我国《企业破产法》以破产案件的受理作为破产程序启动的时间点，这也是确定破产债权的时点。

二、破产债权的特征

破产债权作为一项具有特殊规定性的请求权，不同于民法中的一般债权。根据《企业破产法》规定，破产债权一般应具备以下特征：

（一）破产债权一般应于破产程序启动前成立

破产程序的目的之一在于对债权人进行公平清偿，因此，必须划定明确的时间界限，使破产债权的范围固定化，以便于进行公平清偿。根据各国破产立法的规定，破产债权应当是在债务人破产程序启动前成立的债权，或曰"基于破产程序启动前原因成立的债权"，但法律有特别规定者除外。

对破产债权的构成要件，存在两种学说。一种为全部完备说，即主张构成债权发生之一切要件，于破产程序启动前必须全部具备，即债权应当已经发生法律效力，不存在附期限、附条件及其他或然性限制。另一种为一部完备说，即认为构成债权发生之基础要件，于破产程序启动时具备即可，无须具备一切要件。[1]后者为日本的通说，也为我国破产法所采纳。据此，破产程序启动之前成立的债权，包括未到期之债权、附条件之债权、保证担保之债权等，虽然这些债权成立的全部要件可能尚未完备，但均属破产债权。但遗赠之请求权，仅系单纯之期待权，不得为破产债权。[2]有的学者认为，破产债权必须是破产程序开始前生效的债权。[3]这一观点是不妥的，将使附停止条件之债权、以将来求偿权预先申报之保证债权等尚未生效之债权被排除在破产债权之外，既不合法理，又与《企业破产法》之规定（第47、51条等）相违背。

在破产程序启动后，债务人企业即丧失对财产的管理、处分权，其财产由管理人接管，任何其他人再以债务人名义进行民事活动，所发生的债务都不属于破产债权，应由行为人自行负责清偿。原有债权在破产程序启动后所产生的利息，债权人为个人利益参加破产程序的费用等，不属于破产债权，在破产程

---

〔1〕 （台）陈荣宗：《破产法》，三民书局1986年版，第293页。
〔2〕 （台）陈荣宗：《破产法》，三民书局1986年版，第293页。
〔3〕 付翠英编著：《破产法比较研究》，中国人民公安大学出版社2004年版，第340页。

序中不予清偿。管理人为破产财产的管理、变卖、分配等而中形成的债权，依破产法规定，属于破产费用或共益债务，优先从破产财产中支付，也不在破产债权之列。

破产债权应在破产程序启动前成立为一般性原则，有时为维护社会公平，法律也特别规定某些在破产程序启动后发生的债权也属于破产债权。如《企业破产法》第53～55条等规定，因解除破产企业未履行完毕的合同而使对方当事人遭到损害时，其损害赔偿虽发生于破产程序启动之后，仍可作为破产债权受偿；委托人进入破产程序，受托人不知该事实，继续进行委托事务的，其债权属于破产债权；票据出票人进入破产程序，该票据的付款人继续付款或者承兑的，其债权也属于破产债权；等等。通常，在破产程序启动后发生的债权要作为破产债权受偿，必须有法律明文规定。

（二）破产债权是一种财产请求权

破产债权必须为能够以货币评价之财产请求权。债务人在进入破产程序尤其是清算程序后，诸多债务已不可能再实际履行，只能以货币形式对债权人给予清偿。所以，只有能够货币化的财产请求权，才能以统一标准计算清偿数额与比例，在破产程序中予以偿还。非货币形式的债权，应按照破产程序启动时的市场价格或相应标准折算为货币，或将因债务不能履行造成的损害赔偿额作为破产债权。凡不能折合为货币的非财产请求权，如以破产人作为或不作为为目的的请求权，具有不可替代性，不能转换为损害赔偿请求权时便不能成为破产债权，如排除妨碍、赔礼道歉、恢复名誉等请求权。

破产债权是一种财产请求权，还可以从以下两个方面来理解：首先，破产债权是请求权。在民法上，请求权不同于支配权，后者赋予权利人以直接对物支配的权利，而前者则无此种能力。在破产程序中，破产债权的持有人仅可通过债权申报提出权利请求，最终通过清算分配程序来实现权利请求。其次，破产债权主要是以财产为给付内容的请求权。请求权是指要求特定之他人进行积极或消极给付的权利，而在破产法上的债权内容必须是以财产而且仅限破产财产为标的的积极给付。

（三）破产债权必须是可以强制执行的债权

从债务清偿的角度讲，破产本是在债务人不能清偿到期债务的情况下对其财产的一般强制执行程序。所以，破产债权应具备的性质之一，必须是能够予以强制执行。这里的"可以强制执行"，是指债权受司法机关诉讼保护，依法允许强制执行。已超过诉讼时效、失去胜诉权的自然债权，或因走私、赌博等违法犯罪行为形成的非法债权，因不受司法保护，不得强制执行，故不属于破产债权。

也有学者认为，"可以强制执行"不是破产债权的特征，而只是民法上一般债权的权利保护要件，不应将其作为破产债权的构成要件。[1]但是，依民法之一般规定，在债务人有清偿能力的情况下，立法并不禁止其对自然债权的主动清偿，而在破产程序中是不允许债务人或管理人对超过诉讼时效的自然债权进行清偿的。由于两者之间确实存在因适用破产法而产生的区别，所以，我们认为，"可以强制执行"也应是破产债权的特征之一。

（四）破产债权须是经依法申报并取得确认之债权

债权人客观上享有债权，还必须主动、及时地行使权利才能获得清偿。对权利的行使，法律规定有一定的程序和时效期间，破产债权也是如此。债权人必须在破产程序启动后，依法向管理人申报债权。债权人申报的债权，要在债权人会议上由各方利害关系人审查，并得到利害关系人各方或人民法院的确认，才能够享有受偿权利。

根据企业破产法的规定，破产债权在权利行使上的特点，一方面，是有权依破产程序得到有序、公平清偿；另一方面，是应当依破产程序行使权利，除法律另有规定者外（如别除权），不能个别、自由地行使受偿权利，不得违反破产法公平清偿的原则。但是，破产程序外的人自愿代替破产人对破产债权作出个别清偿是允许的，不视为违背公平清偿的原则。

第二节　破产债权的范围

破产债权的范围是指破产法对破产债权外延的界定。由于受本国经济体制、破产程序开始时间、破产程序的内容以及对债权的认识等因素的影响，各国破产法规定的破产债权的范围也不尽相同。美国采取最广泛的界定，不论公法私法，只要在破产程序开始前成立的对债务人的请求权即可作为破产债权；而德国采取的是规定破产债权所属范围和除外范围的体制；日本立法规定的破产债权的范围比德国相对宽泛，且对不同破产债权规定了不同的清偿顺序。我国《企业破产法》并未专门规定破产债权的范围，仅在具体条款中规定了可以申报的破产债权，而且，主要是从所属范围的角度规定的，对于破产债权的除外范围未作规定，但在《企业破产法》出台之前的有关法律、司法解释中有过相关规定。此外，《最高人民法院关于税务机关就破产企业欠缴税款产生的滞

---

[1]　柴发邦主编：《破产法教程》，法律出版社1990年版，第150页。

纳金提起的债权确认之诉应否受理问题的批复》（法释〔2012〕9 号）也涉及破产债权的除外范围问题。

一、破产债权的具体范围

债务人破产时所负债务的性质、数额、期限各不相同，要做到对债权人的公平清偿，就必须要首先明确破产债权的具体范围。根据我国现行企业破产法的规定，下列财产请求权，得成为破产债权。

（一）成立于破产程序开始前的债权

成立于破产程序开始前的债权，包括有财产担保的债权和无财产担保的债权。我国《企业破产法》第 107 条第 2 款规定，"人民法院受理破产申请时对债务人享有的债权称为破产债权"。据此，其一，确定破产债权的时点与破产程序启动的时点相统一，均为受理破产申请时，解决了破产申请受理后新生债权的法律性质问题；其二，对破产人的特定财产享有担保权的债权，也属于破产债权，未对其作排除性规定。但依《企业破产法》第 59 条第 3 款规定，对债务人的特定财产享有担保权的债权人，未放弃优先受偿权利的，对于"通过和解协议"和"通过破产财产的分配方案"的事项不享有表决权。

（二）职工债权

职工债权，又称劳动债权，是指劳动者个人享有的基于劳动关系产生、以工资为基本形态、用以维持其社会生活的债权。根据《企业破产法》第 113 条的规定，职工债权是指破产人所欠职工的工资和医疗、伤残补助、抚恤费用，所欠的应当划入职工个人账户的基本养老保险、基本医疗保险费用，以及法律、行政法规规定应当支付给职工的补偿金。

职工债权具有一些与其他债权不同的法律属性。首先，职工债权是兼具有一定公法性质的债权。各国主要依靠劳动与社会保障法对职工债权进行调整与保护，通过对私法性质的劳动合同关系的介入，体现国家保护弱者、维护公平的立法目的。职工债权具有复杂的社会属性，不仅是债权，还兼具有人身权性质。职工债权不仅是基于商品交换关系而产生，它还具有一定的社会分配和社会保障性质。正是由于其兼有公法性质，职工债权往往需要国家通过特殊立法予以保护。其次，职工债权往往具有弱势性。一般而言，企业与职工的地位是不平等的，信息不对称，承担风险的能力也不同，职工在维护合法权益时往往处于弱势地位。基于这种地位的差别，加之其权利具有社会与公共利益的属性，所以在企业破产时，职工债权需要由国家公权力给予积极的保障，立法应当给予其一定的优先保护。最后，职工债权是劳动与社会保障法上的债权。工资债权和解除劳动合同补偿金债权是基于劳动法的规定而产生，欠缴基本社会保险费的债权是基于社会保障法的规定而产生，以上债权都以劳动关系的存在为基础，具有严格的法定性，不同于民商法中基于经营行为而产生的合意债权。职工债权的权利客体不仅体现为劳动报酬，更多地体现为生存利益，即保障个人生存和健康、维持个人的自然和社会存在的最基本的利益。

考察各国破产立法就可以发现，由破产法规定职工债权具有一定优先清偿顺序对职工债权的保障具有极为重要的意义，这是保障职工债权的第一道法律屏障。正如1986年美国哈默报告中所分析："破产法给予职工工资优先受偿权，是因为职工特别脆弱的地位，我们需要考虑给予职工社会福利，以帮助他们度过经济苦难，因为破产企业的职工相对而言处于贫穷和缺乏防御能力的弱势地位。"〔1〕但是，职工债权仅依靠破产法清偿顺序的规定是难以得到有效保障的，更重要的是借鉴国际经验，通过民法、劳动法以及社会保障法等建立对职工债权的优先保障体系和相关制度，如职工债权保障基金等制度。〔2〕

（三）社会保险债权

社会保险债权主要是指《企业破产法》第113条第1款第2项的规定的"除前项规定以外的社会保险费用"，具体包括基本养老保险和基本医疗保险中的社会统筹部分，以及除基本养老保险和基本医疗保险以外的其他依法设置的失业保险、工伤保险和生育保险等社会保险所产生的费用。社会保险债权计算截止日为劳动合同解除之日。社会保险债权与税收债权处于同一清偿顺位。

（四）税收债权

税收债权是一种特殊债权，它与一般债权的不同主要在于：其一，它据以产生的法律基础是公法而非私法，即税收债权是一种公法权利。它体现的不是平等主体之间的交易关系，而是税务机关与纳税人之间的征管关系。其二，权利主体的特殊性。税收债权的权利主体是国家。其三，从性质和用途上看，税收为国家行使管理职能所必需，具有公益性。

关于税收债权在破产程序中的法律地位，各国法律的规定有所不同，即使在同一国家也因不同历史时期而有所区别。有的国家将其列为共益债权，如《日本破产法》第47条规定："依国税征收法及国税征收条例可以征收的请求权为财团债权。"有的国家将其列为优先破产债权，即承认其为破产债权，但优于一般破产债权。但德国破产法不将税收债权列为优先破产债权，而是将其作为一般债权对待。奥地利、澳大利亚等国的破产法也都将税收的优先权取消

〔1〕 "The Law Reform Commission", Report No 4, 截 http://www.austlii.edu.au/au/other/alrc/publications/reports/45/Report_ 45v1.txt.
〔2〕 参见王欣新、杨涛："破产企业职工债权保障制度研究——改革社会成本的包容与分担"，载《法治研究》2013年第1期。

而视为一般债权。因此，从世界各国破产法的发展趋势来看，税收债权在破产程序中的优先性正在逐步淡化。

对于破产企业因欠缴税款产生的滞纳金是否属于破产债权以及应否优先受偿的问题，实践中不无争论。根据《最高人民法院关于税务机关就破产企业欠缴税款产生的滞纳金提起的债权确认之诉应否受理问题的批复》（法释〔2012〕9号），破产企业在破产案件受理前因欠缴税款产生的滞纳金属于普通破产债权。对于破产案件受理后因欠缴税款产生的滞纳金，人民法院应当依照《最高人民法院关于审理企业破产案件若干问题的规定》第61条规定处理。该司法批复明确了破产案件受理后因欠缴税款产生的滞纳金不属于破产债权；并强调破产企业在破产案件受理前因欠缴税款产生的滞纳金属于普通破产债权，不可以与税收本身一并优先受偿。需要指出的是，税款滞纳金的性质在法学界仍存在较大的争议，上述司法批复的观点虽有其道理，但关于税款滞纳金在破产程序中如何处理的问题，仍有进一步讨论的空间。

（五）附期限债权

附期限债权是指以将来特定时间的到来为条件，以决定债权的生效或消灭而成立的债权。《企业破产法》第46条规定："未到期的债权，在破产申请受理时视为到期。附利息的债权自破产申请受理时起停止计息。"破产申请受理时未到期的债权，即所谓附期限的债权。此类债权与一般破产债权在性质上并无区别，虽未到期，同样有权利获得清偿。但在破产申请受理之后，若要求债权人在债权到期后才能行使受偿权利，往往破产人的财产已被分配殆尽，无法再获清偿；若待其债权到期后再统一对债权进行分配，破产程序便不得不中止，势必影响其他当事人的权益。所以，各国破产法均规定，未到期的债权在破产程序启动时视为到期债权参加破产清偿。但为公平起见，其利息应当计算至破产申请受理时，或应当减去未到期的利息。

（六）附条件债权

附条件债权是指以将来不确定事实的成就或不成就决定生效或者消灭的请求权。附条件的债权所附条件分为延缓条件（即停止条件）与解除条件两种。前者是指债权虽已设立，但其效力处于停止状态，直至所附条件成就时，债权才发生效力；后者是指已经生效的债权在所附条件成就时，便失效解除。附解除条件的债权是已经生效的债权，所以其债权人在债权人会议上可以享有表决权。而附延缓条件的债权因是尚未生效的债权，所以其债权人在债权人会议上不享有表决权。

在破产财产中间分配时，附解除条件的债权应予以分配，但应将其分配额提存。如果债权人确需领取分配，必须向管理人提供相应担保，以免因其所附解除条件成就债权失效时，追索其领取的分配额出现困难。附延缓条件的债权因尚未生效，应将分配额予以提存。

破产最后分配的处理情况与中间分配又有不同。各国破产法通常规定，在最后分配表公告后的一定期间为分配除斥期间。附延缓条件的债权在此期间，如其条件仍未成就的，即不得加入分配，其在历次中间分配中提存的分配额分配给其他破产债权人。如其生效条件成就，即可参加最后分配，原在历次中间分配中提存的分配额也由其无条件领取。附解除条件的债权在此期间，如解除条件未成就，可与其他破产债权人一样享受正常分配，其以往所提存的分配应交还债权人自由支配，原为领取分配额提供的担保予以解除。如解除条件成就，不得参加最终分配，其在历次中间分配中所受分配额也应收回。

实践中，与附条件债权情况相似的，还有因诉讼、仲裁而未决的债权等权利尚未确定的债权。对这类债权也应作为破产债权给予分配，但对分配额应加以提存，等其权利确定后再作处理。

（七）债权人对连带债务人及保证人的债权

对连带债务人的债权是指债务人为具有连带关系的数人，各债务人均负有对债务进行全部履行的义务，在此关系中，全部债权债务关系因一次全部给付而消灭。债权人对连带债务人的债权可以作为破产债权申报，对保证人的求偿权同样应作为破产债权。

（八）因票据关系所产生的债权

因票据关系所产生的债权，主要是指票据承兑人、付款人因票据承兑或付款所产生的债权。票据作为流通证券，经背书后可不断地转让，所以其债务人是特定的，而债权人则是不确定的，凡持票人即为债权人。由于票据为无因支付的票据，持票人向付款人要求付款或承兑时，付款人便应当履行付款或承兑义务。在票据出票人的破产案件受理后，付款人继续付款或承兑，由此所产生的债权如不能作为破产债权，付款人便会受到损失。为避免这种情况的发生，付款人在付款或承兑时，便要对票据进行严格审查，这必然会造成票据的支付拖延，甚至拒绝支付，从而影响其流通性。因此给社会经济造成的损失和不良影响要远比承认付款人的破产债权更为严重。故各国在立法中均规定，在此种情况下，付款人的债权得为破产债权。此外，通常各国立法还规定，上述原则可适用于以金钱或物的给付为标的的其他有价证券。

我国《企业破产法》第55条规定，债务人是票据的出票人，其破产案件被人民法院受理，该票据的付款人继续付款或者承兑的，付款人以由此产生的请求权申报债权。这一规定是为了维护票据作为无因证券的地位，保障付款人或承兑人的合法权益，保证票据的流通信用。此项规定不适用于票据的付款人事先已经收受票据资金的情况。

因对票据的付款而产生的债权属于现实之债权，可不受限制地参加破产清偿。但因对票据的承兑而产生的债权则属于将来之债权，性质为附停止条件的债权，在对票据实际付款之前，对其清偿应遵循有关对附条件债权清偿的原则。

（九）因交互计算关系而产生的债权

交互计算，是指当事人约定，以相互间交易而产生的债权债务进行定期计算并相互抵销，仅支付其差额的契约行为。交互计算与票据制度一样，均为信用制度，既可免除当事人因现金交易带来的烦琐手续，避免资金呆滞，又可简化当事人之间的交易关系，故为各国所采用。交互计算的一方当事人开始破产程序时，交互计算关系应当停止。对方当事人因交互计算而产生的差额，可以作为破产债权行使权利。[1]

（十）因委托关系而产生的请求权

《企业破产法》第 54 条规定，债务人是委托合同的委托人，其破产案件被人民法院受理，受托人不知该事实，继续处理委托事务的，受托人以由此产生的请求权申报债权。

依据合同法之原理，债务人的委托合同因破产案件受理后债务人丧失财产管理与处分权而终止。但在实践中，受托人可能未接到破产案件受理通知，且不知有破产案件受理事实，继续处理委托事务，或虽知委托人破产案件受理的事实，但为其利益而不得不继续处理委托事务。立法对因此而发生的债权应当给予相应的保护，一方面，可以公平维护受托人的正当权益，另一方面，也可以避免破产人的委托事务与利益因无人管理而受到损失，从而维护债权人的利益。

《企业破产法》的上述规定还存在不够周全之处。对受托人因不知破产案件受理事实而继续处理委托事务的，可以将其由此产生的债权作为破产债权清偿。但如受托人在委托人的破产案件受理后已知该事实，但为委托人的利益继续处理委托事务所发生的债权也只能够作为破产债权受偿，那么出于对自身利益的考虑，受托人不会再为债务人的利益去处理委托事务，如果管理人不能及时接管所有委托事务，将使债务人的委托事务与利益在其破产案件受理后因无人及时管理而受到损失，从而使债权人的利益也受到损失。

我们认为，借鉴各国立法的有关规定，对委托人的破产案件受理后受托人

---

〔1〕　徐永前主编：《企业破产法讲话》，法律出版社 2006 年版，第 242 页。

处理委托事务的问题应按如下原则处理：①委托关系原则上因破产案件受理而终止，但法律有特别规定者除外。②破产案件受理后，当委托人的事务迟延处理将造成损失时，无论受托人是否已知委托人破产，为委托人的利益应当继续处理委托事务，直至管理人能够接管委托事务为止。由此而产生的债权，作为共益债务优先清偿。③受托人不知委托人破产之事实，在破产案件受理后继续正常处理委托事务而发生的债权作为破产债权受偿。④受托人已知委托人破产之事实，无必要仍继续处理委托事务，不当增加委托费用与报酬数额的，由此而产生的债权不得作为破产债权受偿。

二、破产债权的除斥或劣后范围

各国破产立法通常除规定哪些债权可作为破产债权外，还规定哪些债权不属于破产债权，不得在破产程序中受偿，或处于最后清偿顺序。此类债权在理论上被称为除斥债权或劣后债权。

除斥债权，是指根据破产法规定因特定原因被排斥于破产程序外，不得由破产财产中受偿的债权。劣后债权，是指在破产清偿顺序上排列于普通破产债权之后的债权。德国破产法采取前一立法模式，日本破产法则采取后一立法模式。

从一般破产案件的实际清偿结果看，除斥债权或劣后债权通常都得不到清偿，并无区别。但在权利设置上，两者则有不同。除斥债权在破产程序中完全没有受偿权利。劣后债权虽仅在普通破产债权完全受偿后仍有剩余破产财产时才可能受偿，但其在破产程序中可受清偿的权利未被剥夺。有些国家规定，劣后债权的债权人可参加债权人会议，但无表决权。那些对破产人采取免责主义的国家设定劣后债权的目的，是为避免在破产清算后仍有剩余财产时却因这些债权不属破产债权，出现债务人对本有义务偿还的债务有钱不还的不合理现象。

我国过去在司法实践中采取的是除斥债权的立法模式。在我国《企业破产法》的立法过程中，有的学者建议，应采取劣后债权制度。[1] 我们认为，劣后债权的立法模式较为合理，尤其是在目前破产欺诈行为较为猖獗的情况下，可以为债权人的利益提供更为周全的保护。

从各国的立法规定看，通常除斥债权或劣后债权的范围主要包括：债权在破产宣告后产生的利息，因破产宣告后不履行而产生的赔偿金、违约金，债权人为个人利益参加破产程序的费用，对破产人的行政罚款、刑事罚金、追缴

---

[1]　汤维建：《破产程序与破产立法研究》，人民法院出版社 2001 年版，第 198、199 页。

金、追征金等等。如《日本破产法》第 46 条规定："下列请求权后于其他破产债权：①破产宣告后的利息；②因破产宣告后的不履行而产生的损害赔偿及违约金；③参加破产程序的费用；④罚金、罚款、刑事诉讼费、追征金；⑤债权系无利息且其期限于破产宣告后届至，以破产宣告至期限的依法定利率计算而得的本息合计额为债权额时，依此计算出利息的相当部分；⑥债权无利息且其期限不确定时，其债权额与破产宣告时估价额的差额的相当额；⑦债权为金额及存在期间确定的定期金债权时，就各定期金按第 5 项规定算出利息额的合计额的相当部分，以及就各定期金按第 5 项规定算出的原本额的合计额，超过依法定利率可以产生相当于定期金利息的原本额时，相当于超过额的部分。"[1] 我国台湾地区"破产法"第 103 条规定，下列各项债权，不得为破产债权：①破产宣告后之利息。②参加破产程序所支出之费用。③因破产宣告后之不履行所生之损害赔偿及违约金。④罚金、罚款及追征金。

我们认为，根据《最高人民法院〈关于审理企业破产案件若干问题的规定〉》（法释［2002］23 号）[2] 以及《企业破产法》出台之后的相关司法文件，下列债权应当归属于除斥债权或者劣后债权的范围。

（一）行政、司法机关对破产企业的罚款、罚金以及其他有关费用

破产程序启动前对债务人的罚金、罚款、没收财产、追缴金等刑事、行政处罚及其他有关费用，在破产程序启动后不得作为破产债权。因为罚金、罚款等是国家有关机关针对债务人违法行为采取的刑事或行政处罚措施，它们具有特定的实施对象，是具有人身不可代替性质的处罚。债务人被宣告破产后，其资产已不足以偿还全部债务，这时若再将罚金、罚款等作为破产债权追缴，只能使全体破产债权人应分得的财产减少，实际受到处罚的并不是破产的债务人，而是全体破产债权人。故为使行政与刑事处罚的实施符合其设立的目的，避免处罚对象的实际转移，在破产程序启动后，对罚金、罚款等刑事或行政处罚措施不应再作为破产债权清偿。这是各国破产立法的普遍原则。

---

〔1〕　［日］石川明：《日本破产法》，何勤华、周桂秋译，中国法制出版社 2000 年版，第 256、257 页。
〔2〕　《最高人民法院关于审理企业破产案件若干问题的规定》（法释［2002］23 号）第 61 条规定："下列债权不属于破产债权：①行政、司法机关对破产企业的罚款、罚金以及其他有关费用；②人民法院受理破产案件后债务人未支付应付款项的滞纳金，包括债务人未执行生效法律文书应当加倍支付的迟延利息和劳动保险金的滞纳金；③破产宣告后的债务利息；④债权人参加破产程序所支出的费用；⑤破产企业的股权、股票持有人在股权、股票上的权利；⑥破产财产分配开始后向清算组申报的债权；⑦超过诉讼时效的债权；⑧债务人开办单位对债务人未收取的管理费、承包费。上述不属于破产债权的权利，人民法院或者清算组也应当对当事人的申报进行登记。"

（二）债权人为个人利益而参加破产程序的费用

《企业破产法（试行）》第30条规定，债权人参加破产程序的费用不得作为破产债权。对此条应理解为债权人为个人利益参加破产程序支出的费用，如各个债权人参加债权人会议的差旅费用、在破产程序中发生的通信费用、文件复制费用等，均不得作为破产债权。但是为债权人共同利益支出的费用，如提出破产申请应交纳的案件受理费等，虽不能作为破产债权受偿，却可作为破产费用优先从破产财产中清偿。《企业破产法》对此未作明文规定，建议司法解释对此做出相应规定。

（三）破产企业的股权及股票持有人在股权、股票上的权利。

企业进入破产程序后，股东不得再依据其股权对企业行使财产权利，这是一般性原则。但如在进入破产程序前，企业权力机构已经合法地作出向股东分配股利的决定，但未实际支付，这时股东对这部分股利的请求权属于对公司的债权。通常认为此类债权属于除斥债权，但也有的学者认为，这种债权属于破产债权。

此外，一些国家的破产法规定，在母公司对子公司有不公平控制行为时，对母公司享有的对子公司的债权（含担保债权）在破产程序中实行从属求偿的原则，即其债权劣后于破产企业的其他普通债权人清偿。这里涉及公司法人格否认问题。如果母公司对子公司的经营决策存在过度干预、不公平的关联交易、滥用公司法人格等违法行为，导致两公司的法人格混同，就应依法否定公司独立的法人格。这时，母公司对子公司享有的债权便要劣后于一般破产债权和一般股东债权行使，甚至可能不得作为破产债权。如美国破产法中，对与破产人有特殊密切关系的内部人员因向破产人提供服务而产生的债权，法院可以根据情况将其限制在合理的限度内，以避免发生提供虚假或过度服务、虚报债权等欺诈行为。[1] 我国也应当借鉴这一立法经验，作出相应规定。

第三节　破产债权的申报

一、债权申报的一般规则

根据各国破产法的一般规定，破产案件受理后，债权人只有在依法申报债权并得到确认后，才能行使在破产程序中的参与、受偿等权利。债权申报是不

---

[1]　潘琪：《美国破产法》，法律出版社1999年版，第114页。

确定多数债权人集体清偿程序中的一项必备制度，破产程序、清算程序等集体清偿程序中都存在债权申报问题。只有通过债权的申报，才能够确定有权参加清偿的债权人范围，确定不同债权人间的清偿顺序，做到对多数债权人的有序公平清偿。债权的个别清偿程序如诉讼执行程序，因债权人不受他人因素制约，故不存在债权申报问题。

债权的集体或个别清偿程序，区别仅是债权实现的程序不同，而程序问题是不影响当事人实体性权利的，即使是集体清偿程序中的特殊制度，如债权申报，其实施也不应影响债权人的实体受偿权利。据此，破产程序中的债权申报期限不应具有除斥期间的效力。债权人未在法定或法院指定的申报期间内申报债权，仍可以在实体问题最终集体解决之前，即程序进展到实体权利无实现程序之前补充申报，这也是世界各国破产法的通例。[1]

（一）债权申报的期限

债权申报的期限是指法律或法院规定债权人在破产程序开始后向法院或法院指定的机构申报债权的期间。为保证破产程序的顺利进行，各国破产法对债权申报均规定有相应期限。债权人应当在人民法院确定的债权申报期限内向管理人申报债权。债权申报具有中断诉讼时效的法律效力。

对债权申报期限主要有两种规定方式：法定主义与法院酌定主义。所谓法定主义，是指债权申报期限的长短由法律直接加以规定，受案法院不得予以变更。从理论分析的角度看，严格的法定主义所确定的法定期间为不变期间，在防止法官滥用自由裁量权方面具有积极意义。但其期间的不可更改性忽视了破产案件的繁简差别，因此，目前采取法定主义的国家已经不多。我国《企业破产法（试行）》采取的即是法定主义，但《企业破产法（试行）》的规定将债权申报期限确定为固定期限，并且对以通知送达的已知债权人和以公告送达的其他债权人规定不同的申报债权期限，这种期间的区别规定没有任何实际的法律必要，在债权申报制度的设计上存在不妥之处。[2]所谓法院酌定主义，是指债权申报期限的长短，由受理案件的法院在法律规定的弹性幅度内根据案件的实际情况予以确定。英国、法国、日本以及我国台湾地区都采取这种立法主义。如《日本破产法》第142条规定，债权申报的期间由法院决定，但必须在破产宣告后两周以上四个月以下。

我国《企业破产法》对债权申报期限进行了改革，摒弃了原来的法定主义，采用了法院酌定主义。《企业破产法》第45条规定："人民法院受理破产

---

[1] 王欣新："论破产程序中的债权申报"，载《人民法院报》2010年8月4日，第7版。

[2] 王欣新：《破产法》，中国人民大学出版社2011年版，第172页。

申请后，应当确定债权人申报债权的期限。债权申报期限自人民法院发布受理破产申请公告之日起计算，最短不得少于 30 日，最长不得超过 3 个月。"《企业破产法》较为灵活地确定申报债权期限的方式，有助于节省破产案件的审理时间，尽快结案。法院在司法实践中，应当根据具体案件的不同情况，如案件性质、债权人人数与种类、涉及债权人的地域等因素来确定期限。对于案件复杂、涉及人数较多的破产案件，应当确定较长的申报期限，以充分保护债权人的利益。

（二）债权申报的方式和内容

债权申报的方式，是指债权人向接受申报机关申报债权所采取的方式，具体包括口头申报与书面申报两种方式。国外立法大多强调以书面方式申报，有的国家虽无明文规定，但在实践中采取书面形式，如日本。我国《企业破产法》第 49 条规定，债权人申报债权时，应当书面说明债权的数额和有无财产担保，并提交有关证据。

对债权申报的内容，各国的立法规定也大体相同，即都要求债权人提供姓名、住址、债权的内容和原因、债权的性质并提供有关证据。我国《企业破产法》规定，债权人申报债权时，应当书面说明债权的数额和有无财产担保，并提交有关证据。申报的债权是连带债权的，应当说明。提出破产申请的债权人因已经在破产申请中提出债权清偿要求和相应证据，故无须再申报债权。破产案件受理前涉及债务人的未结诉讼中的债权人，应向受理破产案件的法院申报债权，并说明债权已涉讼，以及受诉法院、案件名称、编号等情况。受理破产案件的法院应向受诉法院通知破产案件已受理之事项。如果在进行债权确认时，案件当事人对诉讼中的债权不再存在争议，该债权可以得到确认，则终结该诉讼。对该债权确认有异议的其他利害关系人，可提起债权确认诉讼。如该债权未得到确认，则原诉讼继续进行。

债权申报文件应包含以下主要内容：债权人基本情况、债权的形成过程、债权的数额（本金数额、截至破产受理之日的挛息数额、利息计算方法和利息清单）、有无财产担保、是否属于连带债权、债权的到期日、申报时间，并应附相关证据。申报债权时，债权人应填写联系电话、邮寄地址及联系人或收件人。

二、债权的补充申报

从历史上看，各国法律规定对逾期未申报的债权如何处理，存在相对效力主义与绝对效力主义两种立法主义。相对效力主义，即债权申报期限无除斥效力，申报期限届满后债权人仍可补充申报受偿。绝对效力主义，即债权申报期限具有除斥效力，申报期限届满后，债权人丧失补充申报与受偿权利。现在绝大多数国家破产法规定的债权申报期限是不具有除斥债权人实体权利效力的，并允许债权人在破产财产最后分配前补充申报债权，为当事人提供适当的权利补救渠道，以贯彻最大限度维护当事人权益的立法原则。但由于破产程序具有不可逆性，且债权人对逾期未申报债权存在过失，故虽可在破产分配之前补报，但须承担一定的不利后果。该债权人就已进行的破产程序与事项无权再提出异议，须自行承担对其债权的调查和确认费用，且只能参加补充申报时尚未分配的破产财产的清偿。个别国家或地区的立法规定，债权人在破产宣告后（而不是破产案件受理时）的债权申报期限内未申报债权，不得就破产财产受清偿，如我国台湾地区"破产法"第65条第5款的规定。但该项规定亦有例外，如对已有执行名义的债权无效；当所有债权人均未申报债权时，法院应继续进行破产程序，向已知的债权人及其债权额进行分配。

我国《企业破产法（试行）》第9条规定，债权人"逾期未申报债权的，视为自动放弃债权"。这一规定是不妥的，是对债权人实体权益的严重损害。立法规定债权申报期限的目的是为及时确定债权范围，使破产程序的进行不因债权人不断申报债权的无序插入而受到不利影响。债权申报期限的性质为程序性规定，不应具有消灭实体权利的效力，只有在破产财产最终分配时债权人仍未申报债权，才因财产分配殆尽而导致其实体权利在程序上丧失。由于《企业破产法（试行）》第30条规定破产债权范围最终确定的时点是破产宣告而不是案件受理，所以在破产案件受理后、破产宣告作出前产生的债权从立法文义上看也应属于破产债权。这些债权甚至可能产生于债权申报期限届满之后，所以规定具有逾期未申报便失去实体权利效力的债权申报期限既不合理又不可行，不仅不能保证破产程序顺利进行、正确确定债权的范围，反而会在实践中造成混乱。

《企业破产法》第56条规定："在人民法院确定的债权申报期限内，债权人未申报债权的，可以在破产财产最后分配前补充申报；但是，此前已进行的分配，不再对其补充分配。为审查和确认补充申报债权的费用，由补充申报人承担。债权人未依照本法规定申报债权的，不得依照本法规定的程序行使权利。"这一规定对《企业破产法（试行）》的债权申报期限之效力作了重大改变，允许未按期申报的债权人依法补充申报债权，对债权人的权益给予更为合理、充分的保障，体现了正确的立法宗旨。

在理解我国《企业破产法》关于债权补充申报的规定时，需要注意以下几

个方面的问题[1]:

1. 由于破产程序具有不可逆性,且补充申报债权的债权人自身也可能具有过失,所以此前已进行的分配,不再对其补充分配;为审查和确认补充申报债权的费用,由补充申报人承担。此外,补充申报人对此前已经进行的程序,原则上不得再提出异议。补充申报人所应承担的费用,应仅限于依破产程序审查和确认补充申报债权所实际发生的费用,不得按照法院审理诉讼案件的标准收费。需注意的是,根据《企业破产法》的规定,有些产生于破产案件受理后的债权也属于破产债权,如管理人行使合同解除权后对方当事人因合同解除产生的损害赔偿请求权等。这些债权有可能因产生时间过晚而无法在法院规定的申报期间内申报,但此种情况下的补充申报并非因其自身过错造成,由其承担债权的核查确认费用是不合理的,所以应当作为破产费用支付。

2. 根据《企业破产法》的规定,申报债权的核查应在债权人会议上进行,对补充申报的债权也应遵循这一原则。但债权人会议的召集成本较高,如果对补充申报的债权不分数额大小、对债权人利益的影响大小,都召集债权人会议核查,显然违背经济原则,会损害多数债权人的权益。笔者认为,当补充申报的债权数额不大、对债权人利益的影响也不大时,可以考虑不召集债权人会议,而采取变通的方式核查债权,如将债权申报材料发给各个债权人进行书面核查,并由管理人负责对核查中的问题进行核实解决。

3. 可以补充申报债权的最后期限为"破产财产最后分配前"。在破产清算程序中如何确定"破产财产最后分配前"这一时间点,需要认真研究;且破产法规定的破产程序有清算、重整、和解三种,债权人在不同程序中可补充申报债权的具体期限也有不同,需要加以确定。笔者认为,为保障破产程序的顺利进行,在破产清算程序中,债权人补充申报债权的最后期限应为破产财产最终分配方案提交债权人会议表决之前。如果在此之后仍然允许补充申报债权,由于要重新制定分配方案,将补充申报的债权纳入,债权人会议对分配方案已经做出的决议就要作废,甚至人民法院对破产财产最终分配方案作出的裁定认可也要作废,必然造成破产程序的浪费与不当延误,损害绝大多数债权人的利益,损害法律的尊严。与破产清算程序相对应,在和解、重整程序中,债权人补充申报债权的最后期限应为和解协议草案或重整计划草案提交债权人会议表决之前。

4. 如果债务人进入和解或重整程序后,又依法被终止和解协议、重整计划

---

[1] 参见王欣新:"论破产程序中的债权申报",载《人民法院报》2010年8月4日,第7版。

的执行，宣告破产转入破产清算程序，这时，因破产程序已经转为清算程序，而在清算程序中债权人补充申报债权的最后时点是最终分配方案提交债权人会议表决前，所以在破产程序转换后，原未申报的债权人仍有权利在清算程序中继续依法补充申报债权。

三、债权申报的特殊问题

（一）职工债权的申报

在《企业破产法（试行）》的债权申报制度下，有的人认为，职工不申报债权或逾期申报时应视为放弃债权；有的人认为，职工未申报债权时不应视为放弃债权。[1] 由于立法无具体规定，对此问题应如何解决，目前在理论上与司法实践中均处于不明确状态。

在《企业破产法》立法时，对于职工债权人是否有申报债权义务，未申报或逾期申报时如何处理，也曾存在过不同观点。有的人认为，职工债权也应当进行申报，但多数人认为，为充分体现对职工权利的保护，应规定此类债权无须申报。因为在实践中，有的企业拖欠职工债务后，较长期间处于停产半停产状态，一些职工迫于生计已经流散向社会谋生，尤其是来自外地的短期合同工，在企业破产时职工可能并不知道消息，难以及时申报债权，可能出现遗漏职工债权的现象。我们认为，职工债权不属于商事债权，而是劳动关系上的债权，具有优先受偿权利，在破产企业会计账目中也有明确记载，所以可以不以申报债权为受偿条件。此外，有些大企业职工人数甚多，由职工自行申报债权，工作量太大，负责登记债权的管理人也难以应对。

为更好地维护职工权益，《企业破产法》第48条规定，债务人所欠职工的工资和医疗、伤残补助、抚恤费用，所欠的应当划入职工个人账户的基本养老保险、基本医疗保险费用，以及法律、行政法规规定应当支付给职工的补偿金，即职工债权，不必申报，由管理人调查后列出清单并予以公示。职工对清单记载有异议的，可以要求管理人更正；管理人不予更正的，职工可以向人民法院提起诉讼。据此，职工债权属于免申报的特殊债权，这有助于更好地维护职工权益。

（二）税收债权的申报

对税收债权人是否可免除申报义务，《企业破产法》未作明确规定。我们认为，税收债权是因行政关系产生的债权，有其特殊性，但《企业破产法》并未免除其申报义务，因此，税务机关应当依法申报税收债权。对于管理人和债

---

[1]　王福祥：《破产清算与律师实务》，吉林人民出版社1998年版，第172页。

权人会议审查确认税收债权的结果，税务机关有异议的，应当通过债权确认之诉解决。

（三）别除权人的债权申报

各国破产立法对此也规定不一。有的国家认为，别除权人也应申报债权方可受偿。有的国家认为，别除权人行使权利不受破产程序之限制，故无须申报债权，尤其是在担保物经过登记公示或为债权人占有的情况下。如在美国，担保权益通常都在州政府登记，所以法律假设公众已知道这些权益的存在，故而申报债权不是必要的程序。[1]但是，在别除权人预计担保物价款不足清偿债权时，对不能受偿的部分债权应当作为破产债权申报，否则便可能在破产程序中丧失受偿权利。

我国企业破产法未规定别除权人可以免除申报义务，据此，别除权人应当申报债权。但在别除权人合法占有担保物的情况下，仅因其未按期申报债权，便要强制取回被质押、留置在债权人处的财产，对其合法成立的物权担保债权拒绝清偿，在实践中既不合理也行不通，而且与《民法通则》《物权法》《合同法》《担保法》等法律规定相冲突。所以《企业破产法》第56条规定，别除权债权人未依法申报债权的，其后果是不得依照该法规定的程序行使权利，而不是绝对剥夺其受偿权利。对此问题已在别除权部分详析。

（四）附期限债权的申报

破产申请受理时未到期的债权有三种情况，即附利息的债权、不附利息的债权与无利息的债权。附利息的债权，是指借贷时当事人明确规定债务本金数额与利率的债权。不附利息的债权，是指未规定本金与利率数额，仅规定到期应偿还总额（即名义债额）的债权。这种债权也是一定数额本金与利息之和，并非无偿借与，只不过当事人为计算方便等原因，不再加以具体规定。

附利息的债权由于本金与利率明确，无论是将利息计算至破产申请受理时，还是从到期应偿还的债务总额中扣除未到期的利息，都可以正确地计算出破产债权的数额。需要研究分析的是，不附利息的债权如何扣息和无利息债权应否扣息。

1. 不附利息债权的扣息问题。在实践中，不附利息的债权往往是不同合同形式、多种债务关系同时并存时，为简化权利义务关系而设置。由于此类债权未规定本金与利率的数额，所以无法按照《企业破产法》规定的将利息计算至破产申请受理时的方法确定债权数额，而只能采取扣除未到期利息的方法

---

〔1〕 潘琪：《美国破产法》，法律出版社1999年版，第129页。

计算。

各国破产法对不附利息的未到期债权曾适用过不同的扣息公式。由于在我国司法实践中主要适用单利制计息，故对复利制的扣息问题不再赘述。

对不附利息的未到期债权，最简单的扣息公式为"卡尔普左夫公式"，如下：

破产债权额 = 名义债额 − 名义债额 × 法定年利率 × 未到期年数

这一公式虽然计算简便，但却不合理，尤其是对距到期日时间越长的债权其不合理性越加明显。如甲方将设备售予乙方，允许其使用其专利、商标，又以专有技术、劳务等为乙方提供服务，为其建造一座工厂，约定 15 年后乙方向甲方一次性偿付 250 万元（名义债额）。工厂建成后，乙方因经营不善，未到债务清偿期限即被申请破产并为法院受理。按照上述计算公式扣除甲方未到期债权的利息，当距到期日只有一年时，假定法定年利率为 10%（因当事人未约定利率，故只能采用法定利率），扣除未到期的利息 25 万元，破产债权为 225 万元，不合理性尚不太明显。但如债务人破产案件受理时距到期日还有 10 年，依该公式计算的结果，要扣除 250 万元的未到期利息，债权人将分文不获。若距到期日还有 12 年，则要扣除 300 万元的未到期利息，债权人不仅分文未得，反倒要向债务人支付 50 万元才能了结债务关系。显然，采用这一公式对不附利息的未到期债权扣息是错误的。

这一公式的错误之处在于把名义债额当做扣除利息的计算基数，基数过大造成扣息过多。不附利息的未到期债权虽然仅规定到期应偿还的名义债额，但该债额实际上仍是一定数额的本金与利息之和，只不过在设定债务关系时，双方为求计算方便，不再对之具体约定。在债务关系中，无论是支付利息还是扣除利息，都应当以借贷本金为基数计算，而不能以到期后应偿还的、已将全部利息包括在内的名义债额作为基数。否则，必然会出现利息扣除过多，甚至超过名义债额的荒诞现象。所以，在司法实践中该公式已不被采用。

目前，各国司法实践中对不附利息的未到期债权适用较多的扣息方法是"荷夫曼公式"（亦有学者译为"霍夫曼公式"），如下：

破产债权额 = 名义债额 − 破产债权额 × 法定年利率 × 未到期年数（此乘积为应扣除的利息额）

经简化为：

破产债权额 = 名义债额 ÷（1 + 法定年利率 × 未到期年数）

前述案例中的情况，在这一公式之下的计算结果为：当债务人破产案件受理时距原定清偿期限尚有一年时，应扣除未到期的利息为 23 万元（万元以下均四舍五入，下同），破产债权为 227 万元；若距原定清偿期限还有 10 年，应扣除债权人 125 万元的未到期利息，破产债权为 125 万元；若距原定清偿期限还有 12 年，应扣除未到期的利息为 136 万元，破产债权为 114 万元。

这一公式已较卡尔普左夫公式合理，但仍不准确。因其是以破产债权额作为扣息的基数，但破产债权额实际上仍是债务本金与至破产宣告时已取得的利息之和，而在单利制下，扣息应当以债务本金为基数。所以，此公式仍存在基数不当、扣息过多的问题。

我国立法对不附利息未到期债权的扣息公式未作规定，学者间的观点也不同。有的学者主张，采用荷夫曼公式。有的学者主张，对不附利息的未到期债权的扣息，按照票据贴现的有关规定办理。[1] 我们认为，这也是不妥的。对票据贴现的扣息与对未到期破产债权的扣息，两者的法律关系不同的，扣息的原则也不同，不能替代适用。而且，按照票据贴现的规定对不附利息未到期破产债权的扣息，可能出现扣息更多的不合理现象。

我们认为，要正确地扣息，首先要计算出不附利息债权的本金数额，作为扣息的基数。公式为：

债务本金 = 名义债额 − 债务本金 × 法定年利率 × 原定清偿期限（此公式称前式）

在求出债务本金数额后，即可通过下一公式准确计算出破产案件受理时债权的数额，或应从名义债额中扣除的利息数额。

破产债权额 = 名义债额 − 债务本金 × 法定年利率 × 未到期年数（此乘积为应扣除的利息额）（此公式称后式）

将前式代入后式合并简化后，完整的扣息公式为：

破产债权额 = 名义债额 × ｛[1 + 法定年利率 × （原定偿还年限 − 未到期年数）] ÷ （1 + 法定年利率 × 原定偿还年限）｝

仍以前面的案例说明此扣息公式。名义债额为 250 万元，法定年利率为 10%，原定偿还期限为 15 年。当破产案件受理时距清偿期限为 1 年时，破产债权额应为 240 万元，应扣除未到期的利息 10 万元。当案件受理时距清偿期限为 10 年时，破产债权额应为 150 万元，应扣除未到期的利息 100 万元。当案件受理时距清偿期限为 12 年时，破产债权额应为 130 万元，应扣除未到期的利息 120 万元。这一公式虽因强制采用法定利率，可能与当事人设定债务时估算的本金及利息数额略有差异，但可以得出正确的计算结果。这只需与前述扣息案例中债务本金、名义债额、年利率等数值明确的附利息债权计算结果相

---

[1] 柴发邦主编：《破产法教程》，法律出版社 1990 年版，第 153 页。

比便可得到证明，其他公式的反向运算是得不出债务本金已知正确数值的。

2. 无利息债权的扣息问题。无利息的债权，是指不收取利息，到期时只需归还借出本金的债权。对于未到期的无利息债权在清偿时是否也应扣除未到期的法定利息，学者们观点并不一致。一些学者主张，对于这种债权也应扣息。[1] 我们以为，这一观点是不妥的。

主张对未到期无利息债权扣息的理由是，提前清偿使债权人得到了未到期的法定利息，不加扣除就会使债权人不当得利，而使债务人无形中受到经济损失。[2] 这种观点的表述本身就存在矛盾。由于无利息的债权本来就没有收取利息，包括法定利息，所以即使再提前清偿，债权人得到的也只是原来借出的本金而已。因此，持有此主张者之意，应是指债务人提前归还本金，债权人便可将这笔钱存入银行，得到法定利息，而在不提前清偿的情况下，这部分利息本应由债务人获得，所以对债权人来说便是不当得利，而债务人也就于无形之中受到了损失。

这种观点貌似公平，但实际上不能成立。其错误之处在于，把债务人的期限利益与利息问题混为一谈，将债权人的合法利益当作了不当得利。

凡规定有履行期限的债务，在到期之前债务人无清偿义务，这就是其期限利益。对于计息的债权，债务人有义务还本付息，但同时也有权利只按借贷时间支付约定或法定利息，这种权利可称为利息利益。期限利益决定债还早还晚，而利息利益决定债还多还少，两者性质是不同的。它们之间的联系则在于，当债权计息时，借贷时间长短与利息多少成正比例关系。债务人的利息利益作为实体权利通常是不可剥夺的，但其期限利益在法律规定的特殊情况下却可能被取消，以保障对各方当事人利益之公平处理，债务人的破产便是典型一例。《企业破产法》规定，未到期的债权在破产申请受理时视为到期，便是取消了债务人的期限利益，而其对利息计算至破产申请受理时的规定，则是为了做到在债务提前清偿的情况下，保障债务人的利息利益，防止债权人不当得利。如前所述，立法取消债务人的期限利益是为保障破产程序顺利进行以及债权人公平受偿。

---

[1] "对于无利息的附期限债权，破产债权人提前受偿，也应从债权本金中扣除破产宣告时起至期限届满止这一时期的法定利息。"参见柴发邦主编：《破产法教程》，法律出版社 1990 年版，第 152 页。

[2] "无利息的附期限债权，须等到期限到来之日才能取回原本。如因破产宣告视为已到期债权，则可提前受偿。如不扣除这中间利息，债权人便取得不当利益，债务人则无形中受损失。"参见柯善芳、潘志恒：《破产法概论》，广东高等教育出版社 1988 年版，第 190 页。

根据《民法通则》的规定，所谓不当得利，是指没有合法根据，取得不当利益，造成他人损失。而在破产申请受理时，对未到期无利息债权提前清偿时不扣除利息，是不会造成债权人不当得利的。

从利息利益的角度看，无利息债权的债权人在债务关系中没有收取债务人的利息，本没有从中得利，自然也就谈不上得之"当"与"不当"的问题。《企业破产法（试行）》规定，提前清偿时应当扣除的是"未到期的利息"，即扣除利息是以债权计息为前提的。而《企业破产法》规定，债权利息计算至破产申请受理时，更明确了对无利息的债权不存在扣除利息问题。因为无利息的债权本不存在法律规定应当扣除的"未到期的利息"，如要扣除便成了扣除本金，这显然已经超出法律规定的内容。

从期限利益的角度看，债权人因破产申请受理而得到的提前受偿利益，并非"没有合法根据"，而是根据破产法规定取得的有充分法律依据的利益，自然也是合法、正当的，不可能构成不当得利。

据此，未到期无利息债权的债权人在破产宣告时，便可只享受清偿期限提前之法定利益，并因未收取利息而不必受扣除未到期利息之法律限制。这时债务人期限利益的取消确实会使其失去原可得到的无偿借与利益，如存款的法定利息或经营上的盈利。债权人如将提前受偿得到的本金存入银行，的确会得到法定利息，而且如投资于风险与营利更高的事业如股票买卖，则可能得到更大的利益，但也可能发生亏损。不过，无论债权人得到清偿后对资金的运用是盈利还是亏损，均与原来的债务法律关系无关，与债务利息无关，根本不能用扣除利息的方法调整，否则会违背立法本意。如对未到期的无利息债权也扣息，就变成不仅债务人不必支付利息，债权人反而要从本金中向对方支付自己都没有收取的利息。在这种情况下，债务人才是真正的不当得利。因此，债务人从债权人处无偿得到的利益（无息借与）被法律取消时，也必须是无偿的，不能让债权人再受到损失。这不仅符合法律规定之本意，也符合我国的交易惯例和民间的公平意识。

此外，对未到期无利息债权的扣息还可能造成扣息数额超过本金的荒谬结果。如债权人无偿借与债务人 10 万元，偿还期限为 10 年，破产案件受理时的法定年利率为 20%。如提前 5 年清偿，则债权人的本金便被全部扣除，分文不付；若为 6 年，则债权人反要向债务人支付 2 万元利息才能了结债务关系。这种对无利息债权扣息的主张是否公平合理，在实践中是否行得通，至此便一目了然。

对《企业破产法》未到期债权扣息规定正确理解、执行的关键，是要区分期限利益与利息利益，区分债权的不同性质，不能认为凡提前偿还者就一定要扣除未到期的法定利息，而要具体情况具体分析。《企业破产法》的规定不但符合我国国情，也符合法理的。

（五）连带债权债务的申报

《企业破产法》第 49、50 条规定，债权人申报的债权是连带债权的，应当说明。连带债权人可以由其中一人代表全体连带债权人申报债权，也可以共同申报债权。此问题简单，无须赘述。企业破产法还规定了连带债务人间的债务分担关系以及债权人与破产程序中的连带债务人的清偿关系。此问题涉及的法律关系较复杂，需作释义。

1. 连带债务人间的债务分担关系。《企业破产法》第 51 条规定，债务人的保证人或者其他连带债务人已经代替债务人清偿债务的，以其对债务人的求偿权申报债权。尚未代替债务人清偿债务的，以其对债务人的将来求偿权申报债权，但债权人已经向管理人申报全部债权的除外。由于保证人与连带债务人在此种情况下的权利基本相同，在下文的分析中，仅以连带债务人为例。

这一制度的设置，是为避免在债权人不参加破产清偿而直接向连带债务人要求清偿的情况下，连带债务人履行连带责任后却因申报债权时机过晚，破产人的财产分配程序已终结，而无法行使其代位求偿权。在连带债务中，每个连带债务人对债权人就全部债务承担清偿义务，但在连带债务人之间却是按份之债的关系。履行了债务清偿义务的某一债务人有权要求其他债务人偿付其应当承担的份额。这种代位求偿的权利，在正常情况下于履行连带债务的清偿义务后方才产生。但是当连带债务人中有人进入破产程序，尤其是在连带债务尚未到期时，情况便有所不同。此时，债权人既可以向破产人要求清偿，也可以在将来连带债务到期时再向未破产的其他连带债务人要求清偿。如果债权人未向破产人要求清偿，则未破产的其他连带债务人将来必然要代替破产人履行清偿义务（除非债权人放弃权利）。这时就必须允许未破产的其他连带债务人在履行连带债务之前提前行使代位求偿权，否则就可能出现破产人的破产财产分配完毕、代位求偿权无法行使的情况。

这时，如果未破产的连带债务人有多人，彼此间则构成连带债权。根据破产法规定，连带债权人可以由其中一人代表全体连带债权人申报债权，也可以共同申报债权。但是，由于未破产的连带债务人此时得到的破产分配是用于保证清偿其在履行连带债务后之代位求偿权的特定目的的，所以对此分配金额应当予以提存，一方面可以避免出现债权人因某种原因失去权利时，连带债务人不当得利，另一方面，也可以保证该金额将来确实用于对债权人的清偿，避免被该连带债务人挪用，甚至在挪用后破产，使债权人的利益受到损害，保障这一规定的实施能够达到立法目的。

　　破产法允许连带债务人预先行使求偿权的前提，是债权人未向管理人申报债权。如债权人已向管理人申报债权，则连带债务人无代位求偿权，否则就会出现对一项债务的重复清偿。出于同理，对于债权人向破产人请求清偿不足的部分，连带债务人履行连带责任后也不再享有代位求偿权。因为这时即使破产人未能偿清自己应承担的债务份额，而不得不由其他连带债务人偿还，破产人也已通过破产清偿履行了自己对全部债务的连带义务，解除了债务责任。至于其他连带债务人不得不承担超出自己应付份额的债务而受到的损失，则正是连带债务的正常风险所在。例如，破产债权为 10 万元，破产清偿比例为 20%，债权人向管理人申报全部债权后得到 2 万元清偿，连带债务人须承担 8 万元的连带责任。如果允许连带债务人在履行连带责任后仍享有代位求偿权，将 8 万元申报破产债权，则可从破产财产中再获得 1.8 万元的清偿。这将使破产财产对 10 万元破产债权的清偿数额从 2 万元不当地增加至 3.8 万元，从而造成就一项债务向债权人和连带债务人的二次重复清偿，损害其他债权人的合法权益。

　　上述清偿原则不仅同样适用于保证人，也适用于以其财产为债务人提供担保的第三人。该物上保证人在以其财产代债务人清偿债务后，享有对债务人的代位求偿权，此项权利在破产程序中也可预先行使。《日本破产法》第 26 条第 3 款规定，上述清偿规定"准用于提供担保的第三人对破产人的可于将来行使的求偿权"。

　　对于连带债务人可以申报债权的范围，立法未加明确规定。根据日本破产法与我国台湾地区"破产法"的规定，各连带债务人可以连带债务的全额申报破产债权，行使其权利。而有的学者认为，可以申报破产债权的，为破产的连带债务人在连带债务中应承担的那部分份额，而不是连带债务的全额。笔者在《破产法》[1] 一书中也曾持此种观点，现在看来有所不妥，允许连带债务人以连带债务的全额申报破产债权更为合理。

　　将可申报债权限定为破产人在连带债务中应承担的份额，可以准确地反映出各连带债务人间的分担关系，但是不能完整地反映出其对全部债务的连带清偿关系。将可申报债权规定为连带债务的全额，可以准确地反映出各连带债务人对债权人的连带清偿关系，但是又不能反映出各连带债务人间的分担关系。

　　仍以案例说明。甲、乙以连带责任形式借款 10 万元，约定各分担 5 万元。债务尚未到期时甲被宣告破产，债权人未申报债权。如乙可以将连带债务全额

---

[1]　王欣新主编:《破产法》，中国人民大学出版社 2002 年版，第 166 页。

10万元作为破产债权申报,假定甲的破产清偿比例为40%,乙可预先得到破产分配4万元,与债权人自己申报债权时可得到的破产分配相同。这时,破产人甲实际是以连带责任形式就全部债务承担了责任。但是,若依二连带债务人内部的债务分担,甲只应承担对5万元名义债额的清偿责任,现在则承担了10万元全额的清偿责任,虽然实际只清偿了4万元,没有超过应分担的绝对数额(5万元),因而无法向其他连带债务人追讨,但却超过了其应承担的名义债务分担比例。

如果只允许以破产的连带债务人甲在连带债务中应承担的份额,即5万元申报债权,则乙只能预先得到破产分配2万元。虽然在债权申报数额上体现出连带债务人内部的名义债务分担比例,但甲却没有做到以连带责任形式就全部债务对债权人承担责任,而且与债权人自己申报债权时可得到的破产分配数额也不符。

在连带债务人均未破产的情况下,内外责任都可以正常实现,本不存在这些矛盾。在破产程序之中,上述两种做法又各有各的道理。笔者认为,分歧主要在于,立法应倾向于对外连带责任的充分承担,还是对内责任的公平分担。考虑到连带责任的设置首先是强调对债务的充分清偿,是将各连带债务人的全部财产都纳入到责任财产范围内,将申报的债权数额规定为连带债务的全额较为合理,更符合连带债务设置的本意。这样做可以在破产人对全部债务承担连带责任的情况下,使当时未破产的其他连带债务人从破产人处得到更多的预先清偿,使债权人得到更大的清偿保证,避免出现债权人向其他连带债务人要求清偿时其财产不足清偿的问题。而且,这种清偿方法使其他连带债务人预先行使求偿权时承担的连带责任数额与债权人申报债权时在破产程序外应承担的连带责任数额相同,不存在差额,避免了因此可能出现的规避法律或恶意欺诈行为,有利于经济秩序的维护。

2. 债权人与破产程序中的连带债务人的清偿关系。《企业破产法》第52条规定,连带债务人数人被裁定适用该法规定的程序的,其债权人有权就全部债权分别在各破产案件中申报债权。该条规定解决的是破产债权人与破产的各连带债务人间的清偿关系,即在负有连带义务的债务人全体或数人被宣告破产时,破产债权人如何实现其债权。

根据《民法通则》第87条的规定,负有连带义务的债务人,每人都负有清偿全部债务的义务。由此可见,连带债务的设立实际上是通过扩大债务人的范围,使全体债务人的所有财产都成为债务清偿的对象,以最大限度地保障债权人的利益。遵照这一宗旨,各国破产法都规定,当负有连带义务的债务人全体或数人破产时,债权人可以将债权总额作为破产债权,同时或先后分别向每个破产人要求清偿，但其获得清偿的总数不得超过债权总额。如日本、德国以及我国台湾地区都有此类规定。

《企业破产法》的这一特殊规定，对于保障债权人的利益是十分必要的。通常在债务人具有清偿能力的情况下，债权人可要求任何一个连带债务人清偿全部债务。当其不能完全还清时，可将余额逐个向其他连带债务人要求清偿，直至完全得到偿还为止。但在连带债务人全体或数人同时破产时，情况则有所不同：①各连带债务人的破产程序同时进行，在破产财产分配完毕后，债权人的权利便无从实现。所以，逐个向连带债务人要求清偿的方法，在时间上已不可能完全保障债权人的利益，必须允许其同时向所有破产的连带债务人提出清偿要求，才可能在债务人负连带责任的情况下实现债权。②破产债权一般不可能得到全额偿还，如债权人只能在以债权总额向一个连带债务人要求清偿后，再以余额向其他连带债务人求偿，或虽可同时分别向各连带债务人求偿，但提出的各破产债权总和不能超过债权总额，则因破产清偿比例所限，不可能使债权完全得到偿还，所谓同时要求清偿也就失去了实际意义。而且在这种情况下，各连带债务人实际承担的只是在补充范围内的责任，并没有将他们的全部财产都纳入对债权总额的连带清偿范围内，不能达到连带债务设立之本意。只有允许债权人同时对每个破产人都以债权总额作为破产债权，才可能使债权得到最大程度的清偿，实现连带债务要求每个债务人都对全部债务负清偿责任的设立目的。不过，债权人从各破产人处获得的清偿总额不得超过其债权总额，否则应作为不当得利返还。打破时间、顺序及破产债权数额方面习惯做法的限制，是使连带责任在连带债务人全体或数人被宣告破产情况下完全实现的关键。

（六）破产程序中的保证责任

在破产程序中，对负连带责任保证人的保证责任可以按照前述破产法关于连带债务人的规定处理，在此不再赘述，本部分主要讲解负补充责任保证人的保证责任问题。

1. 债务人破产时的保证责任。

（1）保证债务已经到期。保证债务已经到期，在保证期间内，法院受理债务人破产案件的，债权人享有向债务人或保证人追偿的选择权。负补充责任的保证人在债务人未破产的情况下，原可享有先诉抗辩权，但依据《担保法》第17条第3款第2项的规定，"人民法院受理债务人破产案件，中止执行程序的"，保证人不得行使先诉抗辩权。因此时债权人已不能通过对债务人财产的个别执行正常地先向债务人行使权利。据此，债权人便可以直接向负补充责任的保证人追偿。在债务人破产的情况下，负补充责任的保证人与负连带责任的保证人在清偿顺序方面没有实质性区别。按照《企业破产法（试行）》司法解释的规定，债权人先向债务人申报债权追偿的，对于在破产程序中未受清偿的部分，债权人要求保证人承担保证责任的，最迟应当在破产程序终结后6个月内提出。

由于债权人有权选择不参加破产程序，直接向保证人求偿，所以不一定必须在破产程序中申报债权。无论债权人是否申报债权，均不影响其对保证人的求偿权利。但以前发布的一些司法解释文件存在不妥之处。最高人民法院1994年4月15日发布的《关于审理经济合同纠纷案件有关保证的若干问题的规定》（以下简称《保证规定》）第26条规定："被保证人被宣告破产，债权人不申报债权的，在确认保证人的责任时，应当扣除债权人可以在破产程序中得到清偿的部分。"此条规定强加给债权人申报债权的义务，实际上是在破产程序中仍承认保证人的先诉抗辩权，这与《担保法》及其司法解释的规定相抵触，不应再适用。

在债权人不申报破产债权时，其有没有通知保证人的义务则是有争议的问题。《担保法司法解释》第45条规定："债权人知道或者应当知道债务人破产，既未申报债权也未通知保证人，致使保证人不能预先行使追偿权的，保证人在该债权在破产程序中可能受偿的范围内免除保证责任。"

我们认为，对此问题有必要根据《企业破产法（试行）》和《企业破产法》对债权申报的不同规定进行分析。《企业破产法（试行）》规定，债权人未按期申报债权就视为放弃权利，不允许当事人补充申报。在这种制度之下，如果债权人不申报破产债权，也不通知保证人，就可能使保证人因为延误债权申报期限而被视为自动放弃债权，不能预先行使追偿权。所以，《担保法司法解释》上述规定的理由虽显牵强，但还不是完全没有道理。企业破产法规定，债权人未按期申报债权还可以补充申报，不再视为自动放弃债权。在此种情况下，仍强加给债权人在不申报破产债权时通知保证人的义务，并据此限制债权人的实体权利，就有所不妥了。上述司法解释规定在企业破产法下不应再继续适用。

在债权人首先以债权全额向破产人追偿，然后再以未受偿的余额向保证人追偿的情况下，保证人在履行保证责任后，不再享有对破产人的代位追偿权。根据《担保法》的规定，保证人只是在"债务人不履行债务"而代其履行时，才享有代位追偿权。此时破产人并非不履行债务，而是已通过破产清偿的方式对全部债务作了履行，尽管未能全额还清。破产人就同一债务不能向债权人和保证人分别作两次履行。所以，保证人对于破产人未能清偿的部分履行保证责任后，不应再享有代位追偿权。保证人因向债权人补充清偿而受的损失正是担保的风险所在，应当自行承担。如仍允许保证人享有代位追偿权，实际是允许其向其他破产债权人转嫁保证风险损失责任。

各国在破产债权的申报问题上，均实行不得重复申报原则，即对于任何一项债权，债权人方面只能申报一次、受偿一次，而不得经过两次申报取得双重受偿。此项规则为英国所创，英国大法官梅里希的解释为："此项规则的真意乃是，对于任何实质上源于同一债务的债权，在破产程序中只能被赋予一次分配机会，即便该债权可能分别存在于两个独立的合同中。"[1]

上述情况主要是在理论分析中存在，在实践中则少有发生。因为债权人要求保证人对破产人未能清偿的部分承担清偿责任时，破产人的破产程序往往已经终结，保证人实际上已无法再向债务人追偿。

但在破产程序终结后又有新发现的破产财产时，如保证人已经向债权人履行了保证责任，对新发现的破产财产可代位享有原破产债权人的参加追加分配权利。因为对追加分配的破产财产，破产债权人并未行使过受偿权利，不存在重复清偿问题。

（2）保证债务尚未到期。《企业破产法》第46条规定，未到期的债权，在破产申请受理时视为到期。据此，债务人对未到期的债权负有立即清偿的义务，但保证人是否也应提前履行保证责任，法律未作规定。对此有两种不同观点。一种观点认为，保证人无提前承担保证责任的义务，其享有的期限利益不因债务人的破产而被剥夺，债权人须依原合同规定向保证人追偿。另一种观点认为，因破产程序的启动而使主债务提前履行，属法定原因所致，担保合同属从合同，在主合同因法定原因而提前履行时，从合同的保证人也应提前履行保证责任，故债权人在破产申请受理后有权立即向保证人直接追偿。

我们认为，破产申请受理时主债务尚未到期的，保证人无提前承担保证责任的义务。虽然破产案件的受理使主债务提前履行，但保证人的保证责任应否提前履行，不能仅依此一项事实判定，还应对相应的法律关系作具体分析。

第一，应看该项规定之立法本意如何，其法律效力应否扩展至保证人，保证责任不提前履行是否会损害债权人的正当权益或既得利益。立法规定破产申请受理时未到期的债权视为到期，主要是考虑到不提前清偿未到期的债权可能会使其失去受偿权利，损害债权人的原有正当权益，或因此影响破产程序顺利进行。但保证人并未破产，其责任本约定有履行期限，不提前履行保证责任不会损害债权人原依法存在之既得利益。

---

[1]　汤维建：《破产程序与破产立法研究》，人民法院出版社2001年版，第209页。

第二，保证人期限利益的性质与其先诉抗辩权等权利有相通之处。对负补充责任的保证人先诉抗辩权的取消，《担保法》《企业破产法》等有明文规定，若要取消保证人的期限利益，也应以法律明文规定为据，不应任意扩大解释，擅加剥夺。所以在这种情况下，于法于理，保证人均无义务提前履行保证责任。

2. 保证人破产时的保证责任。《企业破产法》对保证人破产时的保证责任问题未作具体规定。我们认为债权人得知保证人（债务人）破产的情事后，享有是否将其债权作为破产债权的选择权。债权人既不参加破产程序又不告知保证人的，保证人（债务人）的保证义务即自此终止；债权人参加破产程序的，债权人在破产宣告时所享有的债权额即为破产债权，参加分配后仍然可就其未受清偿的债权向被保证人求偿。该司法解释对保证人破产时保证责任的处理虽有所规定，但存在不妥之处，如未区分不同形式的担保责任，未涉及先诉抗辩权的处理，未考虑债务是否到期等因素，确定破产债权数额未考虑保证人约定承担的保证责任范围可能与主债务不同等。故对保证人破产时的保证责任问题需详加探讨，以保证破产法的正确执行。

保证人（债务人）的保证责任不因其破产而免除，这是一项基本原则。有学者认为，保证人自己进入破产程序，表明其不具有代为清偿的能力，不具备保证人的资格，所以在破产程序中不应再承担保证责任。这种观点是错误的。在保证合同订立之后，保证人对保证责任的承担不以其是否具有清偿能力为前提。具体保证责任如何承担，应根据案件的不同情况区分处理。

保证人被宣告破产时，主债务已经到期的，债权人可以直接追究其保证责任。但主债务仍未到期的，主债务人对未到期的债务享有期限利益，自然无清偿义务。但若保证人也可享有此期限利益，等主债务到期时，保证人的破产财产可能早已分配完毕，其保证责任实际等于被免除。为此，在破产程序中便须将债权人对保证人之权利适当扩张，以维护其正当权益。对此种情况，应适用《企业破产法》第46条的规定，将其未到期之保证责任视为已到期，在减去未到期的利息后予以提前清偿。

取消保证人的期限利益后，对负连带责任的保证人，在追偿上不再存在法律障碍。但对负补充责任的保证人的追偿，仍存在先诉抗辩权的处理问题。对负补充责任的保证人破产时（无论主债务是否到期）应否取消其先诉抗辩权，《担保法》未作规定。有的学者主张，此时债权人仍应先向主债务人请求清偿，不能直接将其债权列入破产债权，仍应维持补充责任保证人的先诉抗辩权。[1]但如维持先诉抗辩权，债权人必须先向债务人求偿（主债务已到期时），或待债务到期后先向债务人求偿（主债务未到期时），然后再向保证人求偿。但等其向保证人求偿时，保证人的破产财产可能已分配完毕，无异于变相免除保证责任。

我们认为，先诉抗辩权之设立，是为在保证人仍承担保证义务的前提下保障其合法权益，是在债权人能够向主债务人行使偿权利而拒绝行使，导致保证人的责任范围不当扩大时赋予保证人的一种自卫手段，是从属于保证的一项权利。而在保证人破产时，尤其是债务尚未到期的情况下，债权人是不可能先行向主债务人求偿的。这时，维持先诉抗辩权就可能成为保证人逃避保证责任的手段。先诉之抗辩蜕变为免责之抗辩，这就与先诉抗辩权乃至保证担保设立之宗旨相违背了。因此，在此种情况下，为实现权利设置之本意，应当取消保证人的先诉抗辩权，而非限制债权人的受偿权利。

保证人的破产案件为人民法院受理后，债权人可以参加破产程序向其追偿，也可以放弃此项权利。只要债权人不申报债权参加保证人的破产程序，保证人的保证义务就自然解除，根本无须债权人告知保证人。《破产法意见》第16条中关于"债权人既不参加破产程序又不告知保证人的，保证人（债务人）的保证义务即自此终止"的规定，将不告知保证人作为保证义务解除的条件之一，反而造成误导，似乎只要债权人告知保证人不参加破产程序，保证人的保证义务就仍须履行，这显然是不能成立的，应当予以纠正。

虽然负补充责任保证人的先诉抗辩权被取消，但其仍应承担补充责任，即仅实际清偿债务人未能偿清的部分。不过在债务人向债权人清偿之前，债权人申报债权时无法确定保证人应承担补充责任的范围，故可先以保证债权额的全部向保证人申报债权。在破产分配过程中，对债权人从保证人处获得的清偿应先行提存，待债权人从债务人处获偿后，再按保证人实际应承担补充责任的范围向债权人支付，余款由法院收回，分配给保证人的其他破产债权人。

需要注意的是，保证人的补充责任应按破产债权数额而不是实际分配数额确定，否则便会不适当地扩大其责任范围，使保证人的补充责任变成连带责任。例如，债权人的债权为10万元，保证担保的范围为债务全额，保证人的破产分配比例为50%。债权人先从保证人处获得破产分配5万元，予以提存，后从债务人处只获得清偿5万元。这时，虽然债权人从二人处获得的清偿总额

〔1〕 顾培东主编：《破产法教程》，法律出版社1995年版，第178页；柴发邦主编：《破产法教程》，法律出版社1990年版，第154页。

未超过原债权额，但保证人所作的清偿却超出了其应负的补充责任范围。因为当债权人从债务人处获得 5 万元的清偿后，其对保证人享有的破产债权便不再是原来推定的 10 万元，而应根据债务人的实际清偿情况相应核减为 5 万元，即保证人仅应对债权人未从债务人处得到清偿的 5 万元债权承担补充清偿责任，依破产分配比例，实际清偿额应为 2.5 万元。

出于相同理由，上述各项原则也适用于债务人与保证人同时破产的情况。由于债务人与保证人已同时进入破产程序，只向任何一方追偿都不可能使债权人得到充分清偿，只有同时向两方分别追偿，才符合债权人利益最大化的原则。所以，债权人有权同时向二破产人申报债权。而且由于债权人已同时向债务人求偿，保证人向债权人清偿后便不能取得对债务人的代位追偿权。

3. 保证人的抗辩权。《担保法》第 20 条规定："一般保证和连带责任保证的保证人享有债务人的抗辩权。债务人放弃对债务的抗辩权的，保证人仍有权抗辩。抗辩权是指债权人行使债权时，债务人根据法定事由，对抗债权人行使请求权的权利。"《担保法司法解释》对保证人的抗辩权进行了具体规定。其第 127 条规定："债务人对债权人提起诉讼，债权人提起反诉的，保证人可以作为第三人参加诉讼。"第 128 条第 2 款规定："同一债权既有保证又有物的担保的，当事人发生纠纷提起诉讼的，债务人与保证人、抵押人或者出质人可以作为共同被告参加诉讼。"

但根据企业破产法的规定，保证人只有在债权人不参加破产程序的情况下才能申报债权参加破产程序，如债权人参加，保证人便无权参加。然而，如果保证人不参加破产程序，便不能在对债务人的债权确认时行使其抗辩权，导致其实体权利可能被剥夺。

我们认为，为保障保证人的合法权利，应允许保证人在被保证人的破产案件中以利害关系人的身份参加债权审查与确认活动，并行使债务人的抗辩权利，包括提起债权确认诉讼的权利。否则，债务人因其财产全部还债尚且不足，对财产已失去实际利益，便可能任意放弃其对债务的抗辩权，从而损害保证人的利益。此项原则也应适用于为债务人提供物权担保的当事人。

法律规定，保证人享有债务人对债权人的一般抗辩权利，但对债务人享有的对债权人的某些特别抗辩权利，保证人在破产案件中能否行使、如何行使则需具体分析。

（1）对债务的无效请求权。《合同法》第 52、53 条规定了合同及其条款的无效问题。通常认为，为维护社会利益和法律的正确实施，对合同无效的请求权不应仅限于由合同当事人行使。据此，当债务人破产时，保证人应享有对其债务的无效请求权。

（2）对债务的撤销权。《合同法》第 54 条规定："下列合同，当事人一方有权请求人民法院或者仲裁机构变更或者撤销：①因重大误解订立的；②在订立合同时显失公平的。一方以欺诈、胁迫的手段或者乘人之危，使对方在违背真实意思的情况下订立的合同，受损害方有权请求人民法院或者仲裁机构变更或者撤销。当事人请求变更的，人民法院或者仲裁机构不得撤销。"《合同法》中的此类撤销权属于民法撤销权，与破产撤销权有所不同。民法撤销权在破产程序中也可适用，在其与破产撤销权竞合时，则应优先适用破产撤销权。但是，对于民法撤销权在破产程序中应如何行使，立法未作规定。由于破产撤销权是由管理人统一行使的，所以两种撤销权在行使主体上可能存在冲突。通常认为，在立法未作具体规定的情况下，保证人不能行使对债务人行为的撤销权，不过其可以向管理人提出行使撤销权的建议。有的学者认为，保证人虽无对债务的撤销权，但可以"将债务人的撤销权引为自己的抗辩理由，从而拒绝保证债务之承担"。[1] 不过此种抗辩理由能否成立，则仍可能需要通过撤销之诉解决。

（3）对债务的抵销权。在债务人有清偿能力的情况下，保证人是否可以享有债务人的债务抵销权，学者间存在肯定与否定两种观点，日本、法国民法典均对此持肯定态度。笔者认为，保证人可以依据《合同法》的规定享有债务人的债务抵销权。但是，在债务人破产的情况下，依各国破产法规定之通例，为维护债权人之共同利益，破产抵销权只能由债权人单方面行使，管理人、破产人均不得行使。所以，在破产程序中，保证人也不应享有债务人的债务抵销权。

（七）解除合同损害赔偿请求权的申报

《企业破产法》第 53 条规定，管理人或者债务人依照破产法的规定解除合同的，对方当事人以因合同解除所产生的损害赔偿请求权申报债权。可申报的债权以实际损失为限，违约金不作为破产债权。《企业破产法（试行）》及其司法解释中也作有类似规定。

此种破产债权是因法律特别规定而于破产申请受理后成立的。在此需注意的是，此类债权人往往因为管理人解除合同的时间较晚，与立法规定的债权申报期间存在时间差，无法在法院确定的债权申报期限内申报债权。因为其补充申报债权是由于法律规定的特殊情况造成的，自身没有过失，所以笔者认为应当免除其在补充申报债权时应承担的不利法律后果，以保公平。

---

[1] 刘俊海、于新年、徐海燕：《最新担保法实用问答》，人民法院出版社 1995 年版，第 68 页。

在正常的民事活动中，合同的违约责任有支付违约金、赔偿金等多种形式。但在破产案件中，对方当事人因管理人解除合同受到损害时可作为破产债权受偿的仅限于赔偿金，不包括违约金。因为合同约定的违约金数额与实际损害通常并不一致，违约金的支付也不以当事人受到实际损害为条件，如允许以违约金作为破产债权，就会在解除合同未给对方当事人造成实际损失时损害其他债权人的利益。但管理人解除合同致使对方当事人因无法履行对他人的合同而支付的违约金，依《合同法》的规定属于实际损失，应列入破产债权的范围。

对于此项债权是否属于破产债权，各国家及地区的立法规定有所不同。我国台湾地区"破产法"第 103 条规定，"因破产宣告后之不履行所生之损害赔偿及违约金"，不属于破产债权。日本破产法也有相同规定。按照这一规定，凡是合同履行期规定于破产宣告之后者，破产管理人如解除该合同不再履行，由此所生之损害赔偿及违约金便不属于破产债权。我国台湾地区学者耿云卿解释其理由为，"破产宣告后破产人对其一定之财产丧失管理权与处分权。凡履行期订在宣告破产之后者，破产人均无从履行其财产上之给付，咎不在破产人，乃法律之规定使然；且同样情形之债权人，均遭到相同之损害，为求破产程序之简化与圆滑进行，乃有本款规定"。[1] 但是，如合同履行期规定于破产宣告之前，破产管理人如解除该合同，不再履行，由此所生之损害赔偿及违约金仍应当属于破产债权，因其不属于"破产宣告后之不履行"。

《日本破产法》第 60 条第 2 款规定，对方当事人已作出部分履行的，合同解除后，"破产人所接受的对待给付，如果现存于破产财团中，相对人可以请求其返还；如果现时已不存在，相对人可以就其价额作为财团债权人行使其权利"。

此外，《破产规定》第 55 条第 2 款曾规定，此项债权在计算时，定金不再适用定金罚则，这是不妥的。首先，它违背了《担保法》的规定，属于司法解释越权。其次，不合法理。定金属于担保的一种方式，与违约金的性质不同。既作为担保，就要求其在债务人不能履行债务时发挥维护债权人利益的作用。而《破产规定》在债务人破产时反将其担保作用废除，显然是不妥的。最后，这一规定在实践中无法实行。规定的制定者可能仅考虑了破产人收受定金的情况，规定不适用定金罚则，破产人就不必双倍返还，钱控制在清算组手里，虽然不讲理，对方也无计可施。但实践中还存在破产人支付定金的情况，不适用

---

〔1〕 （台）耿云卿：《破产法释义》，五南图书出版公司 1992 年版，第 303 页。

定金罚则的规定对此种情况也应适用，这就使对方当事人负有返还定金的义务。问题是如果对方当事人依据《担保法》的规定拒绝返还定金，仅依据一项司法解释去追讨定金将是非常困难的，该规定无法全面实施。

第四节　破产债权的确认

一、债权确认的主体

我国《企业破产法（试行）》第15条曾规定，审查并确认债权属于债权人会议的职权。该条规定在实践操作中遇到障碍，因为确认债权是否存在、性质如何及数额多少的行为，其法律性质是对当事人实体民事权利的一种裁判。这种裁判行为只有国家的审判机构即人民法院才有权依法定程序作出。债权人会议不过是在破产案件中为协调共同当事人间法律行为而设立的一个自治性议事机构，无权对当事人间的实体民事权利义务作出强制性裁判。而且如由债权人会议确认债权，只能通过表决的方式进行，但这在实践中是行不通的。因为：一方面，每一债权人债权的确认都要经过债权人会议的表决；另一方面，债权人会议要以表决方式作出任何决议，必须以参加会议的每一债权人的债权事先已得到确认为前提，否则根本就无法进行表决。债权人会议确认债权之表决的两项必不可少的前提相互矛盾，哪一项都实现不了，因而债权确认也就无法进行。

我国《企业破产法》第58条规定："……债务人、债权人对债权表记载的债权无异议的，由人民法院裁定确认。债务人、债权人对债权表记载的债权有异议的，可以向受理破产申请的人民法院提起诉讼。"据此，破产债权的确认主体为人民法院。《企业破产法》对债权确认规则作出彻底改变，体现出对当事人权益的公正保护。我国《企业破产法》不仅明确了法院是破产债权的确认主体，同时还规定，债务人、债权人对债权表记载的债权有异议的，可以向受理破产申请的人民法院提起诉讼。此即明确了对债权争议的确认权也归属于法院。考察国外破产立法，对债权争议的确认之权，各国也无一例外规定为法院的职权。利害关系人对债权确认的结果有异议，通过债权确认诉讼的方式解决。《日本破产法》第182条第2款规定："对于未确定债权、附停止条件的债权、将来请求权或不能依行使别除权受偿的债权额，如破产管理人或破产债权人有异议时，由法院确定其应否行使表决权及应就多少金额行使其表决权。"这里规定由法院确定的（未要求通过诉讼方式）仅限于债权人的表决权事项，对实体债权包括其数额的确认，仍要通过债权确认诉讼。

二、债权确认的范围

债权人申报之债权需得到确认后才能在破产程序中行使权利。但债权人申报之债权情况各异，有的已为法院生效裁判、仲裁机构生效裁决所确认，具有法律上确定之名义和执行效力；有的尚在诉讼之中；有的双方虽有争议但未提起诉讼或仲裁；有的则双方均无争议。从债权性质上看，有的债权没有担保，有的债权设有物权担保。债权确认的一般原则是，凡法律允许通过一般司法程序提出异议的债权，即未经发生法律效力的裁判确认的债权，均在审查确认之列，凡已经发生法律效力的裁判确认的债权，原则上不在审查确认之列。

从债权的现有法律效力情况看，无执行名义之债权，无论当事人间有无争议，均应经过审查确认，但有执行名义之债权，无须经过审查确认，可直接列入债权确认表中。当事人间已涉讼之债权，争议尚未解决的，应先通过诉讼程序明确权利义务关系，债权人在债权人会议上的权利则依据《企业破产法》第59条规定确定，即依人民法院能否为其临时确定债权额而定。

对已经得到法院生效的裁判以及其他可申请法院强制执行的生效法律文书如调解书、仲裁裁决书等确认的债权，包括因破产程序开始而被中止执行的债权，虽然法律允许当事人通过特别司法程序对这些债权提出异议，如对生效裁判申请再审；有管辖权的人民法院（而不是受理破产案件的人民法院）可依《民事诉讼法》之规定，裁定对仲裁裁决、公证债权文书不予执行。原生效裁判也可能在经审判监督等程序后改变，即使是已经执行的部分还可通过执行回转得以恢复。但由于此种程序已非一般司法程序，而是专门针对生效裁判进行的特别司法程序，而且在这些生效法律文书依法被撤销、变更或裁定不予执行之前，这些债权都属于已经经过发生法律效力的裁判确认、依法可强制执行的债权，其执行效力可自然延续至破产的执行程序中，故可不经审查确认程序而直接受偿。所以，这些债权不需再经审查确认程序。若当事人对该债权仍有异议，即使该债权所依据的生效裁判是错误的，也只能依前述《民事诉讼法》规定的程序更正，而不能在破产程序中依照债权确认程序否定该债权，或由受理破产案件的法院改变已有的裁判。此外，当事人依《民事诉讼法》规定的程序提出异议后，在生效法律文书依法撤销或变更之前，一般不停止其在破产程序中的执行。

但经法院或仲裁机构的生效裁判确认的债权可直接取得在破产程序中的受偿权利，仅是一项基本原则，对该项债权的具体清偿，仍应依据破产法的规定进行。受理破产案件的法院可依破产法的特别规定对该项生效裁判中的债权内容进行必要的调整。如判决规定应当清偿的债权利息，发生在破产案件受理之后的部分，因不属于破产债权，在破产程序中不予清偿，等等。除此之外，受理破产案件的法院对其他法院或仲裁机构的生效裁判无权进行任何变更。

在破产程序中，债权确认的内容主要有以下几项：申报的债权事实上是否成立；债权依其性质能否在破产程序中受偿；债权的数额；债权有无财产担保，担保物价款预计是否足以清偿担保债权，可能不足清偿的数额；债权尚不能确定或存有争议者，在债权人会议上是否享有表决权以及其代表的债权数额等。

三、债权确认的程序

（一）各国对债权审查确认立法之通例

纵观各国尤其是大陆法系国家破产法有关债权审查确认的规定，尽管因国情、历史沿革等不同，在一些具体问题上存有差异，但基本原则与程序是相同的。

多数国家的立法规定，由受理破产案件的法院指定债权调查期日，并主持由债权人、破产人、其他利害关系人及管理人等参加的债权调查活动。债权调查可在第一次债权人会议召开之前进行，但通常是与第一次债权人会议同期进行。也有个别国家将债权审查列为债权人会议的职权，如比利时，但对债权争议的确认之权绝不在债权人会议。

对债权争议的确认之权，各国无一例外规定为法院的职权，包括那些将债权审查列入债权人会议职权的国家。利害关系人对债权确认的结果有异议，应通过债权确认诉讼的方式解决。《企业破产法（试行）司法解释》规定由法院在破产程序中通过裁定确认债权实体争议的做法是不妥的。但对于一些不涉及实体权利、义务的问题可以由法院裁定解决，如对某些有争议的债权人在债权人会议上是否享有表决权及行使表决权时代表债权额的认定等。《日本破产法》第 182 条第 2 款规定："对于未确定债权、附停止条件的债权、将来请求权或不能依行使别除权受偿的债权额，如破产管理人或破产债权人有异议时，由法院确定其应否行使表决权及应就多少金额行使其表决权。"[1] 这里规定由法院确定的（未要求通过诉讼方式）仅限于债权人的表决权事项，对实体债权包括其数额的确认，仍要通过债权确认诉讼。

值得注意的是，我国台湾地区"破产法"第 125 条规定："对于破产债权之加入或其数额有异议者，应于第一次债权人会议终结前提出之，但其异议之原因知悉在后者，不在此限。前项争议，由法院裁定之。"对此条规定若从字面上理解，似乎对破产债权的争议是由法院裁定解决的，但这并非其立法之本

---

[1]　[日] 石川明：《日本破产法》，何勤华、周桂秋译，中国法制出版社 2000 年版，第 277 页。

意。因为该"破产法"第 144 条规定，对破产分配时仍存有异议或涉讼的破产债权，应按分配比例将分配之财产提存。若债权争议均由破产法院裁定解决，就根本不会出现分配时债权仍涉讼的问题。对此，我国台湾地区司法当局在其司法解释（1967 年台抗字第 58 号裁定）中明确指出，在该项规定中，法院的裁定并无实体效力，仅解决破产程序的参加权利与债权人之表决权所代表的债权额问题，当事人如对债权在实体上存有争议，仍应通过诉讼解决。

（二）我国《企业破产法》规定的债权核查确认程序

根据我国企业破产法的规定与各国惯例，管理人收到债权申报材料后，应当对申报的债权进行审查，并编制债权登记表。这里的审查包括形式审查与实质审查两方面，两者意义、作用和表现形式不同。管理人在编制债权登记表时只需进行形式审查，凡是符合登记形式要件的债权，就必须将其编入债权登记表内，不允许以管理人认为债权实质上不能成立如超过诉讼时效等为由拒绝编入债权登记表。同时，管理人还需对编入债权登记表的债权进行实质审查，如是否真实存在、是否超过诉讼时效、有无担保、数额是否正确等，并附在提交第一次债权人会议的债权登记表后，供债权人会议核查使用。债权登记表和债权申报材料由管理人保存，供利害关系人查阅。

债权人会议核查债权的程序如下：首先由管理人宣读被核查债权的申报登记情况以及有关证据材料，并由该债权人进行说明。随后依次由管理人、债务人、其他债权人、其他利害关系人如担保人等陈述意见。然后由该债权人解释，他人仍有疑问者可继续进行询问调查。经核查后，管理人、债务人、其他债权人等对该债权无异议的，列入债权确认表。债权表由人民法院裁定确认，其确认具有与生效判决同等的法律效力。

我们认为，对于经核查后仍存在异议的债权，为明确其法律地位，应由人民法院裁定该债权是否应暂纳入债权表内。该项裁定无实体法律效力，不影响利害关系人提起债权确认诉讼的权利。人民法院裁定该债权暂列入债权表的，异议人可以该债权人为被告提起债权确认诉讼。人民法院裁定该债权暂不列入债权表内，该债权人可以异议人为被告提起债权确认诉讼。人民法院应作出上述裁定的间接法律依据，是《企业破产法》第 59 条第 2 款，即"债权尚未确定的债权人，除人民法院能够为其行使表决权而临时确定债权额的外，不得行使表决权"。这里的"债权尚未确定的债权人"，就应当包括因存在核查异议而尚未确定的债权。人民法院的上述裁定使存在异议之债权可以按照其胜诉之概率高低决定是否进入债权表，而不仅仅是依赖于原始债权表的形式登记，不仅可以使债权确认诉讼的原告与被告身份的确定更为合理、明确，而且因将依法难以成立之债权排斥在债权表之外，有助于促使当事人自动息讼，减少没有必要之债权确认诉讼的提起。

根据《企业破产法》的规定，债务人、债权人对债权表记载的债权有异议的，可以向受理破产申请的人民法院提起诉讼。此外，有权提起债权确认诉讼的还应当包括管理人，这时管理人是以债务人的法定代表身份提起债权确认诉讼。

四、破产债权争议诉讼的性质与收费标准[1]

（一）破产债权争议诉讼的性质

对破产债权争议诉讼的性质有两种观点：①认为是给付之诉。②认为是确认之诉。认为诉讼属于给付之诉的主要理由是：债权人提起诉讼的目的不仅仅在于确认债权，还在于在破产程序中获得给付清偿，所以从诉讼最终目的的角度看应当属于给付之诉，而且当事人也确实是通过这个诉讼才在破产程序中得到了清偿。笔者认为，这种观点是不能成立的，破产债权争议诉讼的性质是确认之诉。

在破产程序外，债权以个别清偿的方式实现，债权人当然可以提出个别给付诉讼请求。这时的债权争议诉讼，确认债权是作出给付判决的前提，即债权的清偿给付以其得到确认为前提，而获得给付为该诉讼中债权确认的直接目的。所以，债权争议的诉讼既具有确认之诉的性质，也具有给付之诉性质。在债权人的诉讼请求是给付，而债权的确认又与给付无法分离时，债权的确认之诉就被给付之诉所吸收，确认之诉不必再单独进行，否则就会造成诉讼的浪费，债权争议诉讼的性质自然属于给付之诉。但在债务人进入破产程序时，情况就发生了彻底的改变。虽然债权人提起债权争议诉讼的最终目的是为在破产程序中获得清偿，但在破产集体清偿给付程序启动后，依照破产法规定，债权人无权再提出个别给付的诉讼请求，所以破产债权的争议诉讼就只能是确认之诉了。原在破产程序外债权争议诉讼中确认之诉与给付之诉不可分离的链接与诉讼上必须的吸收，被破产集体清偿给付程序的启动彻底隔断。破产程序本身就是债权实现程序即给付程序，所以在破产这个集体的给付程序启动后，债权的个别清偿给付程序就必须中止，因为两者是互不相容的，否则必然会出现两个法律程序的冲突。为此，《企业破产法》第16条、第19条特别规定，破产程序启动后，债务人的个别清偿无效，债权人的个别执行中止。《企业破产法司法解释二》第22条也规定："破产申请受理前，债权人就债务人财产向人民法院提起本规定第21条第1款所列诉讼，人民法院已经作出生效民事判决书或者调解书但尚未执行完毕的，破产申请受理后，相关执行行为应当依据企业破产法第19条的规定

---

[1]　参见王欣新："破产债权争议诉讼的性质与收费标准"，载《人民法院报》2014年7月16日，第7版。

中止，债权人应当依法向管理人申报相关债权。"不能再提出单独给付请求。在破产程序中，债权人要实现债权的给付，只需申报债权并使债权得到确认，无需也不允许再提出单独的给付请求就可以通过破产分配实现。也就是说，所有债权人的个别给付诉讼请求，依法被破产集体清偿给付程序所吸收合并。在这种情况下，债权的争议就只涉及确认问题，不再涉及给付问题，给付问题统一由破产程序解决，所以破产债权争议诉讼的性质只能是确认之诉。

认为破产债权争议诉讼的性质是给付之诉的观点，其关键性的错误就在于没有认识到，破产程序本身就是一个具有优先和排他性质的给付程序，其启动后便法定吸收其他给付程序优先适用，并排除债权人个别给付程序的提起和进行。所以，虽然在破产债权争议诉讼中，债权人起诉的最终目的也是为了在破产程序中获得给付清偿，但是在这个个别的诉讼中，只需要也只能解决债权的确认问题，即只能是确认之诉，给付问题则由已存在的破产程序解决。

因此，我们认为，在破产程序启动后提起的破产债权争议诉讼属于确认之诉，在破产程序启动前，债权人就债务人财产提起但尚未审结的诉讼也应随之变更诉讼请求为确认之诉，其原为保障个别债权给付实现而对债务人财产采取的保全措施也必须解除。案件在依破产程序恢复审理作出判决后，通过破产分配统一给付清偿。

（二）破产债权争议诉讼应依照确认之诉按件收费

在将破产债权争议诉讼的性质确定为确认之诉之后，其诉讼收费标准自然也就应当得以确定，即应依照确认之诉按件收费，而不能依照给付之诉按诉讼标的数额收费。

由于对破产债权争议诉讼的性质存在模糊认识，在目前的司法实践中，法院对该诉讼的收费标准并不统一，有的按照确认之诉收费，有的按照给付之诉收费，有的按照给付之诉减半收费，也有的以该项破产债权在破产程序中预计可能得到的分配数额为标的按照给付之诉收费，为此还有人建议规定收费的最高限额，具体做法不一。

对破产债权争议诉讼按照给付之诉收费（包括以此为基础的变通性的降价收费）是不妥的。首先，不符合法理，不符合诉讼的实际法律性质。其次，不能合理地适应实际情况。在破产程序中，破产债权通常是得不到足额清偿的，甚至可能得不到清偿。对破产债权争议诉讼以债权的名义债额为标准按照给付之诉收费，会造成诉讼当事人过重的负担，甚至出现诉讼收费数额超过债权人可能得到的破产分配额的不合理现象，从而压抑当事人维护权利的行为，损害其诉权。虽然有些法院也认识到这一问题，采取诸如减半收费等变通性措施以减轻诉讼费用负担，但由于其基础仍是建立在给付之诉收费标准之上，故无法从根本上合理解决问题。最后，破产程序本就是一个对全体债权人的集体清偿给付程序，这一给付程序的进行已经依法向全体债权人收取了相应费用，即从用于对债权人清偿的破产财产中支付的破产费用。《企业破产法》第41条明确规定："人民法院受理破产申请后发生的下列费用，为破产费用：①破产案件的诉讼费用；②管理、变价和分配债务人财产的费用；③管理人执行职务的费用、报酬和聘用工作人员的费用。"如对破产债权争议诉讼再按照给付之诉收费，就构成对同一给付行为重复收费了，显然是错误的。

有的人对债权争议诉讼按照确认之诉收费存在一些顾虑，认为一个案件只收百十块钱诉讼费，可能导致债权人或管理人等的滥诉，浪费司法资源，影响破产案件及时结案，等等。对于债权争议诉讼按照确认之诉收费的原则是必须坚持的，但对其可能产生的负面影响也需要确立一些规则，采取相应措施加以预防和解决。从规则角度讲，首先，破产程序启动后，债权人未经债权确认程序不得提起对破产债权的确认诉讼。有的债权人尚未经债权确认程序对其债权作出认定就提起诉讼，这是不允许的，法院对此种起诉不应受理。其次，对破产程序启动前已提起诉讼或仲裁的债权争议，破产程序启动后，管理人在审查债权时认为其债权应予确认的，应告知债权人确认结果并要求其撤诉，以降低诉讼费用的承担。如债权人拒不撤诉，由此产生的超过撤诉结案的诉讼费用，由债权人自行承担。再次，管理人对经债权审查程序后不予确认的债权，要向债权人作出必要的解释，对可能通过补充证据等方式解决确认问题的，管理人应通知其采取相应措施，对债权确认争议应争取协商解决，不应未尽职责就将债权争议都推向诉讼解决。管理人不接受债权人通过补充证据等合理、经济的措施解决确认问题，在此后的债权确认诉讼中因此而败诉的，由此产生的诉讼费用由管理人承担。最后，债权人因举证不全等问题导致其债权未得到确认的，应当先就补充举证问题与管理人协商，协商不成再提起诉讼。在诉讼中，如债权人提出在债权确认程序中未曾提交的新证据，且在提起诉讼前未就新证据与管理人进行过协商，即使债权人胜诉，该案的诉讼费用也应由债权人承担。因其债权在破产程序中未获得确认的原因是其自身的举证过失，而不是管理人的确认错误，而且其在提起诉讼前未采取合理、经济的方式解决争议。所以，因其自身过错造成的讼累负担与费用支出，应当由其自己承担。

除此之外，还要加强对管理人履行职责的监督，将管理人是否怠于履行职责、为摆脱责任而将债权争议简单付诸滥诉的情况纳入监督范围，作为评价其工作业绩的一个考核因素。为了彻底消除争议、统一执法，对破产债权争议诉讼的性质及其收费标准如何确定，建议最高人民法院及时制定司法解释，以最终解决问题。

第七章

破产费用与共益债务

第一节　破产费用与共益债务的概念

一、破产费用与共益债务的基本含义

原则上，破产程序一经法院裁定即开始，所有债权债务关系的清理均应按破产程序行使。然而，在破产程序进行过程中随时会发生需要支付的费用与债务，例如，各种破产机构工作人员的报酬、破产管理人为管理、处分及其他有关破产企业的财产而雇佣工作人员、租用场地、为收回财产而进行诉讼、转让财产等行为需要的费用，均需随时支付，否则破产管理人便无法工作，破产程序也就不能顺利进行。除此之外，破产管理人为全体债权人利益，有维持继续营业的必要时，继续营业必然会发生新的债权债务关系，而这种新的债权不能同破产债权处于同一法律地位，否则，其他企业均不愿同破产企业进行交易，企业的继续营业也必定会发生困难，故此类债权也应随时偿付。随时需要支付的费用与随时需要偿付的债权便是破产费用与共益债权。

具体地讲，破产费用是指在破产程序进行过程中，为破产程序的顺利进行以及为破产财产的管理、处分等而必须随时支付的费用。简言之，是为全体破产债权人的共同利益所支出的费用。共益债务是指在破产程序开始后，为全体债权人的共同利益而对第三人所负担的债务。对共益债务的相对人来说，即为共益债权。

关于破产费用与共益债务的名称，许多国家立法规定不一。日本破产法统称为财团债权；我国台湾地区"破产法"称之为财团费用与财团债务；法国法称之为"程序开始后的合法债权"。若仅从共益债务或破产费用负担的角度看，无论是共益债权，还是破产债务均为破产企业所承担的义务，由破产企业财产随时支付，故统称为破产债务或共益债务或破产费用或者共益债权，并无不可。但是在将共益债务和破产费用区别对待的国家中，即赋予破产费用和共益债务不同的法律地位，当二者并存而财产不足清偿时，应首先清偿破产费用以保障破产程序的进行时，对二者的区别便有了重要的意义。德国破产法便是采

取区别主义。当然，在采取平等清偿主义的国家，如英国、美国、日本等国，这种区分是毫无意义的。[1] 我国企业破产法称为"破产费用"与"共益债务"，下面为论述的方便，我们将"破产费用"与"共益费用"通用，将"共益债务"与"共益债权"通用。

虽然许多国家立法对破产费用与共益债务所采取的用语不同，但其所包含的内容并无多大差别，主要包括：①破产管理人、监察人及其所聘任的工作人员的报酬；②基于债权人的共同利益所支出的诉讼费用；③破产程序开始后，为破产企业的继续及财产管理处分所生的费用；④执行破产分配方案所需要的费用；⑤在破产程序开始后，基于无因管理或不当得利而对破产企业产生的财产请求权；⑥破产管理人于破产程序开始后，为破产企业的继续营业或增加财产，借入资金或其他行为而产生的请求权；⑦因破产管理人请求相对人履行双方尚未履行的契约，使对方因此而产生的债权；⑧其他应支出的费用。我国《企业破产法》第41、42条详细规定了破产费用与共益债务的范围，我们下面将详细论述。

二、破产费用与共益债务的基本特征

共益费用和共益债权均是为了破产程序的进行而必须支出的项目，具有以下基本特征：

（一）共益债务与共益费用均发生于破产程序开始后

破产程序开始后，使破产企业所负债务分为两大部分：之前产生者为破产债权；之后发生者为共益债权或共益费用。这是以时间为标准所作的基本划分，许多国家法律均以此为标准对之进行界定。但这一界限不是绝对的，有些债权虽然发生于破产程序开始之后，但仍然为一般债权，如因票据承兑或付款关系而产生的债权、因解除双务契约而致对方当事人受损失而产生的损害赔偿请求权等。有些债权与费用虽然发生在破产程序开始之前，但也可能是共益债权或共益费用，例如，破产申请提出后于破产程序开始前所为的对破产企业财产的保全所需要的费用。

（二）共益债务与共益费用系为债权人的共同利益而发生

因债权人的共同利益而发生，是共益债权与共益费用的核心与实质特征，也是法律规定的基本出发点。债权或费用虽然发生在破产程序的进行过程中，但并非为债权人的共同利益而仅为个别债权人的利益所为时，不能列为共益债权或共益费用。例如，个别债权人未在法律规定或法院指定的期限内申报债权

---

[1]　但日本学理及司法判例认为，区别二者在有的情况下也是有意义的。

而后补充申报时，对债权的调查费用、债权人参加破产程序的费用等均不能作为共益债权或共益费用。只有为全体债权人的共同利益而支出的费用或负担的债务，如为维护破产企业的财产而进行诉讼的费用、为继续营业而生的费用或负担的债务、为调查与确认债权或股权而生的费用、为执行破产分配方案而生的费用等，才能列为共益债权或共益费用。

（三）共益债务与共益费用以破产企业的全部财产为担保

从性质上说，共益债务与共益债权均为非担保债权，故不以破产企业的特定财产为担保标的，而是以破产企业的全部财产为一般担保。但是，破产程序开始后，向他人负担债务，他人要求破产管理人提供财产担保而破产管理人应此要求提供的，则是另外一个问题。

（四）共益债务与共益费用由破产财产随时支付

共益债权与共益费用因发生于破产程序开始后，故无需申报，并不依破产程序随时受偿，这是其区别于破产债权的重要特征之一。破产企业出售财产或有其他收益时，应首先支付共益债权和共益费用。

第二节 破产费用与共益债务的范围

一、破产费用与共益债务的立法例

破产费用与共益债务的范围是指破产费用与共益债务的所涵盖的事项，在具体立法体例上，大致可分为两种立法体例：

（一）合并制

日本破产法、美国破产法、法国破产法均采取合并制。根据《日本破产法》第148条的规定，下列请求权为财团债权：①为破产债权人的共同利益而支出的裁判上的费用；②依国税征收法及国税征收条例可以征收的请求权；③破产财团的管理、变价及分配费用；④因破产管理人就破产财团实施的行为而产生的请求权；⑤因无因管理、不当得利而对破产财团产生的请求权；⑥于委任终止或代理权消灭后，因急迫的必要行为而对破产财团产生的请求权；⑦因请求对方履行双务契约而负担的债务；⑧因破产宣告而有双务契约的解约申告时，至其终止间所生的请求权；⑨破产人及其所抚养人的补助费。

（二）分别制

德国破产法及我国台湾地区"破产法"均采取分别规定制度。如我国台湾地区"破产法"第95条规定，下列各款为财团费用：①因破产财团的管理、变价及分配费用；②因破产债权人的共同利益所需的审判上的费用；③破产管理人之报酬；④破产人及其家属之必要生活费及丧葬费。第 96 条规定，下列各款为财团债务：①破产管理人关于破产财团所为行为而生之债务；②破产管理人为破产财团请求履行双务契约所生之债务，或者因破产宣告后应履行双务契约而生的债务；③为破产财团无因管理而生之债务；④因破产财团不当得利所生的债务。

我国现行《企业破产法》第 41 条与第 42 条分别规定了破产费用与共益债务的范围，并且于第 43 条规定了分别清偿的规则，因此，应当认为我国破产法采用的是分别制。

我们认为，分别制与合并制相比较，具有明显的优势。因为，区别破产费用与共益债务，并赋予其不同的法律地位，对破产程序的顺利进行有实际意义。破产费用比共益债务，之于破产程序的进行更具有直接性和迫切性。

二、破产费用的范围

从破产费用的性质及作用看，它基本上是因与破产企业的财产有关的行为而为的成本性支出，大多因消极的维持行为而发生。共益债务则是在破产程序中，为使债权人共同受益而承担的义务，多因契约、侵权行为及不当得利等积极行为而产生。根据我国《企业破产法》第 41 条的规定，法院受理破产申请后发生的下列费用，为破产费用：①破产案件的诉讼费用；②管理、变价和分配债务人财产的费用；③管理人执行职务的费用、报酬和聘用工作人员的费用。具体来说：

（一）对破产财产的管理费用

按破产制度的一般规则，破产程序开始后，债务人便失去对财产的管理及控制权，而由破产管理人为之。破产管理人为管理与处分企业财产必然会产生费用，其管理费用主要包括以下几项：①为保管物品的仓储费用；②雇佣保管人员所支出的报酬；③运输费用；④对不动产的保护与维护费用；⑤其他管理费用。

对财产的处分费用包括两种：一为积极处分费用；二为消极处分费用。所谓消极处分费用，是指因财产发生质的变化，若不处分，将会发生毁损灭失或丧失价值的后果时，因立即处分而产生的费用；所谓积极处分费用，是指企业破产需要资金而需要处分财产时发生的费用。

除此之外，因对财产的处分发生的税收是否为共益费用？从理论及国外司法实务看，应为共益费用。

（二）为债权人的共同利益而进行诉讼的费用

这里所称的诉讼费用范围极广，它包括自破产程序开始时起至终结时止所需要的审判上的一切费用，例如，破产债权的受理费、法院否认申报债权及进行债权调查的费用、公告费、财产保全费、行使撤销权的费用、为收回破产财产而必须提起诉讼的费用等。但是，这些费用必须是为债权人的共同利益而支出，否则不属此列，例如，虽为破产程序开始的申请，但法院并未受理而支出的费用；为确认自己的债权提起诉讼而支出的费用；补充申报债权后的调查费用等，均不能为共益费用。如果债权人对某个债权人权利提出异议之诉而使破产企业的财产受益时，提出异议者因此而支出的费用，仍可为共益费用。除此之外，为全体债权人进行诉讼而支付给律师的所有必要费用，也应属于共益费用。

（三）管理人及相关人员的报酬及聘任必要工作人员的费用

许多国家破产法均规定，管理人、监察人（我国破产法上的债权人委员会委员）及法律规定或法院指定的其他机构的工作人员依法执行职务，有取得报酬的权利。他们为债权人的共同利益而工作，故其报酬应列为公益费用。另外，他们为执行职务而聘用工作人员而应支付的报酬也为共益费用。

（四）为执行破产分配方案所生的费用

破产分配方案经债权人会议通过并经法院认可后，需要付诸执行。因该执行而生的费用应为共益费用。

（五）重整平度或和解程序中发过的费用

若破产程序系由和解程序或者重整程序转换而来时，在重整程序或和解程序中已发生的共益费用，也应为破产程序中的共益费用。

三、共益债务的范围

根据我国《企业破产法》第42条的规定，法院受理破产申请后发生的下列债务，为共益债务：①因管理人或者债务人请求对方当事人履行双方均未履行完毕的合同所产生的债务；②债务人财产受无因管理所产生的债务；③因债务人不当得利所产生的债务；④为债务人继续营业而应支付的劳动报酬和社会保险费用以及由此产生的其他债务；⑤管理人或者相关人员执行职务致人损害所产生的债务；⑥债务人财产致人损害所产生的债务。

结合我国破产法的整体规定，共益债务应包括下列几项：

（一）为破产企业的继续营业而与第三人交易所负担的债务

为继续破产企业的营业，破产企业必然要与第三人发生交易行为，因该行为产生的债务，应从破产企业的现有财产中按一般民法规定支付，而不适用破产程序对破产债权的规定。否则，无人与处于"危险"状态的破产企业发生交易关系。

在此情况下，交易对方常常会要求破产企业提供物的担保或人的担保。当破产企业提供特定财产为担保标的时，债权人的该担保物权也不受破产程序的限制。当破产企业不履行债务时，担保物权人可执行担保物权。

（二）在破产程序进行过程中应支付给雇员的工资和社会保险费用

虽然有的国家未将破产程序开始前所欠雇员的工资或薪金列为共益债务，但是，在破产程序进行过程中所发生的工资债权及社会保险费用应为共益债务，由破产企业的财产随时支付。因为雇员的劳动为破产企业继续经营所需要，系为关系人的共同利益，故毫无疑问地应列为共益债务。

（三）因要求履行双务契约所生的债权

破产人与他人订立的双务契约于破产程序开始时已有效成立而双方未履行完毕时，法律并未赋予相对人以当然解除契约的权利，故管理人有权要求其继续履行。若破产管理人要求相对人履行而不为对等给付或对其权利给予充分保护时，对方当事人会行使同时履行抗辩权或不安抗辩权而拒绝履行。为使双务契约当事人的利益得到保护，使破产管理人能达到履行双务契约的目的，包括我国破产法在内的许多国家法律均规定，双务契约的对待债务为共益债务。

这里所指的双务契约，是指破产程序开始前已有效成立而双方未履行完毕的契约，若于破产程序开始前双方已经履行完毕的契约，自不生此问题。至于契约有效成立于破产程序开始前，但于破产程序开始时尚未履行完毕的，应具体分析。

1. 在破产程序开始时，如果破产人已履行完毕而对方尚未履行的，对方当事人有当然履行的义务，不发生破产债权或共益债务的问题。

2. 于破产程序开始时，如果对方已履行完毕而破产人尚未履行完毕的，对方当事人应以债务人尚未履行完毕的债务为限，依破产程序申报债权，作为破产债权依破产程序接受清偿，亦不发生共益债务的问题。

3. 破产程序开始时，双方均未履行完毕的，于破产程序开始后，破产管理人要求对方继续履行时，应将其债权分为两部分：即将破产程序开始前已履行完毕作为破产债权，依破产程序申报并依破产程序行使；未履行完毕而破产管理人要求履行的部分作为共益债权。

4. 双务契约成立于破产程序开始前，于破产程序开始时，双方均未履行时，若破产管理人于程序开始后要求对方继续履行的，对方当事人的全部债权应作为共益债权。

法律之所以规定此种债务为共益债务，主要是基于以下理由：①此种债务发生于破产程序开始之后，且破产企业负担此种债务系为全体债权人之共同利益；②为保护契约对方当事人的利益。破产程序开始后尚未履行的契约，对方当事人可以破产程序开始为由行使不安抗辩权或同时履行抗辩权，以避免给自己造成损失。此时，破产管理人要求继续履行时必须给对方当事人的利益以充分的保护，将其作为共益债权以区别于一般破产债权。即使在此情况下，对方当事人也未必使对方当事人消除疑虑，因为破产企业的财产不足清偿共益债权和共益费用的情形并不少见，故其往往还要求破产管理人提供担保。

（四）破产程序开始后因无因管理而对破产企业享有的债权

按照民法的一般原理，无法定或约定的义务，为避免他人利益受损失而进行管理或者服务的，有权要求受益人偿付因此而支出的必要费用。该原则适用于破产程序中对破产企业进行无因管理的情形。第三人若无法律上或契约上的义务，就属于破产企业的财产或事务进行管理或服务的，该第三人为此所支出的必要费用或负担的债务及所受的损害为共益债权，从破产企业的财产中随时支付。但应该注意的是，该无因管理必须发生于破产程序开始之后，方为共益债务，若发生于破产程序开始之前，只能作为一般破产债权而依破产程序受偿。

（五）破产程序开始后因破产企业之不当得利而产生的债务

不当得利是指没有合法根据而使他人受损，自己受益的行为。不当得利为债权产生的根据，受到损失的人有权要求获得不当利益的人返还该不当得利。受损人为债权人，而受益人为债务人。这一民法原则适用于破产制度。若破产企业无法律上的原因获得利益而致使他人受到损害时，应将该不当得利返还给受损人，受损人因此而产生的对不当得利的返还请求权为共益债权。但是，破产企业的不当得利必须发生于破产程序开始之后，才能列为破产债权。若受损人不当得利的返还请求权发生于破产程序开始之前时，则为一般破产债权，只能依破产程序行使权利。

在破产程序开始后，破产企业取得不当得利，使破产企业的财产增加对所有关系人均有利，故因此产生的债务理应列为共益债务而从企业财产中随时支付。例如，无效合同的对方当事人在破产程序开始后向破产企业履行债务时，破产企业应将因此而产生的利益，作为共益债务，返还给对方当事人。又如，破产管理人误将附条件债权人为参加破产分配而提供的担保物处分时，债权人为此而产生的请求权为共益债权。

（六）破产程序开始后因管理人与相关人员的侵权行为而对破产企业产生的债权

在破产程序的进行过程中，均为破产债权人的共同利益而执行职务，若因与执行职务有关的行为产生的后果，应由破产企业负担。破产管理人及相关人员等在执行职务时，因故意或过失造成第三人人身或财产损害的，应负赔偿责任。该赔偿责任为共益债务，但破产管理人或监察人应与破产企业负连带赔偿责任。

如果管理人或其他相关人员因故意或过失造成他人财产或人身伤害，但与执行职务无关时，虽在执行职务期间，也应由其个人负责，而不应列为共益债务。

（七）因债务人（破产人）财产致人损害产生的债务

侵权实际上就包括人的侵权和人管理或者拥有的财产的侵权，《法国民法典》及《德国民法典》等对此都有明确的规定。我国《民法通则》对此也有规定，因此，因债务人拥有或者其管理下的财产造成他人损害的，当然也应负赔偿责任。而该损害发生在破产程序开始后，故应为共益债务。

第三节　破产费用与共益债务的清偿

一、破产费用与共益债务清偿的一般原则

关于破产费用与共益债务的清偿，许多国家法规定的一般原则为：从破产财产中随时支付。如《日本破产法》第 49 条规定：财团债权无须依破产程序，得随时清偿。我国《企业破产法》第 43 条第 1 款规定："破产费用和共益债务由债务人财产随时清偿。"我们认为，破产费用与共益债务是不受破产程序限制的。所谓"不受破产程序限制"应包括如下含义：①破产费用与共益债务不按破产分配方案受偿，以示其与破产债权的区别。但并非不受破产程序的影响，因为其本身就发生于破产程序进行的过程中。②破产费用与共益债务有强制执行力。当破产管理人不为共益债权和共益费用的偿还时，权利人可申请法院为强制执行。③对共益债权或共益费用的清偿应通过破产管理人，而破产管理人承认与清偿破产费用与共益债务应经法院或监督人的同意。④由债务人的财产随时支付而不受破产程序中关于对一般债权清偿规则的限制，随时发生随时支付，其实就是按照民事程序支付。

权利人对管理人否认其权利或承认的数额有异议时，可请求法院裁定。管理人也可提起诉讼，但管理人在提起诉讼前，必须经过监督人的同意。经法院确认的破产费用与共益债务，对破产企业的财产有强制执行力。

二、破产费用与共益债务清偿中的顺序问题

虽然破产费用与共益债务以从破产财产中随时支付为原则，但是，当破产财产不足清偿破产费用与共益债务时，应如何处理？从许多国家的立法例看，有两种不同的清偿方法：一是不分破产费用与共益债务用而实行平等清偿主义，日本、美国等实行这一原则。例如，《日本破产法》第 51 条规定，破产财团在明确不足以清偿财团债权的总额时，按照尚未清偿的债权额比例予以清

偿。二是对破产费用与共益债务实行区别对待，顺序清偿的原则，即当财产不足以清偿破产费用与共益债务时，应先支付破产费用，而后支付共益债务，当不足清偿同一顺序时，按比例清偿。德国法实行这一原则，《德国破产法》第209条就规定共益费用的清偿顺序优先于共益债权。我国《企业破产法》第43条第2款规定，债务人财产不足以清偿所有破产费用和共益债务的，先行清偿破产费用。

从理论上看，顺序清偿主义较平等清偿方式合理，它能保证程序的顺利进行。所以，日本破产法虽然规定了平等主义，但实际上，日本的司法判例也认为，在不足的情况下，应当优先清偿共益费用。[1] 但在实际操作中，破产费用与共益债务是无规则的交替发生的，有可能是共益债务先于破产费用而发生。按随时支付的原则，应对先发生者支付。因此，这种顺序主义只有当破产费用与共益债务并存，且财产不足以支付时，才有意义。

另外，也有可能发生债务人的财产在仅发生破产费用时也不足以支付的问题，或者仅仅发生了共益债务，债务人的财产也不足以支付的问题，对此应如何处理？我国《企业破产法》第43条第3款规定，债务人财产不足以清偿所有破产费用或者共益债务的，按照比例清偿。

三、债务人财产不足以清偿破产费用或者共益债务时的后果

在司法实践中，有可能发生债务人的财产不足以支付破产费用的问题，或者能够支付破产费用，但不足以支付共益债务的问题，对此应如何处理？

对此，我国《企业破产法》第43条第4款规定："债务人财产不足以清偿破产费用的，管理人应当提请人民法院终结破产程序。人民法院应当自收到请求之日起15日内裁定终结破产程序，并予以公告。"但是，并没有规定债务人财产不足以支付共益债务时应如何处理。我们认为，也应与债务人财产不足以清偿破产费用发生相同的后果。

---

〔1〕〔日〕石川明：《日本破产法》，何勤华、周桂秋译，上海社会科学院出版社1995年版，第170页。

第 八 章

法律责任

第一节　破产法上的法律责任

一、破产法上的法律责任概述

法律责任，是指行为人违反法律上的义务或者违反法律的规定而应当承担的不利法律后果。而破产法上的法律责任，则是行为人违反破产法的规定而应当承担的不利后果。破产法上的法律责任，具有强制性，对不法行为人具有教育和惩戒的作用；不论行为人是否有承担责任的意思，只要其行为不符合破产法的规定并产生应当追究责任的结果的，均应当承担相应的法律责任。

法律责任的存在以法律秩序的维持作为基本目的。在实现这个目的的过程中，法律责任担负着重要的使命。破产程序是涉及众多利害关系人的债务清理程序，以程序的公平和公正作为破产程序的核心价值。破产程序的正当运行要求与破产程序有关的任何人均应当按照破产法规定的程序要求和目的从事相应的行为，不得有损害或者妨碍破产程序进行的任何行为。为了保证破产程序的有序进行，破产法规定有多样化的法律责任制度。

二、破产法上的法律责任形式

法律责任的形式，取决于行为人违法行为的性质和严重程度。例如，当行为人的违法行为情节严重而具有危害社会的后果时，将触犯刑法而应当承担刑事责任。一般而言，依照行为人违法行为的性质和承担法律责任的法律依据，法律责任被区分为民事责任、行政责任和刑事责任三种。

1. 民事责任，是指行为人违反民事义务而应承担的一种法律责任。因为行为人民事义务的不同，民事责任又被区分为侵权责任和违约责任两种。在我国企业破产法上，行为人违反民事义务而应当承担的民事责任，基本形式为损害赔偿责任。例如，企业的董事、监事或者高级管理人员违反忠实义务、勤勉义务，致使所在企业破产而给破产企业的出资人、债权人或者第三人造成损害的，应当承担赔偿责任。

2. 行政责任，是指行为人违反法律的强制性规定而应当承担的带有惩罚性质的法律责任，例如，警告、罚款等法律后果。行政责任不以行政机关对违法行为人予以追究的责任为限，还应当包括其他执行国家管理社会公共事务和维护法律秩序的机关对违法行为人予以追究的责任。例如，法院对妨害破产程序的直接责任人员，可依法处以训诫或者罚款。

3. 刑事责任，是指行为人因实施刑法规定的犯罪行为而应当承担的惩罚性后果。追究刑事责任的前提是行为人有犯罪行为；刑事责任的具体形式体现为刑罚，具体包括管制、拘役、有期徒刑、无期徒刑和死刑 5 种主刑，以及剥夺政治权利、罚金和没收财产 3 种附加刑；若犯罪行为人为外国人，还可以适用驱逐出境的刑罚。企业破产法并没有明文规定破产犯罪及其相应的刑事责任承担。我国实行刑法和民商事法律分立的体制，所有的犯罪问题均应当由刑法加以规定，企业破产法不便而且也没有必要专门规定破产犯罪及其相应的刑事责任承担。所以，《企业破产法》第 131 条规定："违反本法规定，构成犯罪的，依法追究刑事责任。"

第二节　导致企业破产的民事责任

一、导致企业破产的民事责任概述

导致企业破产的民事责任，是指企业的董事、监事或者高级管理人员因为违反法定义务致使所在企业破产而应当对受害的第三人承担的民事责任。这里所称的"企业破产"，应当以我国破产法规定的"破产清算"为限。

企业破产的原因极为复杂，并非均与企业的董事、监事或者高级管理人员有关；企业的董事、监事或者高级管理人员对企业破产并不一定要承担民事责任。但是，如果企业的董事、监事或者高级管理人员在执行职务过程中，违反忠实义务或勤勉义务，直接造成所在企业破产的，应当承担相应的民事责任。导致企业破产的民事责任，为企业的董事、监事或者高级管理人员对企业破产后受到损害的第三人承担的个人责任。

二、企业破产的民事责任之构成要件

行为人违反法律的规定或者违反法律上的义务，致使企业破产的，要承担导致企业破产的民事责任的，应当具备以下三个条件：

1. 民事责任的主体，仅限于企业的董事、监事或者高级管理人员。对企业破产负有直接责任的人，若非企业的董事、监事或者高级管理人员，则不能构成我国企业破产法规定的导致企业破产的民事责任。只有企业的董事、监事或者高级管理人员的行为导致企业破产的，才能构成企业破产法规定的导致企业

破产的民事责任。除董事、监事外，企业的高级管理人员是指企业的经理、副经理、财务负责人、上市公司董事会秘书和公司章程规定的其他人员。

2. 违反法定义务与企业破产之间存在因果关系。忠实义务和勤勉义务为企业的董事、监事或者高级管理人员对企业承担的法定义务。例如，企业的董事、监事或者高级管理人员不得利用职权收受贿赂或者其他非法收入损害企业利益，不得侵占企业的财产或挪用企业资金等。当企业的董事、监事或者高级管理人员违反法定义务与企业破产之间有直接因果关系，即违反法定义务是企业破产的原因，企业破产是违反法定义务的必然结果时，才能适用导致企业破产的民事责任。若违反法定义务和企业破产之间不存在因果关系，则不能适用我国企业破产法规定的导致企业破产的民事责任。

3. 民事责任的相对人，仅限于企业破产后受害的第三人。依照法理，企业的董事、监事或者高级管理人员对企业负有忠实义务和勤勉义务，违反此项义务造成企业破产的，应当对破产企业承担民事责任，企业破产法对此不作规定亦可适用。但是，在董事、监事或者高级管理人员违反法定义务致使企业破产的情形下，由破产企业追究董事、监事或者高级管理人员的民事责任，程序上存在诸多困难，故企业破产法直接规定"导致企业破产的民事责任"，以便利企业破产后受到损害的第三人，包括但不限于破产企业的出资人、破产企业的未获全额清偿的债权人等，直接追究破产企业的董事、监事或者高级管理人员的民事责任。

第三节　妨害破产程序的法律责任

一、妨害破产程序的法律责任概述

妨害破产程序的法律责任，是指行为人（包括但不限于债务人、管理人）在破产程序中违反法律规定而有妨害破产程序的行为时应当承担的不利法律后果。妨害破产程序的行为，是指有害于破产程序的公正和有序进行的行为，不仅包括企业破产法明文规定的违反企业破产法的行为，而且包括企业破产法未明文规定但依照《民事诉讼法》第十章的规定应予制裁的"妨害民事诉讼"的行为。

妨害破产程序的法律责任，具体表现为受理破产申请的法院对有妨害破产程序行为的人所适用的强制措施或处罚措施，包括训诫、拘传、拘留或者罚款等。人民法院对妨害破产程序的行为人予以拘留或者罚款的，可以依照民事诉讼法的有关妨害民事诉讼程序的规定进行。对个人的罚款金额，为人民币 1 万元以下；对单位的罚款金额，为人民币 1 万元以上 30 万元以下。拘留的期限，为 15 日以下。

二、妨碍破产程序的行为及责任形式

行为人有妨害破产程序行为的，人民法院应当依照法律规定的方式予以制裁。以下仅以我国《企业破产法》的相关规定为限，对妨害破产程序的行为及其责任形式予以说明。

1. 违反列席债权人会议的义务。债务人的有关人员，例如，债务人的法定代表人、董事、监事、高级管理人员或者其他业务负责人等，有义务列席债权人会议，接受管理人或者债权人会议的询问。若债务人的上述有关人员，经人民法院依法传唤，无正当理由拒不列席债权人会议的，人民法院可以拘传，并依法对其处以罚款。

2. 违反说明义务。债务人的有关人员，例如，债务人的法定代表人、董事、监事、高级管理人员或者其他业务负责人等，有义务依照企业破产法的规定，就其知道的事实向人民法院、管理人或者债权人会议作出如实陈述。债务人的有关人员，若违反企业破产法的规定，就其知道的事实拒不陈述、回答，或者作虚假陈述、回答的，人民法院可以依法处以罚款。

3. 违反提交义务。债务人或者债权人向人民法院申请债务人破产的，债务人应当依照企业破产法的规定，向人民法院提交其财产状况说明、债务清册、债权清册、有关财务会计报告以及职工工资的支付情况和社会保险费用的缴纳情况说明等法定文件。在法律规定的期限届满后，债务人拒不向人民法院提交或者提交不真实的法定文件的，人民法院可以对其直接责任人员依法处以罚款。

4. 违反移交财产的义务。破产程序开始后，债务人财产由管理人接管；债务人在管理人接管财产前，应当妥善保管其占有和管理的财产、印章和账簿、文书等资料；并且债务人应当按照管理人的要求，向管理人移交其占有和管理的财产、印章和账簿、文书等资料。若债务人违反企业破产法的规定，拒不向管理人移交上述资料的，或者伪造、销毁有关财产证据材料而使其财产状况不明的，人民法院可以对直接责任人员依法处以罚款。

5. 违反限制居住的义务。在破产程序开始后，债务人的有关人员，例如，债务人的法定代表人，经人民法院决定的企业的董事、监事、高级管理人员、财务管理人员和其他经营管理人员，未经人民法院许可，不得离开住所地。债务人的有关人员在破产程序进行期间，擅自离开住所地，构成违反限制居住的法定义务的，人民法院可以予以训诫、拘留，依法并处罚款。

6. 管理人违反破产法的规定。管理人（包括个人管理人和机构管理人）

在破产程序进行期间负有勤勉尽责、忠实执行职务的法定义务的，若违反其义务，将直接妨害破产程序的公正和有序进行，应当承担相应的责任。依照我国企业破产法的规定，管理人违反企业破产法的规定，未能勤勉尽责、忠实执行职务的，人民法院可以依法处以罚款。

第四节　诈欺破产的赔偿责任

一、诈欺破产的赔偿责任概述

诈欺破产的赔偿责任，是指债务人实施诈欺破产行为致使债权人受到损害而应当承担的赔偿责任。诈欺破产的赔偿责任，是为弥补债权人损害的一种替代性的民事责任；承担此项赔偿责任的主体不是有诈欺破产行为的债务人，而是该债务人的法定代表人或者对诈欺破产行为负有直接责任的人员。因为债务人的诈欺破产行为而受到损害的债权人，有权请求债务人的法定代表人或者直接责任人员予以赔偿。我国《企业破产法》第128条规定了诈欺破产的赔偿责任。

诈欺破产行为，指债务人违反破产法的规定，通过隐瞒真实情况或者制造虚假情况的手段，实施债务人财产之事先处分行为，导致债务人财产减少或者债务人财产的负担增加，或者使债务人财产状况不明，从而损害债权人利益的行为。依照我国企业破产法的规定，诈欺破产的行为具体包括可撤销行为、偏颇性清偿行为和破产无效行为。

二、诈欺破产的赔偿责任的构成要件

依照我国破产法的规定，构成诈欺破产的赔偿责任，应当满足以下三个条件：

1. 债务人有诈欺破产的行为。债务人有无诈欺破产的行为，应当依照我国企业破产法的规定予以判断。就债务人的可撤销行为而言，应当限于人民法院受理破产申请前1年内、债务人所为的涉及债务人财产的下列行为：①无偿转让财产的；②以明显不合理的价格进行交易的；③对没有财产担保的债务提供财产担保的；④对未到期的债务提前清偿的；⑤放弃债权的。就债务人的偏颇性清偿行为而言，仅以人民法院受理破产申请前6个月内，债务人已经发生不能清偿债务的情形而仍对个别债权人进行清偿的行为为限。就债务人的破产无效行为而言，则包括债务人为逃避债务而隐匿、转移财产的行为，虚构债务的行为以及承认不真实的债务的行为三种。债务人有以上法律规定的涉及债务人财产的行为之一的，均可构成"债务人有诈欺破产的行为"。

2. 债权人受到损害。债权人依照破产程序而未能获得足额清偿的，构成"债权人受到损害"。这里所称"债权人受到损害"，只是债权人的债权依照破产程序未获足额清偿的一般事实，是相对于受破产程序约束的所有债权人而言，并非某个特定的债权人未获得足额清偿的个别事实。债权人对其受到的损害，应当负举证责任。

3. 诈欺破产行为与债权人受到损害之间存在因果关系。债务人有诈欺破产行为，债权人也受到损害，但二者之间并没有建立起相应的因果联系的，债权人也无法寻求损害赔偿的救济。债权人主张诈欺破产的损害赔偿的，应当以债务人为诈欺破产行为所造成的债权人的"实际损害"为限。也就是说，债权人受到损害，是债务人为诈欺破产行为的必然结果的，才能构成诈欺破产的赔偿责任。因果关系是债权人主张诈欺破产行为损害赔偿的基础。例如，债务人为诈欺破产行为而转让的财产，被管理人依法追回的，即使债权人依照破产程序未获足额清偿，但该未获足额清偿显然不能归责于债务人的诈欺破产行为的，债权人无权要求诈欺破产的赔偿。再者，因果关系限定着债权人取得损害赔偿的范围或程度，债权人因为债务人为诈欺破产行为而受到损害的，仅能以债务人诈欺破产行为"处分"的财产价值为限，要求债务人的法定代表人或直接责任人员承担赔偿责任。

第二编　再建型程序

第九章

和解制度

第一节　和解制度概述

一、和解制度的概念

（一）和解制度的含义

和解制度是指为避免破产清算，由债务人提出和解申请并提出和解协议草案，经债权人会议表决通过并经法院许可的解决债权债务问题的制度。

破产程序中的和解制度，并非需要每一个债权人的同意，而是由债权人会议以多数决制度通过的和解，实际上是债务人同债权人会议的和解。这种和解一旦生效，即使不同意和解的债权人也受其约束。所以，破产法上的和解有别于民法上的和解，采取"多数决"制度。

（二）和解的种类

根据不同的标准可以将和解分为不同的种类。若依破产宣告为界而分类，可将和解分为破产宣告前的和解和破产宣告后的和解；根据是否依破产程序进行和解而分类，可以分为破产程序上的和解与程序外和解。

1. 破产宣告前的和解和破产宣告后的和解。破产宣告前的和解，是指未经开始破产程序而直接根据当事人的申请开始的和解程序，即和解不是由破产程序转换而来的。在我国台湾地区"破产法"上称之为"法院的和解"，日本和解法称之为"和解"。破产宣告后的和解，是指在破产程序开始后最后分配前，根据债务人的申请而开始的和解程序。这种和解是在破产程序的进行过程中发生的，故与破产宣告前的和解有所不同。我国台湾地区"破产法"称之为"调协";而日本破产法称之为"强制和解",以区别于和解法上的和解。

但在我们看来,这两种和解并无实质的差别,只是发生的时间不同而已。正如有些学者所言,强制和解与和解由于采取多数表决方式,该计划对于全体债权人均有拘束力,也即具有强制力。这与和解法上的和解毫无区别,同时,在构造上两者基本上也是一致的。只是和解法上的和解并不以破产程序的开始为前提。[1]而且,即使是日本和解法也明确规定:本法所称的和解是指为了预防破产而实行的强制和解。[2]

我国现行破产法上的和解制度采用与其他国家的多数表决制一样的机制,但是,根据我国《企业破产法》第95条的规定,和解程序要么是债务人直接向法院申请开始,要么是由破产程序转换而来。而在后一种情况下,必须是"法院受理破产申请后、宣告债务人破产前"。所以,在我国,这种分类没有意义。但是,禁止债务人与债权人在破产宣告后进行和解,实际上是没有任何理由的。

2. 破产程序上的和解与程序外和解。我们上面所说的"破产宣告前的和解和破产宣告后的和解",其实都属于破产程序上的和解,其核心是要经过债权人的多数同意(具体条件各国规定不同),即债务人同债权人会议的和解。而程序外和解,是指债务人同每一个债权人的和解而不是采取"多数决"制度。如我国《企业破产法》第105条规定:"人民法院受理破产申请后,债务人与全体债权人就债权债务的处理自行达成协议的,可以请求人民法院裁定认可,并终结破产程序。"这里规定的就是程序外和解。

（三）和解的性质

我们认为,强制和解是债务人与债权人会议达成的关于债权债务关系的契约,该契约具有私法的性质。虽然该契约的生效以法院的认可为条件,但这种外部的法律要求不能作为否定其私法性质的理由。这种认可主要是因为和解协议是债务人与债权人会议的契约,而不是与各个债权人的契约,而债权人会议的工作机制是多数决定制。故该契约要获得对全体债权人均有约束力的效力,应经过法院的认可。

二、和解制度的价值

在《企业破产法》的起草过程中,曾经对和解程序是否必要进行过讨论。有人提出,国外或者境外破产法虽然有和解制度的规定,但实际上适用者甚

---

〔1〕　〔日〕伊藤真:《破产法》,刘荣军等译,中国社会科学出版社1995年版,第286页。
〔2〕　王书江、殷建平译:《日本商法》,煤炭工业出版社1994年版,第412页。

少，几乎没有多大用处，因此，建议我国破产法不规定和解，而是重点规定重整。但鉴于许多国家破产法对和解制度均有规定，最终通过的破产法还是保留了和解制度。我们认为，和解制度是必要的，因为与破产制度相比，和解制度有其显著的优点，在许多情况下更能为债务人和债权人双方所接受。这些优点主要表现在：

（一）和解制度成本较小

由于破产程序时间长、耗资巨大、程序成本较大，往往在程序进行到实质性阶段——财产分配时，债务人实际上能够供债权人分配的财产就所剩无几了。而和解制度成本低，往往能够使债权人得到比适用破产程序更多的清偿。而且由于和解能够给债务人带来再生的希望，债务人的再生也会给债权人带来更多的清偿，故更易为债权人所接受。

（二）债务人可避免因破产宣告带来的公、私法上的限制

无论是破产宣告前的和解，还是破产宣告后的和解，均能使债务人摆脱因破产宣告而受到的公、私法上的限制。

在破产宣告前的和解，能够避免债务人免受破产宣告，从而避免因破产宣告给其带来的公法与私法上的限制，甚至包括商业信誉的完全丧失。即使在破产宣告后的和解，债务人也能因破产程序的终结而摆脱公、私法上的限制。而且，和解可以给债务人带来避免清算的益处，从而在客观上给债务人创造一个再生的条件。故在许多情况下，债务人有和解的原动力。

（三）有利于社会经济秩序的稳定

由于和解在某种程度上能够给债务人带来再生的希望，而债务人的再生对社会经济秩序的稳定有重大意义。它不仅能够避免因债务人的破产而发生连锁反应，而且当债务人为法人时，还能避免因企业破产而导致的员工失业给社会带来的不利因素。正因为如此，许多国家破产法均规定和解具有优先于破产程序的法律效力。

但是，我们必须认识到，和解程序对于债务人的挽救是有限度的，它的直接目的并非为了债务人的再生，这与重整制度大有差异。虽然和解制度在客观上给债务人提供了一个喘息的机会。但实际上，和解是否成立，取决于债权人对自己利益的计算，只有债权人认为和解能够使其比清算得到更多的清偿时，才能同意和解。反之，债权人则不会赞成和解。从这一点上说，和解对债务人挽救的积极意义是有限度的，主动权掌握在债权人手中。

第二节　和解的程序

一、和解申请的提出

（一）申请人

和解的申请只能由债务人向法院提出，其他任何利害关系人均不得提出和解申请，法院也不得依职权开始和解程序。这是许多国家破产法一致承认的规则。我国《企业破产法》第95条也明确规定了只有债务人才能提出和解申请。有学者在解释许多国家之所以这样规定的原因时指出，和解程序与破产程序不同，在和解程序，债务人期待能够借以成立和解以维持其事业。和解有无成立的希望，债务人所提出的和解方案及所提出的清偿办法之担保有决定性的作用。债务人之事业有无维持之价值及可能，债务人最为清楚，而且和解所必需的方案及清偿办法的担保，只有债务人有提出的可能，债权人不能替代。[1]这种解释有一定的说服力。

其实，和解最为关键的是债务人的诚意，只有债务人具有诚意，债权人才能同意和解，也才能够保障债权人的权利，和解才有可能达到制度之目的。而债务人提出和解申请，即表明其诚意及原动力所在。

（二）和解提出的时间

强制和解提出的时间因破产宣告前的和解与破产宣告后的和解而有不同：在破产宣告前的和解，只要债务人具备了破产原因，债务人在任何时候均可提出和解申请；而在破产宣告后的和解，和解提出的时间应在破产程序开始后最后分配前提出。

前面已经提到，我国破产法不允许在破产宣告后提出和解申请（《企业破产法》第95条），因此，仅仅可以在债务人具备破产原因时直接提出，或者在开始破产程序而未宣告债务人破产时提出申请。

（三）债务人申请和解的条件

债务人向法院提出和解申请时，应同时向法院提交和解计划（和解协议）草案。在和解协议草案中，应提出和解条件。和解条件包括债务人的财产状况、债务人清偿债务的方法及期限、担保和解协议执行的措施等。如《日本破产法》第294条规定，强制和解的提出者须向法院申报清偿的方法，欲提供担

---

〔1〕（台）陈荣宗：《破产法》，三民书局1986年版，第59页。

保时，也须申报其担保及其他强制和解的条件。我国台湾地区"破产法"第130条规定，调协计划（即和解协议）应载明下列事项：①清偿的成数；②清偿的期限；③有可供担保者，其担保。根据我国破产法的司法解释，被申请整顿企业应当向债权人会议提交和解协议草案，和解协议草案应具备下列内容：①清偿债务的财产来源；②清偿债务的办法；③清偿债务的期限等。[1]

其实，上述内容也是债权人所关注的实质性问题。如果在实质性问题上不能得到确切的说明，对于清偿的计划没有切实的保障，债权人难以同意和解计划。因为和解成立并经法院认可后，财产的管理处分权重又回到债务人手中，如果债权人得不到保障，就会使其蒙受财产继续恶化的危险，到那时再开始破产程序，就会使债权人所得的分配更加减少。所以，这些实质性的内容必须在和解计划中向法院作出书面说明。我国企业破产法在起草过程中曾经有关于和解协议内容的规定，后来就没有具体规定，而是按照契约自由的原则，由债务人与债权人会议协商。但境外的上述内容具有很高的借鉴意义。

和解的条件对于所有债权人应当平等，但自愿接受不平等条件者，也为法律所认可。

二、法院对申请的审查

（一）对于破产宣告前和解申请的审查

因破产宣告前申请和解的实质性条件是债务人具备破产原因，故法院对这种和解申请的审查重点是债务人是否具备破产原因。如我国台湾地区"破产法"第6条规定，债务人不能清偿债权人者，在破产宣告前得向法院声请和解。

法院在对和解申请审查时，遇有法律规定的应当驳回申请事由的场合，应驳回申请。根据我国台湾地区"破产法"第10条的规定，和解申请遇有下列情形之一的，应驳回之：①声请不合第7条的规定[2]，经限期令其补正而不补正者；②声请人曾因和解或破产，依本法之规定而受有期徒刑之宣告者；③声请人曾经法院认可和解或者调协，而未能履行其条件者；④声请人经法院传唤无正当理由而不到场，或者到场而不为真实之陈述，或者拒绝提出关系文件者。

我国现行《企业破产法》仅仅规定了这一种和解，但并没有规定具体的驳

---

〔1〕 参见《最高人民法院关于贯彻执行〈中华人民共和国企业破产法（试行）〉若干问题的意见》第33条。

〔2〕 该法第7条规定，债务人声请和解时，应提出财产状况说明书、债权人债务人清册、并附具所拟与债权人和解之方案及提供履行其所拟清偿办法之担保。

回或者许可的条件，仅仅于第96条第1款规定："人民法院经审查认为和解申请符合本法规定的，应当裁定和解，予以公告，并召集债权人会议讨论和解协议草案。"因此，上述立法例对于我国破产司法实践具有重要的借鉴意义。

（二）对于破产宣告后和解申请的许可（我国破产法上不存在这种和解）

破产宣告后的和解因发生于破产程序开始后，故法院不许可和解申请的理由要多于破产程序开始前的和解申请。但对此问题的规定，许多国家破产法并不相同，例如，根据《日本破产法》第295、296条的规定，在下列场合下，法院得驳回债务人的和解申请：①债务人去向不明的；②对债务人的破产诈欺罪正在公诉或已经确认有破产诈欺罪时；③债权人会议已经否决强制和解时；④为强制和解召开的债权人会议的会期公告后，已经撤回其申请时；⑤已经作出强制和解不认可的决定时；⑥已经作出强制和解撤销的决定时。

法院在接到债务人关于开始和解程序的申请，经审查认为符合应批准和解的条件时，应作出批准申请的决定，并交由债权人会议依法定程序表决决定。同时，根据我国《企业破产法》第96条的规定，人民法院经审查认为和解申请符合本法规定的，应当裁定和解，予以公告，并召集债权人会议讨论和解协议草案。对债务人的特定财产享有担保权的权利人，自人民法院裁定和解之日起可以行使权利。也就是说，仅仅有和解申请的受理，并不能像清算程序那样，受理之后担保权人就可以行使担保物权，仅仅在许可和解时（并不是许可和解协议时），才能行使。

三、债权人会议对于和解协议草案的议决

债权人会议议决和解协议草案，应当按照特殊决议的表决方式进行。对此，许多国家破产法规定的具体条件并不一致。例如，《日本破产法》第306条规定，对于强制和解的表决，须经得行使表决权的出席债权人会议的破产债权人的过半数，且有相当于已经申报债权额的破产债权人总债权的3/4以上者的同意。而根据我国现行《企业破产法》第97条的规定，通过和解协议草案的决议，必须由出席债权人会议的有表决权的债权人的过半数通过，并且其所代表的债权额占无财产担保的债权总额的2/3以上。

关于债权人的表决权问题。对于和解协议草案的表决权与破产程序中的一般决议的表决权不同，许多国家的破产法规定仅一般破产债权人有表决权。例如，根据《日本和解法》第42、43条，《日本破产法》第293条的规定，一般先取特权、其他优先权及别除权不视为和解债权，故对于和解协议无表决权。但是，我国现行破产法仅仅排除了具有财产担保的债权人的表决权，而对于具有其他优先权的债权人并没有排除其表决权。我们认为，对于具有别除权及优先权的债权人，只要其已经行使了别除权或者优先权，或者其别除权或优

先权没有受到限制的，就不应对和解协议具有表决权。

如果债权人会议对于和解协议草案没有依法定条件通过时，是否应给予补救的机会呢？有的国家的破产法明确规定有二次表决制。例如，《日本破产法》第 307 条规定，如果债权人会议通过和解协议的法定条件之一成立的（或者出席债权人会议的有表决权的人数过半，或者同意的债权人所代表的债权额达到总债权额的 3/4），或者得行使表决权的出席债权人会议的债权人人数过半、其所代表的债权额超出债权总额的半数已经同意会期继续的，法院须依债务人的申请或者依职权宣告继续会期。我国现行破产法对此没有规定，故不能作相同的解释。

债权人会议按照上述规则和程序通过和解协议的，应提交法院批准许可；和解协议草案经债权人会议表决未获得通过，法院应当裁定终止和解程序，并宣告债务人破产（《企业破产法》第 99 条）。

四、法院对于和解协议的不认可及其后果

债权人会议通过的和解协议并不当然具有法律约束力，还须经法院的许可。如果有法律规定的不许可的事由时，应作出不认可和解协议的裁定。法院不认可和解协议的事由一般为：

1. 强制和解的程序或债权人会议的议决程序违反法律强行性规定，并且没有补救的余地的。

2. 和解协议的决议是依不正当方式成立的。

3. 和解协议违反债权人的一般利益的。何为违反债权人的一般利益呢？有的学者认为，存在以下三种情形时，应认为违反债权人的一般利益：①债务人没有和解的诚意。②和解对债权人的清偿少于破产清算的。和解是以使债权人得到比破产清算更有利的清偿为目的的。因此，在和解的条件比破产的条件更不利时，就违反了债权人的一般利益。③和解条件的履行预测为不可能的场合。[1]

在法院不认可和解协议时，应同时宣告债务人破产（《企业破产法》第 99 条）。

五、法院对于和解协议的认可及程序终止

法院应对债权人会议通过的和解协议进行审查，无不予认可的法定事由时，应认可和解协议，并进行公告，和解协议自公告之日起对所有债权人具有约束力。同时，根据我国《企业破产法》第 98 条的规定，债权人会议通过和

---

〔1〕 ［日］石川明：《日本破产法》，何勤华、周桂秋译，上海社会科学院出版社 1995 年版，第 232 页。

解协议的，由人民法院裁定认可，终止和解程序，并予以公告。

从我国《企业破产法》第 98 条的规定来看，我国破产法上和解程序的终止是从法院认可和解协议时起，和解协议的执行不属于和解程序本身。

第三节 和解协议的效力

债务人与债权人会议所达成的和解协议，经法院认可并公告后，会对破产程序、债务人、债权人及其他利害关系人发生一系列的法律效力。这主要表现在：

一、和解对于破产程序的优先效力

许多国家的破产法均承认和解对于破产程序的优先效力，这主要表现在：①有破产申请与和解申请同时并存时，法院应首先审查和解申请；②在破产程序的进行过程中有和解许可的，应当终结或者中止破产程序。

我国破产法对此无明确规定，但从整个程序设计看，如果和解程序是债务人在破产清算程序开始后申请的，应认为是终结破产程序。

二、和解协议对于债务人的效力

1. 因和解协议的生效，债务人取得对财产的重新支配权。根据我国《企业破产法》第 98 条的规定，债权人会议通过和解协议的，由人民法院裁定认可，终止和解程序，并予以公告。管理人应当向债务人移交财产和营业事务，并向人民法院提交执行职务的报告。

2. 因破产宣告而对债务人产生的公、私法上的限制除去。

3. 债务人应严格执行和解协议（《企业破产法》第 102 条）。

经法院认可的和解协议，对于债权人及债务人均有法律约束力，债务人应当严格按照和解协议履行义务，否则，将构成终止和解的法定事由。

三、和解协议对于债权人的效力

和解协议一经债权人会议依法定程序通过并经法院许可，对所有债权人，包括未参加债权人会议的债权人，以及虽参加债权人会议但不同意和解协议的债权人均发生效力。我国《企业破产法》第 100 条规定，经人民法院裁定认可的和解协议，对债务人和全体和解债权人均有约束力。和解债权人是指人民法院受理破产申请时对债务人享有无财产担保债权的人。这里包括依照法定程序申报债权的债权人和未申报债权的债权人。对于申报债权的债权人，其应按照和解协议中规定的债权额、清偿期等接受清偿，不得于程序外接受债务人的个别清偿；对于未依照本法规定申报债权的债权人，在和解协议执行期间不得行使权利；在和解协议执行完毕后，可以按照和解协议规定的清偿条件行使权利。

但是，应当特别指出的是，和解协议对于在和解协议生效后发生的新债权不生效力。因为在和解协议生效后，债务人重新获得了对财产的支配权，为再生的需要，他必然要与他人发生新的交易，就会有新的债权人。和解协议对这些新的债权人不生任何效力，新债权人可以在和解协议外请求法院个别执行，债务人不能清偿债务的，甚至可以向法院申请债务人破产。

四、和解对于保证人、连带债务人的效力

和解协议的效力不及于保证人、连带债务人及物上保证人。也就是说，即使和解条件中就债权人的权利规定了延缓、免除等内容，破产债权人仍然能够按原来的内容对保证人、连带债务人及物上保证人行使权利（《企业破产法》第 101 条）。

五、和解协议所确定的债权的执行力

经法院认可的和解协议中记载的债权，对于债务人具有执行力。如《日本破产法》第 328 条规定，有确定债权的破产债权人，只限破产人在债权调查日未提出异议的场合，得在破产人、因强制和解而成为保证人或其他与破产人共同负担债务的人、为破产债权提供担保者，依债权表的记载实行强制执行。我国《最高人民法院关于审理企业破产案件若干问题的规定》（2002 年 7 月 18 日通过）第 26 条规定，债务人不按和解协议规定的内容清偿全部债务的，相关债权人可以申请人民法院强制执行。

第四节　和解的取消及执行完毕的后果

一、和解的取消及法律后果

（一）和解程序取消的一般概述

和解程序的取消是指在和解协议生效后，由于出现了法律规定的事由，法院依利害关系人的请求或依职权裁定废止和解程序。

和解的取消可分为法院依职权所为的取消以及依债权人的申请而为的取消。前者是指当法院发现债务人有违反协议的行为以及其他法定事由时，直接依职权裁定废止和解；后者是指债权人发现债务人有违反和解协议的行为的，申请法院废止和解的情形。我国《企业破产法（试行）》第 21 条实际上规定了这两种情形，其内容规定为，整顿期间，企业有下列情形之一的，经人民法院裁定，终结该企业的整顿，宣告其破产：①不执行和解协议的；②财务状况继续恶化，债权人会议申请终结整顿的；③有本法第35条[1]所列的行为之一，严重损害债权人利益的。我国现行《企业破产法》第103条与第104条分别规定了这两种情形。下面我们将结合国外的立法和理论，对于取消的理由进行分析。

（二）和解取消的事由

1. 条件偏颇。这主要是指没有参加债权人会议或者虽然参加债权人会议但没有同意和解条件的债权人，如果认为和解条件偏向于其他债权人时，得向法院提出取消和解的申请。例如，我国台湾地区"破产法"第50条规定，债权人于债权人会议时不赞同和解的条件，或于决议和解时未曾出席也未委托代理人出席，而能证明和解偏重于其他债权人之利益致有损本人之权利者，得自法院认可和解之日起10日内，声请法院撤销和解。我国企业破产法并没有规定这一事由。

2. 债务人有破产诈欺行为。许多国家破产法对债务人的诈欺行为均有详细的规定，如果债务人在和解后被发现有诈欺行为时，构成债权人申请撤销和解的法定事由。例如，《日本破产法》第333条规定，对于债务人的诈欺破产的有罪判决确定时，法院根据破产债权人的申请或者依职权，得作出撤销强制和解的决定。我国台湾地区"破产法"第51条也规定，自法院认可和解之日起1年内，如债权人证明债务人有虚报债务、隐匿财产，或者对于债权人中之1人或数人允许额外利益之情事者，法院因债权人的申请得撤销和解。我国现行《企业破产法》第103条也规定，因债务人的欺诈或者其他违法行为而成立的和解协议，人民法院应当裁定无效，并宣告债务人破产。

3. 债务人不履行和解协议。经法院认可的和解协议，对于债务人及债权人均有法律约束力，债务人应严格按照协议履行义务。如果债务人违反协议的规定，债权人有权请求法院撤销和解协议。我国《企业破产法》第104条规定，债务人不能执行或者不执行和解协议的，人民法院经和解债权人请求，应当裁定终止和解协议的执行，并宣告债务人破产。

4. 和解因新的破产程序的开始而撤销。这里所说的新的破产程序的开始，是指由和解债权人之外的新的债权人因债务人不能履行到期债务而申请其破产的情形，并非由和解债权人申请而开始破产程序。这是因为，和解协

---

[1]　我国《企业破产法（试行）》第35条第1款规定："人民法院受理破产案件前6个月至破产宣告之日的期间内，破产企业的下列行为无效：①隐匿、私分或者无偿转让财产；②非正常压价出售财产；③对原来没有财产担保的债务提供财产担保；④对未到期的债务提前清偿；⑤放弃自己的债权。"

议一经生效，债务人重新取得了对自己财产的管理处分权，并在与其他人的交易中产生新的债权，而这些债权并不受和解协议的约束。故当债务人不能支付这些债权时，该债权人也可以债务人具备破产原因为由向法院申请债务人破产。

在开始新的破产程序的情况下，就会使和解协议的履行变为不可能。所以，应视为取消和解程序的事由。

（三）和解取消的法律后果

1. 在有以上取消和解程序的法定事由时，法院应取消和解程序而同时宣告开始破产程序。

2. 债权人让步的取消及受偿部分的保持力。因取消和解程序而使债权人在和解协议中所作的让步归于消灭，债权人的权利恢复到未为和解前的状态。但是，和解的取消对于债权人依照和解协议所受的清偿在一定条件下有保持力。如我国台湾地区"破产法"第40条规定，在法院认可和解后，债务人尚未完全履行和解条件而受破产宣告时，债权人依和解条件已受清偿者，关于其在和解前原有债权之未清偿部分，仍加入破产程序，但于破产财团应加算其已受清偿部分，以定其应受分配额。该债权人应俟其他债权人所受的分配与自己已受清偿之程序成同一比例时，始得再受分配。《日本破产法》第340条也作了相同的规定。

我国《企业破产法》第103条也规定了这种情况下的平衡规则，即因债务人的欺诈或者其他违法行为而成立的和解协议，人民法院应当裁定无效，并宣告债务人破产。和解债权人因执行和解协议所受的清偿，在其他债权人所受清偿同等比例的范围内，不予返还。这里必须特别注意"在其他债权人所受清偿同等比例的范围内不予返还"，如果有5个债权人，仅仅有2个债权人接受清偿的，而其他3人未受清偿的，则该2人应返还。这种后果与债务人不履行和解协议而被取消的后果不同。

按照我国现行《企业破产法》第104条的规定，和解让步的取消不需要债权人以意思表示向债务人为之，而是自然失去效力。该条规定，债务人不能执行或者不执行和解协议的，人民法院经和解债权人请求，应当裁定终止和解协议的执行，并宣告债务人破产。人民法院裁定终止和解协议执行的，和解债权人在和解协议中作出的债权调整的承诺失去效力。和解债权人因执行和解协议所受的清偿仍然有效，和解债权未受清偿的部分作为破产债权。已经接受清偿的债权人，只有在其他债权人同自己所受的清偿达到同一比例时，才能继续接受分配。同时，为和解协议的执行提供的担保继续有效。

二、和解协议执行完毕的后果

和解协议经债权人按照法定程序通过并经法院认可后，债务人应按照协议的规定履行义务。按照我国《企业破产法》第 106 条的规定，按照和解协议减免的债务，自和解协议执行完毕时起，债务人不再承担清偿责任。

第十章
重整程序

第一节 重整程序的概念与特点

一、重整程序的概念

重整程序，是指经由利害关系人的申请，法院裁定许可债务人继续营业，并与债权人等利害关系人协商后形成"重整计划"以清理债权债务的程序。重整程序的关键在于重整计划的提出和形成；没有重整计划的提出和形成，就谈不上重整程序。在重整计划中，债务人不仅要有重整企业的营业以清理债权债务的意愿，而且更要有实现重整计划所要采取的措施。在这个意义上，重整程序构成帮助债务人摆脱困境的"积极"拯救程序。

重整程序（rehabilitation，reorganization）的创立为破产程序现代化的标志。破产法的现代改革主要是围绕着重整程序的设计及其运行效果展开的，我国企业破产法的改革亦不例外。自 1994 年起草破产法开始，重整程序在破产程序中的地位及其规范创设都是我国企业破产法改革的核心内容。我国企业破产法将重整程序与清算程序等进行了整合，专门规定了拯救困境企业的重整程序。

依照我国企业破产法的规定，企业法人不能清偿债务或者有不能清偿债务的可能的，利害关系人可以申请对该债务人进行重整。

二、重整程序存在的正当性

固有意义上的破产程序为破产清算程序。破产清算程序作为一种程序制度，存在自身无法克服的诸多缺陷，主要表现为以下三个方面：①破产清算妨碍发生财务危机的债务人的复苏；②破产清算相当程度上有损于债权人的利益；③破产清算对社会经济和社会生活产生无法估量的影响。建立和实行重整程序制度，目的在于拯救发生财务危机的企业，从而最大限度地避免或者克服破产清算程序的缺陷。重整程序制度可以克服破产清算程序制度存在的固有缺陷，使得破产程序制度的存在价值更具合理性。也正是在这个意义上，重整程序赋予了破产程序在现代市场经济环境下更加鲜活的生命力。有学者曾经写道："现代重整制度的诞生和成长，开辟了在公平清理债务的前提下实现困境企业再建和复兴的途径，从而更新了破产法的观念和结构，并拓展了民商法的思维空间。"[1]

破产立法的历史告诉我们，以防止破产清算为目的或手段的重整程序是在和解程序的基础上逐步发展起来的。拯救困境企业的程序自其产生后，经历了一个由低级向高级发展的过程。拯救困境企业的程序的初始形式为和解程序，重整程序则是在和解程序之后发展起来的，它是和解程序在制度构造和价值取舍方面的升华。我国的破产立法曾经规定有国有企业的和解制度，由和解与整顿两部分组成，和解与整顿制度构成我国引进和建立重整程序制度的雏形。

重整程序的创设和适用，不仅能够保证债权人的公平受偿利益，而且能照顾到债权人的意思自治和债务人应有的利益，特别是排斥破产清算程序的适用而给予债务人继续参与市场竞争的机会，可以有效地保护市场的竞争秩序和生产力资源，维护社会生活的稳定。

这里需要说明的是，我国制定《企业破产法（试行）》时，就已经注意到了重整程序在破产程序中所具有的地位，《企业破产法（试行）》专门规定有"和解与整顿"制度，目的在于挽救濒于破产的企业。同样，我国1991年修改《民事诉讼法》时，以"企业法人破产还债程序"作为一章规定有"和解"制度。以上重整程序的初步设计，出发点或目的并无不当，但因为现行立法所规定的程序制度在适用上的局限性[2]，致使现行法律上既存的"重整程序"并无多少适用的价值。

破产法规定的重整程序（重整程序与和解程序）并非现行破产立法有关重整程序的简单复制，而是一种全新的程序设计。在破产法的起草过程中，立法者曾经有这样的想法："在企业出现'不能清偿到期债务'的情况时，有破产清算、和解、重整三种程序供债务人和债权人根据自己的具体情况予以选择。如果能通过和解得到的利益优于破产清算，债权人出于自己的利益也会同意和解；对符合产业政策和公共利益，又有复苏希望的企业法人，国家和政府主管部门也可以通过注入资本金或申请重整等手段，使其摆脱困境，免于破产，只有在各种措施都无济于事的情况下才会实际破产清算。"[3] 因此，重整程序构成我国企业破产法的首选程序制度，整个企业破产法的程序制度设计实际上都是围绕重整程序而展开的，我国的破产程序已经转变为重整主导型的债务清理

---

〔1〕 王卫国："论重整制度"，载《法学研究》1996年第1期。

〔2〕 邹海林："论我国破产程序中的和解制度及其革新"，载《法学研究》1994年第5期。

〔3〕 朱少平、葛毅编著：《中华人民共和国破产法——立法进程资料汇编（2000年）》，中信出版社2004年版，第26页。

程序。

三、重整程序的特点

我国破产法规定的重整程序具有以下特点：

（一）重整程序的独立性

重整程序是我国破产程序的组成部分，但又具有独立性。我国破产法规定的破产程序，包括重整程序、和解程序和破产清算程序，故重整程序构成我国破产程序的固有内容。但是，重整程序因有其独特的适用原因、目的和制度结构，又是清理债务人的债权债务的独立程序，不能与清算程序、和解程序混同，更不能互相替代，因此重整程序构成拯救困境企业的独立程序。

（二）重整程序的适用范围限定

重整程序适用于企业法人。重整程序的适用，原则上并不限于企业法人，企业法人以外的自然人、合伙企业等也可以适用重整程序进行拯救。但是，我国企业破产法则将重整程序的适用限定于企业法人，非法人的企业以及自然人不能主张适用重整程序清理债务。

（三）重整程序的申请主义

重整程序的启动取决于利害关系人的申请，非有利害关系人向法院申请重整，法院不得依职权开始重整程序。能够申请重整的利害关系人包括债务人和债权人；在债务人非自愿破产清算程序开始后，持有债务人出资额10%以上的出资人，可以申请对债务人进行重整；国务院金融监督管理机构可以依法申请对金融机构进行重整。

（四）重整程序的利益多元化

重整程序不仅涉及债权人和债务人的债权债务关系的清理，而且涉及债务人财产上的其他负担之清理，更会涉及债务人的资本结构以及产业结构的清理，事关不同群体的多方利益。所以，在重整程序中，代表不同利益的利害关系人均要在彼此照顾的基础上进行合作，更好地协调或者平衡各方存在的利益冲突。债权人（包括有物权担保的债权人）、债务人及债务人的股东等各方利害关系人均参与重整程序的进行。基于重整程序的利益多元化，重整企业有可能而且有必要运用多种重整措施，达到恢复经营能力、清偿债务、避免破产清算的目的，除延期或减免偿还债务外，还可采取向重组者无偿转让全部或部分股权，核减或增加注册资本，向特定对象定向发行新股或债券，将债权转为股份，转让营业或资产等方法。重整程序因为多方利害关系人的参与和协作，产生应有的程序效力。

（五）重整程序的优先效力

重整程序具有优先于民事执行程序的效力，依法开始重整程序后，对债务人财产采取的财产保全和执行程序，应当中止效力。重整程序同时具有限制担保权人行使担保权的优先效力，对债务人的特定财产享有优先受偿权的任何人，在重整程序开始后均不得行使其优先受偿权。除法律另有规定外，在重整期间，对债务人的特定财产享有的担保权应当暂停行使。此外，重整程序具有优先于破产清算程序或者和解程序适用的效力，对同一债务人分别提出破产清算申请和重整申请的，应当优先考虑重整申请而开始重整程序；已经开始的重整程序同时具有阻止其他利害关系人对债务人提出破产清算申请的效力，除非重整程序被依法终止。

第二节　重整程序的分类

依照我国破产法的规定，作为防止债务人破产清算的重整程序，因其开始发生效力的程序的差异，可以划分为以下两种类型。

一、直接开始的重整程序

直接开始的重整程序，是指法院裁定受理利害关系人的重整申请而开始的重整程序。依照我国破产法的规定，债务人有法定之破产原因或者重整原因时，债务人或者债权人可以直接申请法院对债务人进行重整。金融机构有法定之破产原因或者重整原因时，金融监督管理机构也可以直接申请法院对该金融机构进行重整。

直接开始的重整程序，具有避免对债务人适用破产清算程序的直接效果。法院依照当事人的选择开始重整程序的，除非有法律的明文规定，不得对债务人开始破产清算程序。我国企业破产法对阻止破产清算程序开始的重整程序并无明文规定，但是，依照该法规定的债务清理程序所应有的基本内涵，重整程序、和解程序与破产清算程序均为目的和手段不能相容的独立程序，若法院对债务人已经开始重整程序或和解程序，则不得宣告债务人破产清算，除非重整程序提前终止或者出现法定的宣告债务人破产清算的事由。[1]

二、经破产程序转化的重整程序

经破产程序转化的重整程序，是指法院在破产程序开始后因裁定受理重整申请而开始的重整程序。非以重整为目的的破产程序开始后，若债务人有再生的意愿并具备启动重整程序的条件的，利害关系人可以在破产程序进行中申请

---

[1]　参见《企业破产法》第78、79、88、99条等。

对债务人进行重整，以避免法院宣告债务人破产清算。依照破产程序受理开始主义的立法模式，破产程序的开始以法院受理当事人的破产申请为标志，法院受理破产申请，并不意味着当然宣告债务人破产清算；法院受理的破产申请，若为破产清算申请，只有在经过审理后才能作出是否宣告债务人破产清算的裁定；法院受理的破产申请，若为和解申请，则对债务人适用和解程序。因此，在破产程序开始后、法院宣告债务人破产清算前，利害关系人均有机会向法院请求对债务人进行重整。

我国《企业破产法》第70条第2款规定："债权人申请对债务人进行破产清算的，在人民法院受理破产申请后、宣告债务人破产前，债务人或者出资额占债务人注册资本1/10以上的出资人，可以向人民法院申请重整。"第95条第1款规定："债务人可以依照本法规定，……可以在人民法院受理破产申请后、宣告债务人破产前，向人民法院申请和解。"

第三节　重整程序的制度构造

一、重整程序的立法结构

《企业破产法》完成了我国企业破产程序由清算主导型程序制度向重整主导型的程序制度的转变。在立法结构上，《企业破产法》的章节设计首先考虑的是重整程序的适用。第一章总则及其后的相关章节，均为重整程序的启动和适用考虑良多，第八章对重整进行了特别规定。实际上，《企业破产法》第八章的规定，并不构成独立完整的重整程序。因此，要准确地理解和适用我国的重整程序，只有将破产法第一章至第七章的规定与第八章结合，方能展现出独立完整的重整程序。

总体而言，我国《企业破产法》为满足重整主导型的破产程序的要求，在以下四个方面作出了具有实质意义的规定：

1. 破产程序适用的原因更加灵活，给予法院准许启动重整程序更大的自由裁量空间。例如，《企业破产法》第2条不仅规定有重整程序和清算程序适用的一般原因（明显缺乏清偿能力），而且特别规定有企业法人适用重整程序的特殊原因（明显丧失清偿能力可能）。

2. 强调破产程序作为当事人自治主导型的债务清理程序的特性，使得重整程序能够在破产程序参加人的充分有效的合作状态下获得适用，使得重整程序存在和实践的价值目标更具现实性。[1] 例如,《企业破产法》第 73 条有关债务人自行管理财产和营业的制度创设,为当事人自由选择重整程序创造了更大的空间。

3. 对处于破产程序中的企业(债务人)规定了更多的保护性措施,为重整程序目标的实现提供了较为有效的制度安排。[2] 例如,我国破产法有关重整程序效力的规定,使得债务人位于中国境外的财产能够归入债务人财产,足以确保债务人财产和营业的完整性,使得债务人继续营业的基础更加牢固。再如,我国破产法有关共益债务的规定,为企业在破产程序开始后继续营业获取更多的商业机会(尤其是融资)提供了便利;有关债务人财产的争议之诉讼中止和另行诉讼、执行程序的中止、保全措施的解除、担保权行使的限制,则为债务人的继续营业提供了更多的手段支持。

4. 适度增强了国家公权力(包括法院和国家行政机关)对破产程序的当事人自治的干预程度,有助于促使债务人选择重整程序。例如,依照破产法的规定,对于特定行业(如金融行业)的企业,国家监督管理机构有权向法院申请启动重整程序,这在相当程度上扩大了启动重整程序的当事人范围;另一方面,基于当事人自治主导型的重整程序,破产程序各方当事人的合作若不能顺利达成重整计划,则有必要增加法院干预重整程序的措施,破产法专门规定了法院强制批准重整计划的制度。

二、重整程序的构成

依照我国破产法的规定,重整程序的构成主要包含有以下的要素:

1. 重整程序的申请。重整程序的启动取决于利害关系人的申请,非有利害关系人向法院申请重整,法院不得依职权开始重整程序。能够申请重整的利害关系人包括债务人和债权人;在债务人非自愿破产清算程序开始后,持有债务人出资额 10% 以上的出资人,可以申请对债务人进行重整;国务院金融监督管理机构可以依法申请对金融机构进行重整。

2. 重整申请的受理。利害关系人申请对债务人进行重整,法院经审查认为重整申请符合破产法规定的重整条件的,应当裁定准许债务人重整,重整程序开始。重整程序开始时,法院应当指定管理人,接管债务人的财产和营业;但债务人申请法院准许其自行管理财产和营业的,管理人接管债务人的财产和营业的权利,由债务人行使。

3. 重整期间的营业。重整程序开始后,债务人的营业不受重整程序的影

---

〔1〕　参见《企业破产法》第三章、第七章、第八章和第九章的相关内容。

〔2〕　参见《企业破产法》第 5、18、19、21 条以及第五章、第八章和第九章的相关内容。

响，除非债务人的营业有损于债权人的利益，管理人或者自行管理财产的债务人应当继续企业的营业。[1] 债务人在重整程序开始后继续营业，因为受到重整程序的特别保护，[2] 营业的商业机会将大幅提高。

4. 重整计划的拟定和批准。重整程序开始后，管理人或者自行管理财产的债务人应当在法定的期间内拟定重整计划草案，并提交给利害关系人决议。重整计划草案构成重整程序的参加人（利害关系人）相互合作的基础，不仅要规定利害关系人在重整计划中的权利和利益，而且要规定债务人满足利害关系人权利要求的具体措施或步骤。利害关系人按照其权利地位的差异形成不同的表决组，对重整计划草案进行表决。重整计划草案经各利害关系人表决通过的，应当报请法院裁定批准。各表决组通过重整计划草案并报请法院批准，或者法院基于法律的规定强制批准重整计划草案的，重整程序终结。

5. 重整计划的执行。重整程序的最终目的是通过执行重整计划而使债务人获得复苏，故重整计划的执行成为重整程序是否达到目的的衡量标准。一个完整的重整程序，必然应当包括重整计划的执行这个阶段。依照我国破产法的规定，重整计划，由债务人负责执行。经法院批准的重整计划，对所有参加重整程序的利害关系人具有约束力；尤其是债务人应当执行重整计划。若重整计划中规定有重整计划执行的监督期，则管理人还应当监督债务人执行重整计划。

第四节　重整申请及裁定

一、重整申请

重整程序的开始，以债务人或其他利害关系人向法院提出重整程序的申请为必要。没有债务人或者利害关系人的重整程序申请，法院不得依职权开始重整程序；法院裁定是否开始重整程序，相当程度上取决于债务人或利害关系人的选择。这反映了重整程序适用的自治主导理念。重整程序的申请，为重整程序开始的绝对要件。债务人或利害关系人申请重整程序，除向法院提交申请书外，还应当提交财产状况说明书、债务清册、债权清册、有关财务报告、企业

---

[1] 对于债务人在重整程序开始后的营业，我国企业破产法缺乏专门的规定，似有不足。重整期间债务人之营业，与债务人在和解程序或者清算程序开始后的继续营业应当有所差别。有关债务人营业的相关规定，参见《企业破产法》第25、26、61条。

[2] 例如，《企业破产法》第五章有关共益债务的规定，将更有力地保护债务人营业，并有助于提升与债务人交易的相对人的信任度。

职工情况和安置预案、职工工资和社会保险费用支付情况说明以及债权债务清理方案（诸如初步设想的重整计划方案）。

依我国的破产法立法，破产申请人原则上为债权人或债务人。但是，在特殊情形下，依照我国破产法的规定，破产申请人还包括：①清算法人的清算组织；[1] ②持有法定出资份额的出资人；[2] ③国务院金融监督管理机构。[3] 重整程序的申请主义，因为重整程序与和解程序而在内容上有所不同。重整程序实行利害关系人申请主义，债务人和与债务人有利害关系的人均可以申请重整，但和解程序实行债务人申请主义。以下两点值得关注：

1. 出资人申请重整。持有法定出资份额的出资人，可以向法院申请对债务人进行重整。持有法定出资份额的出资人作为重整申请人，以其"出资额占债务人注册资本 1/10 以上"为已足。单独持有债务人注册资本 1/10 以上出资额的出资人，可以为重整申请人；合并持有债务人注册资本 1/10 以上出资额的出资人，可以共同为重整申请人。企业法人不能清偿债务而债权人申请对债务人破产清算的，破产清算不仅将终止债务人的法人地位，而且直接分配其财产，故关系到企业法人的出资人之投资利益。考虑到企业法人的出资人对企业法人的存续状况的改善有积极的作用，所以，在特定情况下应赋予企业法人的出资人以重整申请权。实际上，赋予出资人以重整申请权，主要目的在于照顾和保护企业的中小投资者的利益，以增加重整程序的适用机会。但应当注意的是，持有法定出资份额的出资人行使重整申请权的，以非自愿破产申请和法院尚未宣告债务人破产清算作为条件。若债务人自愿申请破产清算，或者债权人申请债务人破产清算而法院已经裁定宣告债务人破产清算的，持有法定出资份额的出资人不得再申请对债务人进行重整。

2. 金融监管机构申请重整。商业银行、证券公司、保险公司等金融机构在不能清偿到期债务或者存在不能清偿到期债务的可能时，不仅影响与之交易的债权人的信用安全，而且会对不特定的社会公众造成影响，增加社会信用成本，所以，金融监管机构应当进行必要的干预。这里要着重考量的问题，并不仅仅限于企业中各方当事人的利益，更要"着眼于企业在社会经济生活中的地位以及企业的兴衰存亡对社会生活的影响"。[4] 国务院金融监督管理机构向法院提出对存在财务困难的金融机构进行重整，将直接提升重整程序的制度价

---

[1]　参见《企业破产法》第 7 条、《公司法》第 188 条。

[2]　参见《企业破产法》第 70 条第 2 款。

[3]　参见《企业破产法》第 134 条。

[4]　王卫国：《破产法》，人民法院出版社 1999 年版，第 228 页。

值。《企业破产法》第 134 条规定，商业银行、证券公司、保险公司等金融机构有本法第 2 条规定情形的，国务院金融监督管理机构可以向人民法院提出对该金融机构进行重整或者破产清算的申请。

二、重整申请的裁定

重整申请的裁定，是指法院经审查认为重整申请符合企业破产法的规定而予以接受，并开始重整程序的司法审判行为。法院在受理重整申请前，应当在法定期限内对债务人或债权人提出的重整申请予以审查，审查的事项包括债务人有无破产能力、申请人提出的重整申请是否符合法律的规定等。重整申请受理前的审查，应当以形式审查为限。经审查，若重整清算申请符合企业破产法的规定，法院应当裁定受理重整申请。法院裁定受理重整申请后，重整程序开始。

法院作出受理重整申请的裁定时，对于债务人是否具有《企业破产法》第 2 条第 1 款规定之"破产原因"或第 2 条第 2 款规定之"重整原因"，因为不具备调查并确认债务人是否具有"破产原因"或"重整原因"的程序条件，不宜对此事项作出实质审查。在法院裁定受理重整申请后，应当由管理人调查债务人的财产状况，并就债务人是否具有"破产原因"或"重整原因"向法院作出说明，或者在债务人自行管理财产的情形下，由债务人就其是否具有"破产原因"或"重整原因"向法院作出说明，法院据此作出债务人是否具有"破产原因"或"重整原因"的判断。法院经审查发现债务人不具有《企业破产法》第 2 条规定之"破产原因"或"重整原因"的，应当依照《企业破产法》第 12 条第 2 款的规定裁定驳回重整申请。

关于重整申请的受理，还有必要特别说明以下三点：

1. 法院受理重整申请时，重整程序开始。若法院在破产程序开始后裁定受理重整申请，则此前开始的破产程序转化为重整程序，已经指定的管理人，在重整程序中继续执行职务。若法院直接裁定受理重整申请，则应当在裁定受理重整申请时，同时指定管理人，接管债务人财产。

2. 法院受理重整申请时，若债务人提出重整申请时已经申请法院准许自行管理财产和营业事务的，法院可以批准债务人自行管理财产和营业事务。在此情形下，法院指定的管理人应当向债务人移交财产和营业事务，管理人仅对债务人自行管理财产和营业事务承担监督的责任。

3. 法院裁定受理重整申请的，应当发布公告。不论是利害关系人直接申请重整还是在破产程序开始后申请重整，法院裁定受理重整申请均应当发布公告。受理重整申请的公告，应当载明如下内容：①重整申请人、被申请人的名称或者姓名；②人民法院受理重整申请的时间；③尚未申报债权的，申报债权的期限、地点和注意事项；④管理人的名称或者姓名及其处理事务的地址；⑤尚未召开第一次债权人会议的，第一次债权人会议召开的时间和地点；⑥对债务人的特定财产享有的担保权，暂停行使；⑦批准债务人自行管理财产和营业事务之事项；⑧重整计划的拟定人及其期限；⑨人民法院认为应当通知和公告的其他事项。

第五节　重整程序的开始及其效力

一、债务人财产受重整程序约束的效力

重整程序开始后，非经重整程序，任何人不得处分债务人财产或者在债务人财产上设定负担。重整程序的开始不仅确立了管理人全面接管债务人的财产和营业事务之地位，任何单位和个人不得非法处理债务人的财产、账册、文书、资料和印章等，而且要求债务人的债务人和财产持有人应当向管理人清偿债务和交付财产，对债务人财产享有担保权益的权利人、取回权人、抵销权人均应当向管理人主张或者行使权利。重整程序开始后，所有的债权人应当向管理人申报债权，以参加重整程序的方式行使其权利；禁止债务人清偿个别债务或者部分清偿债务。

重整程序开始后，管理人接管债务人的财产和营业，债务人的民事主体地位发生变更，有关债务人财产的诉讼或者仲裁，应当由管理人承继，债务人不能继续已经开始但尚未审结的民事诉讼程序或仲裁程序。《企业破产法》第20条规定："人民法院受理破产申请后，已经开始而尚未终结的有关债务人的民事诉讼或者仲裁应当中止；在管理人接管债务人的财产后，该诉讼或者仲裁继续进行。"同时，对债务人财产已经开始的执行程序或者采取的保全措施，均与重整程序对债务人财产的约束力冲突，故应当停止其效力。

二、担保权行使的限制效力

重整程序的开始，具有冻结对债务人的特定财产享有的担保权之效力。对债务人的特定财产享有的担保权，包括担保物权和其他法律规定的能够优先受偿的权利。重整程序限制担保权的行使，是在确保担保权人的基本利益不受损害的前提下推行的程序制度，以限制担保权人行使权利为债务人提供更加便利的继续营业的财产基础，符合重整程序的公共政策目标。依照我国破产法的规定，在重整期间，对债务人的特定财产享有的担保权暂停行使。担保权人的权利不论是否已经具备行使的条件，只要重整程序开始，担保权均不得行使。

重整程序对担保权行使的限制效力，仅仅具有程序上的效果。首先，对担

保权行使的限制，仅在于约束担保权人不能个别地对债务人财产主张或者行使权利，担保权人应当以参加重整程序的方式行使权利，诸如对重整计划草案进行表决等；其次，对担保权行使的限制，并不影响担保权人对债务人财产所享有的实体民事权利或者利益，例如，除非担保权人已有意思表示，担保权人的权利不得被削减、担保权迟延清偿的利息损失应受补偿等；最后，担保权人只是被暂时冻结行使权利，如果担保权人面对在债务人的继续经营过程中担保物的贬值风险，仍然冻结担保权人行使权利，不仅有损于重整程序中担保权人的利益，而且有损于担保制度的信用水准。当担保权人面对担保物有损坏或者价值明显减少的风险时，若该风险足以危害担保权人的权利，担保权人可以向人民法院请求恢复行使担保权。

三、重整程序中的管理人地位弱化

依照破产法的规定，管理人在破产程序中居于中心地位。法院在作出受理破产申请（包括重整申请）的裁定时，应当同时指定管理人。管理人负责接管债务人的财产、印章、账册、文书等资料，调查债务人的财产状况和制作财产状况报告，并决定债务人的内部管理和日常开支、管理和处分债务人的财产等。管理人依照企业破产法的规定，独立执行职务，不受债务人的约束。债务人的有关人员还应当按照管理人的要求，如实回答询问，并配合管理人的工作。

为了重整程序的需要，尤其是考虑到债务人在重整期间营业之便利或自由，管理人在重整程序中的地位呈现出弱化的趋势。依照我国《企业破产法》第 73 条的规定，重整程序开始后，经法院批准，债务人可以在管理人监督下自行管理财产和营业事务；破产法所规定的管理人的职权，由债务人行使。债务人自行管理其财产和营业事务，实际上是对管理人中心主义的否定，相当程度上取代了管理人在破产程序中的作用。说得简单一点，则是弱化了管理人在破产程序中的中心地位。债务人自行管理财产和营业，意味着债务人的法人治理结构将在重整程序中直接发挥作用，其应有的功能并不因为重整程序而受影响。

接下来的问题是，尽管管理人的地位弱化了，但法律仍然规定管理人监督债务人自行管理财产和营业事务，那么管理人在多大程度上监督债务人自行管理财产和营业事务？管理人以什么方式监督债务人自行管理财产和营业？这些应当是实务中面对的最大问题。同样，因为管理人中心主义而设计的各项监督机制，例如，债权人会议对管理人的监督、债权人委员会对管理人的监督，是否仍然有效适用于自行管理财产和营业事务的债务人？管理人、债权人会议、债权人委员会如何监督债务人自行管理财产和营业事务？这些应当是我国司法实务中特别值得重视和解决的问题。

四、重整期间的营业限制的对化

理论上，债务人进入重整程序，除非管理人接管了债务人的财产和营业事务，债务人的正常营业应当不受影响；债务人营业所受的限制，仅限于重整程序开始前的债权债务的清理，即不得有部分或者个别清偿行为。甚至，在重整期间，管理人或者债务人为继续营业而借款的，还可以为该借款设定担保。实际上，重整程序开始后，若没有债务人的继续营业以及鼓励债务人继续营业的措施，重整程序便没有优势可言，利用重整程序克服债务人的经营或财务困难的目的也难以达成。因此，在重整程序开始后，对债务人的营业限制应当是一个相对宽松的限制，鼓励债务人继续营业应当成为利用重整程序的基本价值选择。

破产程序开始后，非经法院许可，或者债权人会议的同意，任何人不得处分属于债务人的财产、账簿、文书、资料和其他物品。重整程序开始后，债务人自行管理财产和营业事务的行为，原本属于管理人的行为，这些行为将直接影响重整程序中的债权人的利益，债权人会议应当有权对重整程序中自行管理财产和营业事务的债务人进行监督；作为代表债权人会议监督破产程序的日常机构债权人委员会，亦应当有权对重整程序中的债务人进行监督，此为债权人自治的固有内容。因此，债务人自行管理财产和营业事务的，因其地位相当于破产程序中的管理人，故其受债权人会议的监督，并应当依照企业破产法的规定征得债权人会议的同意或者向债权人委员会报告。债权人委员会监督重整程序中自行管理财产和营业的债务人时，有权要求债务人对其管理财产和营业事务的行为作出说明或者提供有关文件；债务人拒绝接受监督的，债权人委员会有权就监督事项请求法院作出决定。

管理人或者自行管理财产和营业的债务人决定继续债务人的营业，在第一次债权人会议前，应当经人民法院许可；而债权人会议对债务人的继续营业则享有决定权。特别是，管理人或者自行管理财产的债务人为不动产或者不动产权利的转让、债权或者有价证券的转让、借款或者提供财产担保、承认别除权、取回权、出卖所有库存商品、提起有关财产的诉讼或者仲裁等行为时，应当事先征得法院的同意或债权人会议的同意。债权人会议选任债权人委员会的，管理人为上述行为时，应当向债权人委员会报告。在面对这些债务人营业的事项时，不论决定权在哪个机构，所应当考虑的核心因素应当是鼓励债务人继续营业，而不是限制债务人继续营业。

当然，在重整期间，自行管理财产和营业事务的债务人，若其继续营业或者营业行为有害于债权人的利益的，债权人委员会可以申请法院取消债务人自行管理财产和营业事务的资格，由管理人接管债务人的财产和营业事务。

第六节　重整计划

一、重整计划的概念

重整计划，是指重整程序中形成的规范债务人营业振兴措施和债权债务清理方案的法律文书。重整程序以重整计划的拟定而开始，亦以重整计划的完成（执行）而结束。可以这样说，重整程序是围绕重整计划的拟定、批准和执行而展开的债务清理程序。重整计划形成于重整程序中。

重整程序开始后，债务人和利害关系人将围绕债务人营业的振兴措施和债权债务清理方案进行磋商，并达成一致意见，经法院批准后形成重整计划。经重整程序各方利害关系人磋商形成的重整计划，在法院裁定批准后，是具有与生效的法院判决效力相同的法律文书，对参与重整计划磋商的各方利害关系人有约束力，并构成重整程序终结的法律事实。

二、重整计划的特点

重整计划是重整程序进行所依据的法律文件，具有以下两个鲜明的特点：

（一）重整计划的目的性明确

重整计划围绕重整程序的目的而展开，是为了拯救处于财务困难境地中的债务人而拟定的具有法律约束力的方案，应当具有十分明确的目的性，即改善债务人的经营，恢复债务人的正常营业。重整计划虽然涉及债务人全部债权债务的清理，但其核心则是要解决债务人所面对的经营困难，通过对债务人经营困难的克服，达到恢复债务人正常经营的目的。因此，重整计划应当在法律规定的期限内提出并交付利害关系人表决，以防止重整计划拟定的拖延而影响债务人的营业；重整计划中应当含有债务人经营方案的内容，以示债务人将要采取的经营措施与克服经营困难的关联性与可行性，没有改善债务人经营管理或者营业措施的"计划"，不构成重整计划。

（二）重整计划的约束力普遍

重整计划形成于重整程序进行过程中，具有普遍的法律约束力。重整计划是经利害关系人表决和法院裁定认可的司法文件，不仅构成终结重整程序的法律事实，而且约束参加重整程序的各利害关系人（包括但不限于债务人、担保权人、优先顺位请求权人、普通债权人），甚至约束债务人的出资人。除非重整计划被撤销或者不能执行，参加重整程序的各利害关系人不得主张重整计划规定外的利益。再者，重整计划是衡量重整程序是否达到重整目的的标准，经法院裁定批准后，利害关系人不得更改其内容，亦不允许债务人不执行或者选择性执行重整计划规定的内容，故重整计划应当获得各利害关系人的普遍遵守，并应当获得全面执行。

三、重整计划的内容

重整计划的内容与债务人重整的目的和手段相关。不同目的的重整，必将采取不同的手段，重整计划的内容也会有所不同。在理论上，重整可以划分为再建型重整和清算型重整，但我国破产法规定的重整，仅以再建型重整为限。再建型重整的目的是恢复处于危机状态的债务人的营业，故如何恢复债务人的营业将成为重整计划的核心内容。

关于如何恢复债务人的营业，无不涉及两个十分重要的方面：债务人振兴营业的措施和既有债权债务的清理。前者涉及债务人营业资金的再筹集、营业项目的变更或转让、债务人的出资结构调整、法人治理结构的改善等事项；后者涉及既有债权债务的分类、债务减免、债务展期、担保的处置和债务清偿等事项。重整计划的提出者应当围绕这两个方面的内容拟定和调整重整计划的内容。

重整计划的内容是当事人自治的产物，法律不可能对重整计划的内容预先作出硬性规定；但法律可以对当事人如何确定重整计划的内容予以引导，以增强当事人制作重整计划的预见性、合理性与可行性。我国破产法对于重整计划的内容作出了提示性的规定，即重整计划应当包括下列内容：①债务人的经营方案；②债权分类；③债权调整方案；④债权受偿方案；⑤重整计划的执行期限；⑥重整计划执行的监督期限；⑦有利于债务人重整的其他方案。

重整计划不得含有法律禁止规定的内容，即重整计划的内容不得违反法律的强制性规定或者社会公共利益。例如，债务人欠缴的应当划入职工个人账户的基本养老保险、基本医疗保险费用以外的社会保险费用，重整计划不得规定减免。

第七节 重整计划草案的拟定

一、重整计划草案的拟定人

重整计划草案的拟定，是重整程序的首要环节；没有重整计划草案的拟定，重整程序的后续环节无法展开。重整程序顺利进行的先决条件，是要依法拟定重整计划草案。

重整计划草案的拟定，首先要解决的问题是何人有权并且有义务拟定重整计划草案。重整程序的参加人涉及众多利害关系人，让所有的重整程序的参加人都享有重整计划草案的拟定权，不仅没有必要，而且妨碍重整程序进行的效率。重整计划草案涉及债务人营业的振兴和债权债务关系的清理，对债务人的营业和财产状况具有充分了解的人拟定重整计划草案较为合适。因此，立法者不可能规定所有的重整程序参加者都有权拟定重整计划草案，而是以选择性的立场规定管理人或者债务人为重整计划草案的拟定人。

依照我国破产法的规定，重整计划草案由债务人或者管理人拟定。债务人自行管理财产和营业事务的，由债务人拟定重整计划草案；管理人负责管理债务人财产和营业事务的，由管理人拟定重整计划草案。

二、重整计划草案的拟定和提交期限

重整程序开始后，债务人或者管理人应当在法定期限内拟定并提交重整计划草案。重整程序应当具有效率，不能久拖不决。为防止重整计划草案的拟定和提交迟延而影响重整程序各方利害关系人的利益，立法对重整计划草案的拟定和提交规定有相对严格的期限。

依照我国破产法的规定，债务人或者管理人应当自人民法院裁定债务人重整之日起6个月内，完成重整计划草案的拟定，并向人民法院和债权人会议提交重整计划草案。债务人或者管理人在法定期限内拟定完成重整计划草案的，应当同时向人民法院和债权人会议提交，主要目的在于便利重整计划草案的及时表决和批准。

重整计划草案的拟定和提交期限，实际上始于重整程序开始之日；对于重整程序开始后债务人申请法院自行管理财产和营业事务的，债务人拟定和提交重整计划草案的期限，也同样自重整程序开始之日计算。当然，考虑到重整计划草案拟定过程的复杂性，若债务人或者管理人在法定之6个月期限内不能完成重整计划草案的拟定和提交的，应当在该期限届满前申请人民法院准许延期；若有正当理由的，人民法院可以裁定延期3个月。

三、重整计划草案未按期提交的后果

破产法对于重整计划草案的拟定人已有明文规定，而且对于重整计划草案的拟定与提交规定了较为严格的法定期限。债务人或者管理人怠于拟定重整计划草案的，基本上可以表明债务人或者管理人对处于困境的企业进行重整采取的是消极立场，而不是积极推进重整程序；在此情形下，继续重整程序将有害于参加重整程序的各利害关系人的利益。因此，债务人或者管理人未能在法定期限内向人民法院和债权人会议提交重整计划草案的，构成重整程序终止的法律事实。在此情形下，人民法院应当裁定终止重整程序，并宣告债务人破产清算。

第八节　重整计划草案的表决

一、重整计划草案的表决概述

破产程序为当事人自治主导型的程序，而债权人自治又居于至高无上的地位。对于重整程序的命运，实际上被操控在"债权人"（利害关系人）的手中。债务人利用破产法规定之重整程序，最终能否达成拯救企业的目的和效果，相当程度上取决于债务人或管理人与"债权人"的协商。我国《企业破产法》第七章有关债权人会议的规定，充分肯定了债权人会议"通过重整计划"的职权。债权人会议通过重整计划的职权，体现了"债权人"在重整程序中的高度自治地位。债务人或者管理人拟定的重整计划草案，应当提交债权人会议讨论和表决。重整计划草案未经债权人会议表决，将不会产生任何法律效力；债权人会议对重整计划草案的表决，是重整计划能够产生法律约束力的先决条件。

这里有必要说明的是，重整计划草案的表决并非仅仅是债权人会议的表决。债权人会议对重整计划草案有表决权，但参加重整程序的其他本非"债权人"的利害关系人也有表决权。重整程序涉及的关系人之利益的复杂，已然超出"债权人"的范畴，原本不属于"债权人"范畴的利害关系人，例如，对债务人不享有"债权"的担保权人、企业法人的出资人等，均有依照其意思对重整计划草案予以表决的权利。所以，《企业破产法》第61条所称债权人会议"通过重整计划"，仅仅在普通债权人以及对债务人的特定财产享有担保权或者优先顺位清偿利益的"债权人"的层面上，有其意义。再者，《企业破产法》第84条第1款规定"人民法院应当自收到重整计划草案之日起30日内召开债权人会议，对重整计划草案进行表决"，其中所称的"债权人会议"当然包括《企业破产法》第61条规定之债权人会议，但还应当包括对债务人不享有"债权"的担保权人、企业法人的出资人等"分组表决权人"。

二、分组表决制度

重整计划草案的表决，实行分组表决制度。依照法律所确定的各表决组，有权对重整计划草案单独进行表决。我国《企业破产法》第82条规定："下列各类债权的债权人参加讨论重整计划草案的债权人会议，依照下列债权分类，分组对重整计划草案进行表决：①对债务人的特定财产享有担保权的债权；②债务人所欠职工的工资和医疗、伤残补助、抚恤费用，所欠的应当划入职工个人账户的基本养老保险、基本医疗保险费用，以及法律、行政法规规定应当支付给职工的补偿金；③债务人所欠税款；④普通债权。人民法院在必要时可以决定在普通债权组中设小额债权组对重整计划草案进行表决。"该法第85条第2款规定："重整计划草案涉及出资人权益调整事项的，应当设出资人组，对该事项进行表决。"

依照上述规定，重整计划草案的表决组原则上分为四组：①担保权人组，即对债务人的特定财产享有担保权的权利人组成的表决组，包括对债务人的特定财产享有担保权的债权人以及对债务人不享有债权但对其特定财产享有优先受偿权的担保物权人；②劳动债权人组，即对债务人有工资请求和其他劳动者利益请求的职工组成的表决组，包括因债务人欠付工资和医疗、伤残补助、抚恤费用而享有请求权的职工，因债务人欠缴应当划入职工个人账户的基本养老保险、基本医疗保险费用的请求权人，以及依照法律、行政法规规定而对债务人享有补偿金请求权的职工；③税款人组，即因债务人欠缴税款而应对其追缴税款的国家税务机关、地方税务机关、关税征收机关等组成的表决组；④普通债权人组，即债务人的所有普通债权人组成的表决组。

在以下两种特殊情形下，人民法院还应当组成两个特殊的重整计划草案的表决组：①小额债权人组。在普通债权人组人数众多，且绝大多数或者绝少部分为小额债权人的时候，为平衡小额债权人和其他普通债权人之间的利益，人民法院应当设立小额债权人组，对重整计划草案进行单独表决。②出资人表决组。债务人进入重整程序，其出资人并没有丧失因为出资而形成的股东权益，重整计划草案在涉及债务人出资人的股东权益调整时，应当给出资人提供参与重整程序的机会。当重整计划草案含有调整出资人权益的内容，诸如出资人股权的变更、增加出资等事项，人民法院应当设立出资人表决组对该内容进行表决。出资人表决组并没有权利对重整计划草案的全部内容进行表决，仅能就重整计划草案中有关出资人权益调整的内容进行表决。

三、重整计划草案的讨论与表决

债务人或者管理人在法定期限内向人民法院和债权人会议提交重整计划草案的，人民法院应当及时召开债权人会议讨论重整计划草案，并安排各表决组进行表决。依照我国企业破产法的规定，人民法院在收到重整计划草案之日起30日内，应当召开债权人会议，对重整计划草案进行讨论和表决。债权人会议主席主持重整计划草案的讨论，并按照债权人会议的议程在讨论结束后，将重整计划草案交付各表决组进行表决。

在重整计划草案交付各表决组表决之前，参与破产程序的各利害关系人有权对债务人或管理人提交的重整计划草案发表意见，并有权要求债务人或管理人修改已经提交的重整计划草案。因此，债务人或者管理人有义务列席讨论重整计划草案的债权人会议，向债权人会议就重整计划草案作出说明，并回答债权人的询问。为增强重整计划草案的可行性，在债权人会议讨论重整计划草案时，债务人的出资人代表还可以列席债权人会议，并在债权人会议要求时发表其意见。

经债权人会议讨论后，债权人会议主席应当将重整计划草案交付各表决组进行表决。不论债权人会议讨论重整计划草案的结论如何，重整计划草案均应当交付各表决组进行表决。依照我国企业破产法的规定，经出席会议的同一表决组的表决权人过半数同意重整计划草案，并且其所代表的债权表决权数额占该组表决权总额的 2/3 以上的，重整计划草案在该表决组即获得通过。任何一个表决组对重整计划草案进行表决时，同意重整计划草案的表决权人未达出席会议的表决权人的半数，或者其所代表的表决权数额未达该组表决权总额的 2/3 以上的，重整计划草案在该表决组即未获得通过。基于当事人自治的理念，没有通过重整计划草案的表决组，经债务人或者管理人要求，可以决定是否进行二次表决；若该表决组同意进行二次表决的，该表决组可以再表决一次。

第九节　重整计划的批准

一、重整计划的批准概述

重整计划要产生法律上的约束力，应当经法院批准。除强制批准重整计划以外，法院批准重整计划的前提条件，是各表决组均通过重整计划草案。

各表决组均通过重整计划草案的，债务人或者管理人应当及时向法院申请批准重整计划。依照我国企业破产法的规定，债务人或者管理人应当在自重整计划通过之日起 10 日内，申请人民法院批准重整计划。人民法院决定是否批准各表决组均通过的重整计划之前，应当对重整计划草案的表决程序和内容进行审查。各表决组通过的重整计划应当具备合法性，重整计划草案的通过应当符合企业破产法规定的程序，重整计划草案的内容不得违反法律、行政法规的规定，尤其不能违反企业破产法的规定。人民法院经审查认为重整计划草案符合法律规定的，应当裁定批准重整计划。人民法院审查并决定是否批准重整计划的，应当在收到债务人或者管理人申请后 30 日内作出裁定。

法院批准重整计划的，应当同时裁定终止重整程序，并发布公告。

二、重整计划的强制批准

重整计划的强制批准，是指法院依照破产法规定的程序和条件对于未获得部分表决组通过的重整计划草案予以批准并使之产生法律约束力的司法裁判行为。重整程序开始后，各表决组是否接受重整计划草案，本属于利害关系人自治范畴。但是，各表决组均有其特定的利益，各表决组之间甚至存在利益的冲突，如果不同的表决组基于其自身的利益考量而拒绝通过重整计划草案，则重整程序的目的难以达成。"重整程序是一种成本高、社会代价大、程序复杂的制度，它更多的是保护社会整体利益，而将债权人的利益放在次要位置。"[1]因此，当部分表决组不能通过重整计划时，为社会整体利益考虑，有必要借助国家公权力的干预以实现重整程序的目的，企业破产法规定了强制批准重整计划的制度。

重整计划的强制批准，适用于部分表决组未通过重整计划草案且债务人或者管理人申请法院强制批准重整计划草案的情形。经表决，若所有的表决组均未通过重整计划草案的，则不能适用重整计划的强制批准。部分表决组未通过重整计划草案的，债务人或者管理人可以同该表决组协商是否再次表决，该表决组拒绝再次表决或者经协商同意再次表决仍未通过的，债务人或者管理人可以申请法院强制批准重整计划。我国《企业破产法》第87条规定，部分表决组未通过重整计划草案的，债务人或者管理人可以同未通过重整计划草案的表决组协商。该表决组可以在协商后再表决一次。双方协商的结果不得损害其他表决组的利益。未通过重整计划草案的表决组拒绝再次表决或者再次表决仍未通过重整计划草案的，债务人或者管理人可以申请人民法院批准重整计划草案。

重整计划的强制批准，应当符合破产法规定的以下条件：①按照重整计划草案，债务人的特定财产所担保之"债权"就该特定财产将获得全额清偿，担保权人因延期清偿所受的损失将得到公平补偿，并且其担保权未受到实质性损害，或者担保权表决组已经通过重整计划草案；②按照重整计划草案，债务人所欠劳动债权和税款将获得全额清偿，或者相应表决组已经通过重整计划草案；③按照重整计划草案，普通债权所获得的清偿比例，不低于其在重整计划草案被提请批准时依照破产清算程序所能获得的清偿比例，或者普通债权表决组已经通过重整计划草案；④重整计划草案对出资人权益的调整公平、公正，或者出资人表决组已经通过重整计划草案；⑤重整计划草案所规定的债权清偿顺序不违反企业破产法所规定的债权清偿顺位，并且公平对待同一表决组的成员；⑥债务人的经营方案具有可行性。

债务人或者管理人申请强制批准重整计划的，人民法院应当自收到申请之

---

[1] 李永军：《破产重整制度研究》，中国人民公安大学出版社1996年版，第48页。

日起 30 日内作出是否批准重整计划的裁定。人民法院经审查认为重整计划草案符合破产法规定的强制批准条件的，应当裁定批准，并同时裁定终止重整程序，予以公告。

三、经批准的重整计划之效力

（一）程序上的效力

经批准的重整计划，具有终止重整程序的效力；重整计划的批准为法院终止重整程序的法定事由；法院裁定批准重整计划时，应当同时裁定终止重整程序。

（二）约束债务人的效力

经批准的重整计划，对债务人有约束力，债务人应当按照重整计划的内容，全面执行重整计划，不得对重整计划进行调整或者更改。债务人未完全执行重整计划前，不得对个别债权人给予重整计划外的特殊利益。债务人依重整计划取得相对免责利益，以执行重整计划为条件免于承担债权人在重整计划中让步的债务清偿责任；债务人执行重整计划后，按照重整计划减免的债务，债务人不再承担清偿责任。但是，债务人依照重整计划享有的免责利益，不及于债务人的保证人和其他连带债务人。

（三）约束债权人的效力

经批准的重整计划，对全体债权人（包括担保权人），不论其是否依法申报其权利，均有约束力。债权人（包括担保权人）在重整计划执行期间，仅能依照重整计划规定的内容行使权利，不得主张重整计划规定内容以外的权利或者利益。但是，受批准的重整计划约束的债权人，若未依照破产法的规定申报债权的，在重整计划执行期间不得行使权利；仅能在重整计划执行完毕后，按照重整计划规定的同类债权的清偿条件行使权利。再者，因债务人不能执行或者不执行重整计划而经人民法院裁定终止执行重整计划的，债权人因执行重整计划所受的清偿仍然有效，债权人在重整计划中作出的债权调整的承诺失去效力，未受清偿的债权部分作为破产债权。

应当注意的是，经批准的重整计划对债权人的约束力，并不及于债权人对债务人的保证人和其他连带债务人所享有的权利。债务人的保证人和其他连带债务人不得以重整计划规定的条件，对抗债权人的清偿要求。在重整计划执行期间，债权人可以按照重整计划规定的条件，请求债务人履行重整计划规定的清偿义务，亦可以其对债务人享有的债权，请求债务人的保证人和其他连带债务人清偿债务。在重整计划执行完毕后，债权人在重整计划中作出让步而未能受清偿的债权部分，仍可以请求债务人的保证人和其他连带债务人清偿。因此，债权人对债务人的保证人和其他连带债务人所享有的权利，不受重整计划的影响。

第十节　重整程序的非正常终结

一、重整程序非正常终结概述

重整程序开始后，因为存在法律规定的事由，未能形成经法院批准的重整计划，受理重整申请的法院应当裁定终止重整程序的，构成重整程序的非正常终结。重整程序的非正常终结，实质上是重整程序的提前终结。

破产立法规定的重整程序为重整提供了手段与方式。重整程序的目标在于挽救有经营困难的企业，适用重整程序挽救企业是否能够成功，并不完全取决于重整程序的设计和应用。重整通常为一个长期的过程，依赖于对未来经济状况的预测、债务人的偿债能力以及债权人的合作或者其他利害关系人的合作。[1]当债务企业利用重整程序而不能摆脱财务困境时，破产立法应当为利用该程序的企业提供救济的途径，以免增加成本或浪费重整程序的资源，造成更大的损失。破产程序开始后，"除有某些特定的限制外，债务人和其他利害关系人可以申请法院将依照特定规定开始的破产案件转变为依照其他规定开始的破产案件"。[2]所以，重整程序开始后，若重整程序的目的不能实现，应当有重整程序向其他债务清理程序转化的机制。我国破产法对此已有相应的规定。

二、重整程序非正常终结的原因

依照我国破产法的规定，重整程序的非正常终结仅能因法律明文规定的原因而发生。

（一）债务人有妨碍重整的行为

重整程序开始后，若有以下情形：①债务人的经营状况和财产状况继续恶化，缺乏挽救的可能性；②债务人有欺诈、恶意减少债务人财产或者其他显著不利于债权人的行为；③由于债务人的行为致使管理人无法执行职务，经管理人或者利害关系人的请求，法院应当裁定终止重整程序。

---

[1]　Brian A. Blum, Bankruptcy, *Debtor and Creditor：Examples and Explanations*（第2版），中信出版社2004年影印版，第153页。

[2]　Brian A. Blum, Bankruptcy, *Debtor and Creditor：Examples and Explanations*（第2版），中信出版社2004年影印版，第161页。

（二）未按期提出重整计划草案

重整程序开始后，债务人或者管理人在法院裁定债务人重整之日起 6 个月内，或者经法院裁定延期后的 3 个月内，未拟定并向法院和债权人会议提交重整计划草案的，法院应当裁定终止重整程序。

（三）全部表决组未通过重整计划草案

出席债权人会议讨论重整计划草案的各表决组，均未获得出席会议的该表决组成员的过半数同意，或者同意重整计划草案的出席会议的各表决组成员所代表的表决权数额，均未达该组表决权总额的 2/3 以上的，法院应当裁定终止重整程序。

（四）法院拒绝批准重整计划

重整计划草案经债权人会议讨论，各表决组均通过重整计划草案，但人民法院经审查认为重整计划的通过违反破产法规定的程序，或者重整计划的内容违反企业破产法的规定，或者重整计划的内容违反法律的强制性规定或社会公共利益的，应当裁定不予批准重整计划。部分表决组否决重整计划草案，债务人或者管理人申请强制批准重整计划的，法院经审查认为重整计划的强制批准申请不符合破产法的规定，或者重整计划草案的内容不符合破产法规定的强制批准重整计划条件的，应当裁定不予批准重整计划。

三、重整程序非正常终结的后果

一般而言，因为存在以上原因，法院在重整程序结束前裁定终止重整程序的，应当同时裁定宣告债务人破产清算。在这个意义上，重整程序的非正常终结，为法院宣告债务人破产清算的重要法律事实。我国破产法对因以上原因非正常终结重整程序的，均规定人民法院应当裁定宣告债务人破产清算。

法院裁定非正常终结重整程序的原因较为宽泛，但在裁定宣告债务人破产清算时，是否应当审查债务人具有《企业破产法》第 2 条第 1 款规定的破产清算的事由，则存在讨论的空间。当债务人存在《企业破产法》第 2 条第 1 款规定的原因时，不论重整程序是依照申请直接开始的还是经破产程序转化而开始的，法院裁定非正常终结重整程序，同时裁定宣告债务人破产清算的，并无程序适用上的任何障碍。但是，当法院裁定对债务人适用重整程序的原因为《企业破产法》第 2 条第 2 款规定之"有明显丧失清偿能力的可能"时，则法院裁定非正常终结重整程序的，同时裁定宣告债务人破产清算，若债务人不存在《企业破产法》第 2 条第 1 款规定的破产清算的事由，显然会有破产清算程序适用上的障碍。这个问题值得我国司法实务慎重对待。

第十一节 重整计划的执行

一、重整计划的执行人

重整计划的执行，是指法院裁定终止重整程序后，由执行机构具体落实重整计划规定的内容之行为或过程。对于负责重整计划的执行机构，不同的立法例有不同的规定，但基本上分为两种：由专门的重整执行人负责执行重整计划和由债务人负责执行重整计划。我国《企业破产法》主要从重整计划执行的效率和便利的角度考虑，规定重整计划由债务人负责执行。债务人为重整计划的执行人，已经接管债务人财产和营业事务的管理人，在法院裁定批准重整计划后，应当及时向债务人移交财产和营业事务。

债务人执行重整计划，应当全面执行重整计划的内容，不得附加重整计划没有规定的其他条件，亦不得变更重整计划的内容。债务人要围绕重整计划规定的"振兴营业的措施"和"既有债权债务的清理"，具体落实重整计划规定的内容。例如，重整计划规定的清偿债务的条件，包括但不限于清偿债务的数额、方式、时间、地点、担保等条件，债务人应当按照重整计划规定的条件，全面履行重整计划规定的清偿义务；债务人在执行重整计划规定的清偿债务的条件时，不得附加新的条件，并应当主动执行。

二、重整计划的执行监督

重整计划由债务人负责执行，而且是在重整程序终结后由债务人负责执行，如何确保债务人执行重整计划，成为立法者和司法实务界普遍关心的问题。我国企业破产法专设重整计划执行的监督制度，此项监督制度系由管理人监督重整程序中的债务人自行管理财产和营业事务转化而形成的制度。《企业破产法》第 90 条规定："自人民法院裁定批准重整计划之日起，在重整计划规定的监督期内，由管理人监督重整计划的执行。在监督期内，债务人应当向管理人报告重整计划执行情况和债务人财务状况。"重整程序终结后，由管理人监督债务人执行重整计划，为我国破产法规定的法定制度，故重整计划的内容应当有"重整计划执行的监督期限"的预先安排；管理人在重整计划规定的执行监督期限内，对债务人执行重整计划予以监督。

重整计划执行的监督期限，由重整计划事先规定，应当等于或者短于重整计划的执行期限。重整计划的执行期限，为重整计划执行的开始日至重整计划执行完毕的截止日，应当依照重整任务目标和执行要求事先确定，不同的债务人应当有不同的重整计划的执行期限，事实上属于债务人和利害关系人各方均认可的执行重整计划的合理期间，法律对之不作硬性规定，由债务人和利害关系人自由协商确定。管理人监督重整计划的执行，并非要监督重整计划执行的全部过程，更不存在超过重整计划执行期限仍监督债务人执行重整计划的问题，故其监督债务人执行重整计划的期限应当短于或者等于重整计划的执行期限。当重整计划执行的监督期限短于重整计划的执行期限，而在监督期限届满时，管理人认为有必要继续监督债务人执行重整计划的，可以申请人民法院延长重整计划执行的监督期限；人民法院裁定延长重整计划执行的监督期限的，管理人在延长的监督期限内继续履行监督债务人执行重整计划的职责。

管理人监督债务人执行重整计划的事项，主要限于"重整计划执行情况和债务人财务状况"。围绕以上事项，管理人有权要求债务人定期或者不定期地向其报告重整计划的执行情况和财务状况，并对债务人执行重整计划的行为以及债务人的财务状况进行检查和督导。债务人应当接受管理人的检查和督导，并为管理人的检查和督导提供便利，按照管理人的要求向管理人报告工作。

监督期届满时，管理人应当向人民法院提交监督报告。自监督报告提交之日起，管理人的监督职责终止。管理人向人民法院提交的监督报告，重整计划的利害关系人有权查阅。

三、重整计划的终止执行

法院裁定批准重整计划后，重整计划对债务人与全体债权人产生约束力，债务人应当按照重整计划的约定执行其在重整计划中作出的各项承诺。但是，当债务人在执行重整计划过程中不执行或者不能执行重整计划时，立法者已经为救济利害关系人进行了相应的制度安排。《企业破产法》第93条第1款规定："债务人不能执行或者不执行重整计划的，人民法院经管理人或者利害关系人请求，应当裁定终止重整计划的执行，并宣告债务人破产。"

债务人不能执行重整计划，是指债务人的财务状况或者营业有所变化，而有不能落实重整计划规定的振兴营业措施和清理债权债务的可能。债务人不能执行重整计划，一般可以依照以下情形判断：①债务人的财务状况恶化，足以影响债务人清偿债务；②债务人在重整计划执行期间给予个别债权人额外利益，足以损害其他债权人的整体利益；③债务人在重整计划执行期间隐匿财产或者非法转移财产；④债务人在执行重整计划期间有毁弃账簿、变造财务会计报表的行为；⑤债务人在重整计划执行期间以非正常的价格交易财产；⑥债务人放弃权利，足以影响债权人的清偿利益；⑦债务人拒绝管理人的监督或者妨碍管理人履行监督重整计划执行的职务；等等。债务人不执行重整计划，是指债务人拒绝按照重整计划规定的措施或者条件执行重整计划的行为，或者债务人采取的措施或作出的行为违反重整计划规定的内容。

债务人不能或者不执行重整计划的，经管理人或利害关系人请求，人民法院应当裁定终止执行重整计划，并裁定宣告债务人破产清算。

法院裁定终止执行重整计划的，债权人在重整计划中作出的债权调整的承诺失去效力。债权人因执行重整计划所受的清偿仍然有效，其债权未受清偿的部分作为破产债权。但是，第三人为重整计划的执行提供的担保继续有效。

第三人为重整计划的执行提供的担保，包括物的担保和保证。第三人所提供的担保，对于债权人信赖债务人能够执行重整计划以及确保债务人执行重整计划，具有积极的意义。债务人不能执行或者不执行重整计划而被人民法院宣告破产清算的，重整计划失去效力，那么第三人为重整计划的执行提供的担保，是否继续有效？笔者认为，考虑到重整计划被法院裁定终止执行，但债务人在重整计划中承诺的清偿债务的责任并没有被免除，第三人提供的担保所担保的重整计划的债务清偿责任仍然存在，第三人提供的担保具有继续存在的基础；再者，若第三人提供的担保因为法院宣告债务人破产清算而失效，那么破产法规定的为重整计划的执行而由第三人提供担保的制度的存在价值，就颇令人怀疑了。因此，第三人为重整计划的执行提供的担保，应当发挥担保重整计划得以执行的效用。因此，债务人不能执行或者不执行重整计划而被人民法院裁定宣告破产清算的，第三人为重整计划的执行提供的担保继续有效。但是，被担保的债权人不得超出重整计划规定的债务清偿的条件和范围，对提供担保的第三人主张担保权益。

第三编　破产清算程序

第十一章

破产清算程序概述

第一节　破产清算程序的概念及特点

一、破产清算程序的概念

破产清算程序，是指债务人不能清偿债务时，为满足债权人的清偿要求而集中变卖破产财产以清偿债权的程序。清算程序是企业破产法规定的破产程序的组成部分之一，与重整程序、和解程序并列为独立的债务清理程序。清算程序适用于不能清偿债务而又缺乏其他清偿债务替代措施的债务人。

我国实行破产程序受理开始主义，即破产程序开始于法院受理债务人或者债权人提出破产申请之时；法院受理破产申请时，除非法律另有规定的，均应当由法院指定的管理人接管债务人财产以清理债务。由于破产程序受理开始主义的缘故，我国的破产清算程序可以分为广义的破产清算程序和狭义的破产清算程序两种。

广义的破产清算程序，是指经债务人或者债权人申请破产清算而开始的债务清理程序，期间并未出现重整或者和解等中断程序的事由。广义的破产清算程序，不以法院裁定债务人破产清算为必要，仅以法院受理债务人或者债权人提出的破产清算申请为必要，故该程序可以有条件地向重整程序或者和解程序转化。广义的破产清算程序，可以泛指破产宣告前的债务清理程序，例如破产清算的申请、破产清算申请的受理、管理人的指定和债务人财产的接管等；也可以泛指破产宣告前的债务清理程序和破产宣告后的债务清理程序之结合，例如包括破产清算的申请、破产清算申请的受理、管理人的指定和债务人财产的接管、破产宣告、破产财产的变价和分配、清算程序的终结等诸环节的完整程序。

狭义的破产清算程序，是指法院宣告债务人破产清算后进行的债务清理程序。在这个意义上，破产清算程序开始于法院对债务人作出的破产清算裁定；没有法院作出的破产宣告裁定，就没有破产清算程序。债务人经法院宣告为破产人后，债务人财产沦为破产财产。在破产清算程序中，管理人为唯一享有占有、保管、清理、估价、变价和分配破产财产的权利人，非经管理人的同意，任何人不得占有和处分破产财产。清算程序的最终结果是，管理人依法变价破产财产而将之公平分配给所有的债权人。我国《企业破产法》第十章是对狭义的破产清算程序作出的专门规定。本编所讨论的破产清算程序，主要限于狭义的破产清算程序。

二、破产清算程序的特点

依照我国《企业破产法》第十章的规定，破产清算程序具有以下三个特点：

1. 破产清算程序以债务人不能清偿到期债务为前提。不论债务人以何种理由进入破产程序，若对债务人适用清算程序，仅能以债务人不能清偿债务作为条件，亦即债务人"不能清偿到期债务，并且资产不足以清偿全部债务或者明显缺乏清偿能力"。如果债务人仅有不能清偿到期债务的情形，但并不存在资产不足以清偿全部债务或者明显缺乏清偿能力的情形，不能对债务人适用清算程序。在这个意义上，清算程序是以债务人不能清偿债务作为适用条件的债务清理程序。

2. 破产清算程序以变价和分配破产财产为目的。债务人在程序进行期间不仅丧失对其财产的管理和处分权，而且在程序结束时将因变价和分配而失去对破产财产的法律上的权利和利益，导致债务人丧失继续生存和交易的物质基础。这是清算程序与再建型或者再生型债务清理程序的本质区别。因为清算程序以变价和分配破产财产为目的，我国《企业破产法》第八章（重整）和第九章（和解）的规定与清算程序的目的相冲突，不能适用于清算程序。

3. 破产清算程序以破产宣告为标志。债务人不能清偿债务的，法院依照当事人的请求或者法律的规定，宣告债务人为破产人的，清算程序正式开始。在这一点上，清算程序与我国破产法规定的重整程序和和解程序存在十分明显的差异：法院受理申请人的重整申请或者和解申请时，重整程序或者和解程序即告开始；但法院受理申请人的清算申请时，清算程序并不当然开始，清算程序是否开始取决于法院是否宣告债务人破产。因此，没有破产宣告，就没有清算程序，清算程序是破产宣告后的债务清理程序。

第二节　破产清算程序的结构

破产清算程序的结构，原则上由破产清算的申请、破产清算申请的受理、破产宣告等程序组成。因为本编主要介绍狭义的破产清算程序，破产宣告及其后的程序在本编将有较为详细的描述，本节仅对破产清算的申请、破产清算申请的受理程序作些概括性说明。

一、破产清算的申请

破产清算的申请（简称为清算申请），是指债务人或者债权人向法院提出的意图变价债务人财产而分配给债权人的意思表示。一般而言，清算申请人包括债务人和债权人。债务人有破产原因时，可以直接向法院申请破产清算，也可以在重整程序或者和解程序进行期间向法院申请破产清算。债务人不能清偿到期债务时，债权人可以直接向法院申请债务人破产清算；债权人也可以在重整程序或者和解程序进行期间向法院申请债务人破产清算。

首先，债务人有破产原因的，可以直接向法院申请清算。债务人直接向法院申请破产清算的，称为自愿清算申请。但是，不具有破产原因的债务人，不得提出清算申请。其次，债务人有破产原因的，债权人可以直接向法院申请宣告债务人破产清算。债权人向法院申请债务人破产清算，相对于债务人而言，可称为非自愿清算申请。再次，已经解散的企业法人有破产原因的，对该法人负有清算责任的人或组织，应当向法院申请该债务人破产清算。最后，商业银行、证券公司、保险公司等金融机构有破产原因的，国务院金融监督管理机构可以向法院申请该金融机构破产清算。

债务人或者债权人向法院申请破产清算的，应当提交破产清算申请书。破产清算申请书应当载明下列事项：①债务人的基本情况；②申请清算目的；③申请清算的事实和理由；④法院认为申请书应当记载的其他事项。破产清算申请书为债务人或者债权人申请清算的形式要件，还应提交相应的"证据"。

债务人直接申请破产清算的，除向法院提交破产清算申请书外，还应当提交有关"证据"，主要包括：企业法人营业执照（副本）、法定代表人身份证明、财产状况说明、债务清册、债权清册、有关财务会计报告、企业职工情况和安置预案、职工工资和社会保险费用支付情况的说明等。

债权人直接申请债务人破产清算的，除向法院提交破产清算申请书外，还应当提交有关债务人不能清偿到期债务的"证据"，包括但不限于债权的成立或有效、届期未获清偿等方面的"证据"。在债权人直接申请债务人破产清算的场合，债务人有权在收到人民法院的破产清算申请的通知之日起 7 日内，对清算申请提出异议。

原则上，破产清算程序的开始实行申请主义；破产清算程序以债务人或者债权人向法院提出破产清算申请为条件。没有破产清算申请的，法院不得依职权对债务人适用破产清算程序。但是，依照我国破产法规定的清理债务的破产程序结构依法开始的重整程序或者和解程序，可以有条件地转化为破产清算程序；在重整程序或者和解程序进行期间，若发生应当宣告债务人破产清算的法定事由的，即使没有破产清算申请，法院亦可依职权宣告债务人破产清算，从而以清算程序清理债务。

二、清算申请的受理

清算申请的受理，是指法院经审查认为破产清算的申请符合破产法的规定而予以接受，并开始破产程序的司法上的审判行为。法院在受理清算申请前，应当在法定期限内对债务人或债权人提出的清算申请予以审查，审查的事项包括债务人有无破产能力、申请人提出的清算申请是否符合法律的规定等。清算申请受理前的审查，应当以形式审查为限。经审查，破产清算申请符合破产法规定的，法院应当裁定受理破产清算申请。

法院作出受理破产清算的申请之裁定时，应当对于债务人是否具有《企业破产法》第 2 条第 1 款规定之"破产原因"进行调查，因为不具备调查并确认债务人是否具有"破产原因"的程序条件，往往难以作出宣告债务人破产清算的裁定。法院受理破产清算的申请，并不表明债务人财产必定沦为破产财产，也不表明已经开始的清算程序必定产生分配的效果。只有在债务人自行申请破产清算的场合，若已有较为充分的事实表明债务人具备《企业破产法》第 2 条第 1 款规定之"破产原因"的，法院才可以在受理破产清算的申请时，一并作出宣告债务人破产的裁定。

关于清算申请的受理，还有必要特别说明以下两点：

1. 法院受理破产清算的申请，并不意味着具有分配效果的破产清算程序的开始。法院受理清算申请，仅仅表明破产程序已经开始，但已经开始的破产程序可能向重整程序或者和解程序方向发展。在因破产清算的申请而开始破产程序的场合，是否开始具有分配效果的破产清算程序，仍取决于法院经审理后作出宣告债务人破产的裁定。一般而言，法院受理破产清算的申请后，债务人是否具有"破产原因"，应当根据管理人执行其"调查"债务人财产状况职务的结果予以判定。依照《企业破产法》第 25 条的规定，管理人有责任调查债务人的财产状况，制作财产状况报告。管理人在接管债务人的财产和营业后，应当对债务人的财产状况予以调查，并向法院提交债务人财产状况报告。管理人经调查而制作的债务人财产状况报告，将成为法院认定债务人是否具有《企业破产法》第 2 条第 1 款规定之"破产原因"的依据。在法院受理破产清算申请后，若法院查明债务人有《企业破产法》第 2 条第 1 款规定之"破产原因"的，除非经利害关系人申请而开始重整程序或者和解程序，法院应当裁定宣告债务人破产清算。

2. 清算申请并非法院裁定开始清算程序的绝对条件。在依法开始重整程序或者和解程序后，在破产程序进行期间，若有法定的应当宣告债务人破产清算的事由出现，不论是否有利害关系人请求法院宣告债务人破产，法院均可以依照职权并依照法律的规定开始破产清算程序。例如，《企业破产法》第 79 条第 3 款规定，债务人或者管理人未按期提出重整计划草案的，人民法院应当裁定终止重整程序，并宣告债务人破产；第 99 条规定，和解协议草案经债权人会议表决未获得通过，或者已经债权人会议通过的和解协议未获得人民法院认可的，人民法院应当裁定终止和解程序，并宣告债务人破产。

第十二章

破产宣告

第一节　破产宣告概述

一、破产宣告的概念与特征

破产宣告，是法院对债务人不能清偿债务而应当被清算的事实所作出的法律上的判定。它具有以下四项特征：

1. 破产宣告只适用于不能清偿债务的债务人。债务人有清偿债务的能力的，法院不能以任何理由宣告其破产清算。债务人能够清偿债务，但拒不清偿的，可以通过民事诉讼和执行程序，强制其清偿债务。债务人有清偿能力，只是因为请求清偿的债权人众多，逐个清偿债权在程序上有所不便的，也不能宣告债务人破产清算，应当适用共同诉讼或者集团诉讼程序加以解决。破产宣告只能适用于不能清偿债务的债务人。

2. 破产宣告是审理破产案件的法院的司法审判行为。破产宣告是法院行使破产案件专属管辖权的具体形态，表现为法院对债务人的应被清算的事实作出的司法判断，其结果具有强制执行力。

3. 破产宣告是具有分配效果的清算程序开始的标志。法院受理破产申请后，债务人并非已被宣告破产清算，此时破产程序虽已开始，但具有分配效果的清算程序并未开始，管理人不能对债务人财产进行变价和分配。唯有债务人被宣告破产清算时，其全部财产沦为破产财产的，破产财产才能成为管理人实施破产分配的标的。破产宣告构成破产程序公平分配债务人财产的核心阶段，没有破产宣告，就没有破产财产的形成，也就不可能有破产分配。因此，破产宣告为具有分配效果的清算程序开始的标志。

4. 破产宣告发生破产法规定的程序效力。破产宣告首先确定了债务人在破产程序上的地位，并以其特有的程序效力约束参加破产程序的债权人，影响与债务人发生交易的其他利害关系人的权利或利益。破产宣告的程序效力的核心内容在于，非经清算程序，任何人不得处分破产财产，亦不得对破产财产行使权利。

二、破产宣告的原因和事实

（一）法律规定与自由裁量

债务人有破产原因发生时，法院才能够作出破产宣告的裁定。法院宣告债务人破产，应当以债务人具有法律规定的破产原因为必要，即债务人或者企业法人不能清偿到期债务，并且资产不足以清偿全部债务或者明显缺乏清偿能力。

我国破产法实行破产程序受理开始主义。法院受理破产申请时，破产程序即告开始，但并不意味着债务人已经被宣告破产。债务人具有破产原因，法院裁定宣告债务人破产清算并非是唯一和必然的选择；即使债务人具有破产原因且自行申请破产清算，法院也不一定非要作出破产宣告的裁定。

在破产程序开始后，法院应当在何时并依照何种理由宣告债务人破产清算，不仅仅是破产立法所要关注的问题，更是法院审判实务中的技术操作问题。债务人具有破产原因，只是提供了法院裁定宣告债务人破产的一个空间，表明法院对宣告债务人破产清算的自由裁量权是充分的。因此，债务人具有破产原因，法院依据债务人或者债权人的申请，可以适时裁定宣告债务人破产清算；债务人具有破产原因而应当被即时宣告破产清算的，法院可以在裁定受理破产清算的申请时，一并裁定宣告债务人破产清算。

为使法院的自由裁量更加具有效率，各破产立法例往往会具体规定法院宣告债务人破产清算的个别情形。例如，除原则规定债务人有破产原因而应当被宣告破产清算以外，立法例将法院宣告债务人破产清算的具体情形，主要集中于企业再生程序的提前终止或者终止执行重整计划或和解协议等方面。本编所称企业再生程序，是指我国破产法规定的重整程序与和解程序。将企业再生程序的提前终止、终止执行重整计划或和解协议作为法院宣告债务人破产清算的事由，一方面有助于法院把握作出破产宣告的判断基准的适当性，另一方面又相应地避免了债务清理程序的重复而节省了司法审判的资源。

破产法对于破产宣告已有较为完整的规定，不仅赋予了法院裁定宣告债务人破产清算的自由裁量的空间，而且有诸多条文规定法院应当裁定宣告债务人破产清算。

（二）企业再生程序的提前终止

法院受理当事人提出的重整申请或者和解申请的，再生程序开始并发生效力；再生程序具有阻止法院宣告债务人破产清算的效果。但是，基于法定的事由，再生程序提前终止的，已经开始的破产程序，则有可能向破产清算程序转化。

再生程序开始后，因为法律规定的事由出现，受理破产申请的法院应当裁定终止再生程序的，构成再生程序的提前终止。一般而言，法院裁定提前终止再生程序的，若债务人具有《企业破产法》第 2 条第 1 款规定的原因，应当同时裁定宣告债务人破产清算。在这个意义上，再生程序的提前终止，为法院裁定债务人破产清算的重要法律事实。依照破产法的规定，再生程序的提前终止，因下列情形或原因而发生：

1. 债务人有妨碍重整的行为。重整程序开始后，债务人有《企业破产法》第 78 条规定的妨碍重整的行为之一的，诸如债务人的经营状况和财产状况继续恶化，缺乏挽救的可能性；债务人有欺诈、恶意减少债务人财产或者其他显著不利于债权人的行为；由于债务人的行为致使管理人无法执行职务的，法院应当裁定终止重整程序。

2. 未按期提出重整计划草案。重整程序开始后，债务人或者管理人在法院裁定债务人重整之日起 6 个月内，或者经法院裁定延期后的 3 个月内，未按期提出重整计划草案的，法院应当裁定终止重整程序。

3. 全部表决组否决重整计划草案。出席会议议决重整计划草案的各表决组，未获得出席会议的该表决组成员的过半数同意，或者同意重整计划草案的出席会议的该表决组成员所代表的债权额，不足该组表决权总额的 2/3 以上的，法院应当裁定终止重整程序。

4. 法院拒绝批准重整计划。部分表决组否决重整计划草案，且法院未依照《企业破产法》第 87 条的规定，强行批准重整计划，或者法院未批准已经各表决组通过的重整计划的，应当裁定终止重整程序。

5. 债权人会议拒绝和解。和解协议草案经债权人会议表决，若同意和解协议草案的债权人不足出席会议的债权人的半数，或者同意和解协议草案的债权人所代表的债权额不足全部无财产担保的债权额的 2/3 的，构成债权人会议拒绝和解，法院应当裁定终止和解程序。

6. 法院拒绝认可和解协议。债权人会议通过的和解协议，不得违反社会公共利益，也不得违反法律、行政法规的规定；债权人会议通过的和解协议，违反法律、行政法规的，法院应当裁定不予认可。经法院裁定不予认可和解协议的，应当裁定终止和解程序。

凡有以上再生程序提前终止的情形发生时，依照破产法的规定，法院应当裁定终止重整程序或者和解程序，并宣告债务人破产清算。

（三）终止执行重整计划

法院裁定批准重整计划后，重整计划对债务人与全体债权人产生约束力，债务人应当按照重整计划的约定执行其在重整计划中作出的各项承诺。但是，债务人在执行重整计划过程中，违反重整计划的，立法者已经为救济利害关系人提供了相应的制度安排。《企业破产法》第 93 条第 1 款规定："债务人不能执行或者不执行重整计划的，人民法院经管理人或者利害关系人请求，应当裁定终止重整计划的执行，并宣告债务人破产。"

（四）终止执行和解协议

法院裁定认可和解协议后，和解协议对债务人与和解债权人产生约束力，债务人应当按照和解协议约定的条件清偿债务。但是，如果和解债务人在执行和解协议过程中，违反和解协议，或者已经生效的和解协议存在无效或者可撤销的原因的，继续执行和解协议将有损于和解债权人的利益，立法者应当为救济和解债权人提供制度上的安排。

1. 和解债务人违反和解协议的，法院应当裁定终止执行和解协议，并宣告债务人破产清算。依照《企业破产法》第 104 条第 1 款的规定，债务人不能执行或者不执行和解协议的，法院经和解债权人请求，应当裁定终止和解协议的执行。因此，在债务人违反和解协议的场合，只有经和解债权人请求，法院才能终止执行和解协议并宣告债务人破产；若和解债权人没有提出请求，法院不能依职权裁定终止执行和解协议。

2. 和解协议存在无效情形的，法院应当裁定终止执行和解协议，并宣告债务人破产清算。依照《企业破产法》第 103 条第 1 款的规定，法院终止执行和解协议的事由，包括债务人的欺诈或者其他违法行为，诸如和解债务人所为的胁迫、乘人之危、恶意串通等不法行为。在和解协议执行期间，若发现和解协议是因债务人的欺诈或者其他不法行为而成立的，法院应当依职权裁定和解协议无效，并宣告债务人破产。

第二节　破产宣告的裁定

一、破产宣告的裁定

破产宣告的裁定，是法院认定债务人不能清偿债务而符合宣告债务人破产的情形时作出的司法判定。法院作出宣告债务人破产清算的裁定，为清算程序开始的标志。

法院宣告债务人破产清算的，应当以裁定为之。裁定是法院为解决程序性问题所作出的判定，以及为解决某些实体问题而作出的判定。在破产程序中，裁定是法院行使对破产案件的司法管辖权和裁量权的基本方式。法院宣告债务人破产清算的裁定，应当作成书面形式，由审判人员、书记员署名，并加盖法院印章。

二、破产宣告裁定之内容

法院作出的破产宣告裁定书，主要内容由首部、主文和尾部组成。

破产宣告裁定书的首部，应当写明法院的全称、破产案件的年号和编号，并详细写明破产企业的名称、住所、法人代表的姓名、职务等必要事项。

破产宣告裁定书的主文，是破产宣告裁定书的核心部分，要写明裁定的事实、理由和裁定结论。事实包括破产申请人提出的请求、根据，以及法院认定债务人不能清偿债务的事实；理由是法院审查破产案件确认的事实与观点，以及作出破产宣告所适用的法律；结论是法院作出的宣告债务人破产清算的决定。

破产宣告裁定书的尾部，应当写明破产宣告裁定是否可以上诉，并写明作出裁定的时日。法院在作出破产宣告的裁定时，必须记明裁定的年、月、日，并写明不准许上诉。

三、破产宣告裁定的生效

法院宣告债务人破产清算的裁定，自作出之日起生效。破产法并未明文规定债务人或者债权人对法院作出的破产宣告的裁定，不得提出上诉；但是，该法亦没有明文规定债务人或者债权人对法院作出的破产宣告的裁定，可以提出上诉。有关对法院宣告债务人破产清算的裁定可否提出上诉的问题，只能依照《企业破产法》第4条适用民事诉讼法的有关规定，得出不得上诉的结论。再者，依我国现行司法实务的立场，破产宣告的裁定，不准上诉；当事人对裁定有异议的，可以向作出裁定的原审法院申请复议，复议期间，不停止破产宣告裁定的执行。

四、破产宣告裁定的送达

原则上，法院送达裁定的方式，是向各受送达人发出书面通知，并附破产宣告裁定书副本；但是，向债务人送达破产宣告的裁定时，应附破产宣告裁定书正本。公告是法院送达破产宣告裁定的基本形式，是对破产程序的全体利害关系人的送达。法院应当在作出破产宣告的裁定后的30日内，发布破产宣告的公告。

法院裁定宣告债务人破产，应当公开进行，即宣告破产向社会公开，允许第三人旁听和新闻报道。所谓公开进行，仅指法院在宣布裁定债务人破产时，应当公开进行。依我国法律，不论法院审理破产案件是否公开，法院在作出破产宣告的裁定时，应当公开进行。一般而言，法院宣告债务人破产清算时，首先应当通知债务人和破产申请人到庭，并当庭宣布破产清算的裁定。

我国《企业破产法》第107条第1款规定，法院宣告债务人破产的，应当自裁定作出之日起5日内送达债务人，并予以公告。法院宣告债务人破产清算的裁定，除送达债务人外，还应当依照法律的规定及时送达管理人、债权人及其他利害关系人（如债务人的债务人或财产持有人）。法院向管理人等利害关系人送达宣告债务人破产清算的裁定，有通知和公告两种基本方式。对于管理人而言，法院应当将宣告债务人破产清算的裁定书予以送达；对于已知的债权人和其他利害关系人，法院应当以通知的方式送达宣告债务人破产清算的裁定，不附破产宣告的裁定书副本。《企业破产法》第 107 条第 1 款规定，法院宣告债务人破产的，应当自裁定作出之日起 5 日内送达管理人，自裁定作出之日起 10 日内通知已知债权人，并予以公告。

　　法院以通知和公告送达破产宣告的裁定时，通知和公告至少应当载明以下内容：①申请人、被申请人的名称或者姓名；②法院宣告债务人破产清算的时间。

　　再者，若法院在受理破产清算申请同时宣告债务人破产清算的，通知和公告还应当载明以下内容：①申报债权的期限、地点和注意事项；②管理人的名称或者姓名及其处理事务的地址；③债务人的债务人或者财产持有人应当向管理人清偿债务或者交付财产的要求；④第一次债权人会议召开的时间和地点；⑤法院认为应当通知和公告的其他事项，诸如有关债务人的财产、账册、文书、资料和印章等的保管事项。

　　依我国法律的有关规定，法院裁定宣告国有企业破产清算的，除为上述破产宣告的裁定之送达外，还应当书面通知破产国有企业的开户银行，停止办理一切业务；为了便于政府监察部门和审计部门查明国有企业破产的责任，法院应当将破产宣告裁定书副本抄送有关政府监察部门和审计部门；为严厉打击破产犯罪行为，便于检察机关及时介入和调查破产犯罪，法院裁定宣告债务人破产清算的，若存在破产犯罪的嫌疑时，应当通知有关的检察机关。

第十三章

破产财产的变价

第一节　破产财产变价概述

一、对破产财产的概念分析

破产财产为我国破产法限定之"债务人财产"的一种形态。在破产法理论、实务以及制度设计上，受破产清算程序约束的债务人财产，又被称为破产财团（bankrupt estate, konkursmasse）或破产财产。破产财产，是以清算程序为目标的破产法的专用术语。破产财产是债权人得以通过破产清算程序接受清偿的物质保证。

自 1986 年以来，我国破产立法一直使用"破产财产"的术语。破产财产之所以获得普遍使用，是因为我国破产法颁布前的破产程序以破产清算为核心，破产程序的目标在于分配被宣告破产清算的债务人的财产。例如，我国《企业破产法（试行）》第 28 条规定："破产财产由下列财产构成：①宣告破产时企业经营管理的全部财产；②企业破产在破产宣告后至破产程序终结前所取得的财产；③应当由破产企业行使的其他财产权利。已作为担保物的财产不属于破产财产；担保物的价款超过其所担保的债务数额的，超过部分属于破产财产。"

再者，破产财产在我国的司法实务上也取得了受广泛尊崇的地位。最高人民法院在诸多涉及破产程序的司法解释中，均毫无争议地使用"破产财产"一词。例如，《最高人民法院关于审理企业破产案件若干问题的规定》第 64 条规定："破产财产由下列财产构成：①债务人在破产宣告时所有的或者经营管理的全部财产；②债务人在破产宣告后至破产程序终结前取得的财产；③应当由债务人行使的其他财产权利。"第 65 条规定："债务人与他人共有的物、债权、知识产权等财产或者财产权，应当在破产清算中予以分割，债务人分割所得属于破产财产；不能分割的，应当就其应得部分转让，转让所得属于破产财产。"

仔细分析"破产财产"的内涵，不难发现我国破产立法以及最高法院司法解释所使用的"破产财产"一词，与我国立法上规定的破产程序的结构并不完全吻合。破产财产仅因为破产宣告而存在，破产财产被严格限定于破产宣告后归属于债务人的财产，那么在法院受理破产申请后宣告债务人破产前，属于债务人所有的财产又该称作什么呢？肯定不能称作"破产财产"。于是，破产法新创"债务人财产"这一概念，用以描述受破产程序约束的归属于债务人的财产；并在这个总概念之下，继续使用"破产财产"一词来描述属于债务人所有并受破产清算程序支配的财产。

"破产财产"一词在我国破产法上有其特定内涵，可以清楚地表明债务人受破产清算程序约束的财产范围或状态。在这个意义上，债务人财产为破产财产的种概念，破产财产仅仅是债务人财产在破产清算程序中的具体表现形态，并且《企业破产法》第107条第2款规定债务人被宣告破产后，债务人称为破产人，债务人财产称为破产财产。

二、破产财产变价的概念

破产财产的变价，是指管理人将非金钱的破产财产，依照法定的条件和方式出让给他人而转化为金钱形态的行为及其程序。破产财产只有经过变价，才能分配给对破产财产享有请求权的人。破产财产的变价是破产分配的前提条件。

清算程序的目的在于通过破产变价债务人财产而将之最终分配给债权人，以尽可能地满足债权人的清偿要求。破产分配应当公平，公平的标准体现为可供分配的财产和接受分配的请求应当实现等质化。因此，在分配破产财产之前，必须要实现破产财产的等质化和受分配债权的等质化，即把二者依法变现为金钱，以保证破产分配的公正与合理。

三、破产财产的变价方法

（一）变价方法与意思自治

破产财产的变价，涉及众多利害关系人的利益，尤其涉及债权人的受偿利益。在法院宣告债务人破产清算后，破产财产实际上为债权人的利益而存在，如何变价破产财产，直接影响债权人的受偿利益。为保护破产程序利害关系人的利益，破产财产的变价应当采取公开的方式进行，以确保破产财产变价的公正与公平。破产立法例一般规定，破产财产的变价应当以拍卖的方式进行。

但是，破产财产存在的状态千差万别，究竟应当以何种方式变价破产财产才能最符合债权人的利益，不是法律的强制性规定可以解决的问题。因此，当事人自治主导型的破产清算程序，只能以债权人的团体意思来限定破产财产的变价方法。以何种方式变价破产财产，取决于破产程序的债权人的意思。《企业破产法》第112条第1款规定："变价出售破产财产应当通过拍卖进行。但是，债权人会议另有决议的除外。"依照上述规定，债权人会议对于变价破产财产的方法已有决议的，管理人应当按照债权人会议决议确定的方法变价破产财产；仅在债权人会议对于破产财产的变价方法没有形成决议时，管理人应当以拍卖的方式变价破产财产。

（二）拍卖破产财产

拍卖是拍卖机构以公开竞价方式出售财产的买卖行为，分为自愿拍卖和强制拍卖。破产财产的拍卖，由管理人确定，性质上应当属于强制拍卖。管理人采取拍卖方式变价破产财产的，应当委托拍卖机构进行。管理人将破产财产委托给拍卖行或拍卖商、按照法定的拍卖程序通过公开竞价来变卖破产财产，足以确保破产财产变价的公正、公平。但是，以拍卖变价破产财产，要支付较为昂贵的拍卖费用。

（三）以拍卖以外的方式变价破产财产

债权人会议在决议变价破产财产的方法时，除拍卖以外，还可以决议单独采用以下方法或合并使用以下方法：

1. 招标出售。管理人可以通过发出标书征询投标人购买破产财产，由出价最高的投标者买得破产财产。这种形式类似于拍卖，但不会产生过巨的变价费用，在一定程度上较经济合理。

2. 标价零售。是指在破产财产所在地、管理人的办公场所或者其他适宜变价财产的场所，以标明破产财产的售价寻找买主的方式。这是一种很简单的方法，实际为破产财产的零售。

（四）以法律规定的特有方式变价破产财产

待变价的破产财产中有不能通过拍卖或者公开出售的方式变卖的财产，管理人应当依法定的其他方式予以变价。《企业破产法》第112条第3款规定："按照国家规定不能拍卖或者限制转让的财产，应当按照国家规定的方式处理。"例如，待变价的破产财产属于限制性流转物的（诸如黄金），不论债权人会议对破产财产的变价是否已有决议，该物的变价均只能由国家指定的部门按照法律的规定收购。

（五）破产财产变价的特殊规定

1. 破产企业的变价。破产企业的变价，是指将企业破产后的所有财产整体（包括破产企业的营业）予以出售，而变价后的破产企业仍具有相对独立的营业价值的变价方式。破产企业的变价，仅仅为破产财产的变价的一种类型。破产企业的变价，有助于保存破产财产中具有特殊营业价值的财产的特定使用价值，有助于提高破产财产的售价，实现破产财产变价的价值最优化。破产企业的变价客观上还有助于社会生产力免受损失。破产法专门规定有破产企业的变价。

《企业破产法》第 112 条第 2 款规定："破产企业可以全部或者部分变价出售。企业变价出售时，可以将其中的无形资产和其他财产单独变价出售。"依照上述规定，只有将破产企业的全部财产或者主要财产作为一个整体进行变价，变价后的企业仍具有相对独立的营业价值的，才能称之为破产企业的变价；否则，应当归入破产财产的变价。是否以破产企业的变价出售破产财产，以及何种破产财产构成破产企业变价的目标财产，取决于债权人会议的决议。

以破产企业变价出售破产财产的，其中对破产企业的继续营业不具有决定意义的财产，只要债权人会议的决议未将之列入破产企业变价的目标财产，诸如专利权、商标专用权等知识产权，以及库存原材料、半成品等其他动产，可以单独进行变价。

2. 成套设备的变价。对于破产财产中的特定财产，诸如破产企业的成套设备，依照债权人会议的决议进行单独变价时，应当"整体"出售。破产财产中的成套设备，一般具有特定的使用价值。成套设备，是指由机械配件（主机、辅机和其他机件）组合起来的、用于特定生产或经营的设备。成套设备的概念是相对的，不具有绝对的意义，它甚至还可以包括破产人用于营业的厂房在内。成套设备一旦被确定，那么与之相关的辅件和备件，都应当包括在内。因为成套设备的使用价值，最终决定着它的价格高低。整体出售成套设备，有助于保存该设备的特定使用价值，并有助于提高破产财产的售价。

破产法对于成套设备的变价并没有专门的规定。但是，我国破产立法对于这个问题曾有原则性的规定，而且司法实务也推崇成套设备整体变价的方法。因此，对于破产财产中的成套设备，管理人在制定破产财产变价方案或者实施变价时，应当以整体出售的方式予以变价，以期获得更高的变价收益，更为符合破产程序中的债权人的受偿利益。

对破产财产中的成套设备，应当尽可能地避免分散出售。整体出售成套设备，只不过是变价破产财产中的成套设备的一种优选方法。但是，成套设备不能整体出售的，诸如依合法的形式整体出售成套设备时，因客观原因不能成交，或者虽然可以成交但价金极不正常而比不上分散出售的，就不能整体出售成套设备。若债权人会议决议成套设备整体出售，而管理人无法实现变价的，可以采用分散出售成套设备的方法变价成套设备，但应当事先征得债权人会议的同意。分散出售成套设备，是对整体出售成套设备不能时所采用的补充性的变价手段，是将成套设备的各种组成部分单独定价出售的办法。

四、破产财产变价时的优先购买权

管理人以法定或者债权人会议决议的方法变价破产财产时，对于待变价的破产财产享有优先购买权的利害关系人，可否行使优先购买权呢？

在立法例上，对于待变价的破产财产有优先购买权的利害关系人，不得对管理人依照破产程序变价的破产财产主张优先购买权，属于原则性的规定。例如，依《德国民法典》第512、1098条的规定，对变价的标的物有优先购买权的人，在强制执行程序或者（破产）管理人变价优先购买权标的物的情形下，不得行使优先购买权；但是，不动产的优先购买权人，在（破产）管理人任意出售不动产的情形下，对该不动产可以行使优先购买权。依照德国民法的规定，破产程序中的管理人变价破产财产属于对优先购买权标的物的强制执行，优先购买权人不得在执行程序中主张优先购买权；但是，管理人任意变价负担有优先购买权的不动产时，其变价行为属于民法上的处分行为，优先购买权人可以行使优先购买权。

优先购买权作为一种民事权利，因为法律的特殊规定而广泛存在。例如，《合同法》第230条规定："出租人出卖租赁房屋的，应当在出卖之前的合理期限内通知承租人，承租人享有以同等条件优先购买的权利。"《公司法》第72条第3款规定："经股东同意转让的股权，在同等条件下，其他股东有优先购买权。两个以上股东主张行使优先购买权的，协商确定各自的购买比例；协商不成的，按照转让时各自的出资比例行使优先购买权。"我国民法对于特定标的物上的利害关系人的优先购买权及其权利行使，缺乏一般性的规定，更欠缺管理人变价破产财产时涉及优先购买权的规定。因此，对于破产财产享有优先购买权的利害关系人，在管理人变价该财产时，可否行使优先购买权，不无疑问。

在我国的司法实务中，曾经有限度地承认破产财产变价时的优先购买权。《最高人民法院关于贯彻执行〈中华人民共和国企业破产法（试行）〉若干问题的意见》（1991年）第60条规定，破产企业与他人组成法人型或合伙型联营体的，破产企业作为出资投入的财产和应得收益应当收回；不能收回的可以转让，联营对方在同等条件下享有优先购买权。但是，最高人民法院在2002年发布《关于审理企业破产案件若干问题的规定》时，并没有再次表明上述立场，是否意味着不再承认破产财产变价时的优先购买权了呢？

我们认为，优先购买权人对破产财产行使优先购买权的基础在于购买条件相同，优先购买权的行使并不会减少破产财产的变价收入，不妨碍破产债权人的利益，因此，管理人变价破产财产时，对该财产有优先购买权的人，可以行使优先购买权。但是，当管理人委托拍卖机构变价破产财产或者公开招标变价破产财产的，此等变价方法在性质上与优先购买权的行使发生冲突，优先购买权人对该破产财产不得行使优先购买权。

第二节　破产财产的变价程序

一、破产财产的变价人

关于破产财产的变价，立法所要解决的核心问题是由谁变价破产财产和如何变价破产财产，以保持破产财产不受变价损失而最大限度地维护债权人的共同利益。破产立法例一般规定，破产财产由管理人予以变价；管理人变价破产财产时，应当征得债权人会议或者债权人会议代表机关的同意。依照破产法的规定，管理人具有处分债务人财产的职责，应当在破产宣告后及时拟定破产财产变价方案，并按照债权人会议通过的破产财产变价方案适时变价破产财产。

二、破产财产的估价

管理人在变价破产财产前，应当对待变价的财产作预先估价。我国破产法并没有明文规定，管理人在变价破产财产前，应当对待变价的财产予以估价；但是，作为一个谨慎和勤勉尽责的管理人，对债务人财产（破产财产）予以估价当属管理人调查破产财产的状况之内容；若不对破产财产予以估价，也没有变价破产财产时的价值的参照物，不仅不利于管理人执行职务，而且不利于破产财产的价值维护。因此，在变价破产财产前，管理人应当对待变价的破产财产进行估价。

原则上，估价破产财产，应当考虑破产财产的种类、性能或者用途、坐落、市场供求状况、折旧以及现行市场价格等多种因素。预先估价破产财产的，管理人可以自己的执业资格和水平亲自进行，也可以委托专业人员或者国家指定的财产评估机构代为办理。我国法院在司法实务中认为，破产人的固定资产，在变价前必须重新估价，"已经折旧完毕的固定资产，应对其残值重新估价，残次变质财产应当变价计算，不需要变价的，按原值计价"。《最高人民法院关于审理企业破产案件若干问题的规定》第83条规定，变价破产财产前，可以确定有相应评估资质的评估机构对破产财产进行评估；第84条规定，除破产财产中的国有资产外，债权人会议对破产财产的市场价格无异议的，经人民法院同意后，可以不进行评估。另外，对于破产财产中的无形资产，主要包括土地使用权、商号和商誉、特许营业权、专利权、注册商标权、版权、股权等，在变价前更有必要由专门的估价机构予以估价。

预先估价破产财产，是破产管理人制作破产财产变价方案、采取适时的变价措施的重要步骤。对于破产财产的估价，债务人或者债权人有疑问的，管理人应当予以说明。

三、破产财产的变价方案

管理人对待分配的非金钱形态的破产财产进行变价的，应确保该财产的价值不因变价而受到贬损。特别是在我国现阶段，当国有企业被宣告破产清算时，因国有企业资产的管理尚不尽完善，国有企业的破产已经在价值总量上减少了国有资产的保有量，如再不从严控制国有的非金钱资产的变价，可能造成国有资产的流失。破产程序的目的，一方面要保护债权人的公平受偿利益，另一方面又必须维护破产人的利益。因此，变价破产财产必须防止财产在变价时继续贬损，并建立变价破产财产的相应制度。《企业破产法》第111条第1款规定，管理人应当及时拟订破产财产变价方案，提交债权人会议讨论。依照上述规定，法院宣告债务人破产清算后，管理人应当以其接管的债务人财产为基础，及时编制破产财产变价方案。

破产财产变价方案，是指管理人变价破产财产的计划或者安排，构成管理人变价破产财产的依据。在破产程序进行期间，管理人在破产财产变价方案形成前，不得变价破产财产，但是，管理人为破产财产营业或者保值的必要而变价特定的破产财产，或者在变价性质上如不予及时变价将受损失的特定的破产财产，不在此限。

破产财产变价方案，应当规定估定的待变价的财产价值总量、财产类别、分项财产的价值和坐落、变价财产的原则和方式、变价地点和预计时间、变价费用和支付等有关财产变价的内容。管理人编制的破产财产变价方案，并不具有执行的效力，管理人应当将之提交债权人会议讨论。经债权人会议讨论并以决议的形式通过的破产财产变价方案，产生执行的效力。

债权人会议以决议通过的破产财产变价方案，是否应当征得法院的裁定？在我国以前的司法实务中，1991年11月7日最高人民法院法（经）发〔1991〕第35号第60条解释认为，破产财产的"处理"方案，经债权人会议讨论通过后，应当报请人民法院裁定后执行。但是，破产法对债权人会议以决议通过的破产财产变价方案，是否应当经法院裁定并具有执行效力，没有任何规定。在此情况下，法院不应当以裁定对债权人会议以决议通过的破产财产变价方案加以干预。因此，债权人会议以决议通过的破产财产变价方案，无须法院裁定，管理人应当按照债权人会议通过的破产财产变价方案进行变价。

但是，若管理人编制的破产财产变价方案，经债权人会议二次表决未能通过的，法院可以直接裁定破产财产的变价方案；经法院裁定的破产财产变价方案，直接产生执行的效力，管理人应当依照法院裁定的破产财产变价方案，适时变价破产财产。

四、破产财产变价的实施

原则上，管理人应当依照破产财产变价方案适时变价破产财产。《企业破产法》第 111 条第 2 款规定："管理人应当按照债权人会议通过的或者人民法院依照本法第 65 条第 1 款规定裁定的破产财产变价方案，适时变价出售破产财产。"

管理人变价破产财产，为其职务行为，虽属执行破产财产变价方案，但应当受债权人会议或者债权人委员会的监督。管理人所为有关破产财产的职务行为，是否妥当，要以其是否尽到善良管理人的注意义务为基准；而评价管理人是否尽到善良管理人的注意义务的重要方面，则为管理人是否在变价破产财产时接受了债权人会议或者债权人委员会的监督。

在立法例上，管理人在变价破产财产时，不仅要尽善良管理人的注意义务，而且在变价法律规定的财产或者限额内财产时，诸如不动产物权、船舶、全部或者部分营业、矿业权等特许权、知识产权、全部库存商品、限额以上的动产、债权和有价证券等，应征得债权人会议或者债权人委员会的同意。例如，《德国支付不能法》第 159 条规定，以债权人会议的决议没有相反的规定为限，管理人应当不迟延地变价属于支付不能财团的财产；第 160 条规定，管理人让与企业或者营业、让与全部库存、直接卖出不动产、让与债务人持有的其他企业的股份、让与取得定期收入的权利的，应当征得债权人委员会的同意，未选任债权人委员会的，应当征得债权人会议的同意。

《企业破产法》第十章有关管理人变价破产财产的规定，未涉及管理人依照破产财产变价方案变价破产财产是否应当报告或者接受债权人会议或债权人委员会的监督的问题。对于这个问题，应当考虑适用《企业破产法》第二章和第七章的有关规定。《企业破产法》第二章和第七章有关债务人财产的管理和处分的相关规定，对于管理人变价破产财产仍有适用的余地。例如，管理人为此行为时，应当接受债权人会议的监督，向债权人会议报告工作；管理人依照破产财产变价方案变价破产财产时，债权人会议仍可通过决议监督管理人变价破产财产的行为，或者以决议的方式要求管理人停止或者调整其变价破产财产的行为。再如，《企业破产法》第 69 条规定，管理人有重大管理活动的，应当及时报告债权人委员会；当管理人变价破产财产时，若属于《企业破产法》第 65 条所列行为，应当及时报告债权人委员会；未设立债权人委员会的，应当及时报告法院。

五、变价不能的破产财产

依照债权人会议的决议，若破产财产经变价会极度贬损，而不利于债权人的整体受偿利益的，管理人以善良管理人的注意义务，可以决定延缓变价或者不变价，但应当通知债权人委员会；未选任债权人委员会的，应当通知法院。对于此等变价不能的破产财产，管理人在征得债权人委员会或者法院的同意后，可以合理作价直接分配给相关的债权人。

六、管理人变价破产财产的效力

管理人为破产财产的变价，本属处分行为，若其本身符合法律行为的成立与生效要件，当然产生受法律保护的私法上的权利义务关系。但是，管理人变价破产财产违反破产法的程序规定时，是否有效呢？

管理人变价破产财产违反破产法的程序规定，主要限于以下行为：①管理人在第一次债权人会议召开前，未经法院许可变价债务人财产；②管理人未拟定破产财产变价方案，直接变价破产财产；③管理人拟定的破产财产变价方案未获债权人会议通过，仍以其拟订的方案变价破产财产；④管理人未按照债权人会议通过的破产财产变价方案，变价破产财产；⑤管理人变价法律规定应当通知债权人委员会或者法院的破产财产，未进行通知而直接变价的。

一方面，破产法本为程序法，管理人依照破产法的规定取得破产程序的独立地位，并成为债务人财产的唯一代表机关，具有处分债务人财产的行为能力。管理人变价债务人财产的行为，依照破产法的规定当然构成有权处分。另一方面，管理人变价破产财产是否遵循了债权人会议的决议（破产财产变价方案）或者债权人委员会的同意，则属于管理人和债权人会议之间发生的程序法上的事项，其效果并不能及于管理人变价破产财产的行为本身。例如，《德国支付不能法》第164条规定，管理人行为的效力，不因管理人未征得债权人会议或债权人委员会的同意，或者违反债权人会议或债权人委员会的意思而受影响。

总之，管理人变价破产财产的行为的效力，不因管理人变价破产财产违反破产法的程序规定而受影响。

第十四章

破产分配

第一节　破产分配的特征及分配前的优先清偿

一、破产分配的特征

破产分配，又称之为破产财产的分配，是指管理人将变价后的破产财产或者无法变价的破产财产，在优先清偿破产费用和共益债务后，依照法定的清偿顺位公平分配给各请求权人的行为及其程序。破产分配是管理人变价破产财产后的必然程序选择，除非破产人同债权人团体自行达成避免破产分配的和解协议。破产分配为法院终结破产清算程序的一般原因。

破产分配有以下几个特征：

1. 破产分配以存在可供分配的破产财产为必要。管理人实施破产分配的财产以破产财产为限，不属于破产财产的他人财产、破产人的自由财产等不应由债权人受偿的财产，不能作为破产分配的标的。管理人接管破产财产后，经取回权人、别除权人、抵销权人行使权利以及拨付破产费用和共益债务后，若无剩余破产财产的，则丧失进行破产分配的基础，管理人应提请法院终结破产清算程序；相反，若有可供债权人分配的剩余财产时，管理人应当适时地进行破产分配。

2. 接受破产分配的债权人仅以破产债权人为限。这里所称破产债权人应作广义的理解，包括破产法规定的优先顺位请求权人和普通债权人。对破产财产享有担保权益的债权人，未放弃优先受偿权利的，不依破产分配程序就担保物优先受偿；有抵销权的债权人，行使抵销权不依破产分配程序而使其债权受抵销清偿；破产费用和共益债务，在破产分配前由破产财产优先拨付，诸如此类的请求权均不通过破产分配而受清偿。所以，接受破产分配的债权人，只能以破产债权人为限。再者，破产债权人接受破产分配，受破产程序约束，除法律特别规定外，例如，劳动债权无须申报，均应当依法申报债权；不依法申报债权的破产债权人，不能参加破产分配。

3. 破产分配为依法定顺位进行的公平分配。破产立法例为了不同的社会公益目的以及破产程序的公平受偿宗旨，对破产分配予以清偿的请求权规定了不同的受偿顺位，并同时保持同一顺位请求权的平等。因此，管理人为破产分配时，必须依据法律规定的受偿先后顺序，逐一清偿，惟有在满足上一顺位的请求权后，仍然存在可供分配的财产时，才能够清偿次一顺位的请求权；可供分配的财产不足清偿同一顺位的所有请求权的，按比例进行分配。

4. 破产分配具有强制执行力。破产清算程序仍为一种概括的强制执行程序，管理人所为分配的依据及其效果具有强制执行力。管理人实施破产分配，除应当征得债权人会议的同意外，还应当取得法院的裁定认可；未经法院裁定认可，管理人不得进行破产分配。再者，债权人会议不同意进行破产分配的，管理人仍可以请求法院裁定后进行分配。在这个意义上，管理人为破产分配，与法院裁定的执行并无本质上的差异。

二、破产分配前的优先清偿

依照我国破产法的规定，在实施破产分配前，应当优先清偿破产费用和共益债务。管理人未优先清偿破产费用和共益债务的，不得实施破产分配。

破产费用，是指在破产程序进行中，为破产程序的顺利进行以及债务人财产的管理、营业、估价、清理、变卖和分配而必须支付的、并应当由债务人财产优先拨付的费用。破产费用是为破产程序的债权人的共同利益而支出，应当先于破产程序中的各项债权获得优先清偿。共益债务，是指管理人为全体破产程序的债权人的共同利益，因为管理、营业、处分和分配债务人财产而负担的债务。我国《企业破产法》第43条规定，破产费用和共益债务由债务人财产随时清偿。债务人财产不足以清偿所有破产费用和共益债务的，先行清偿破产费用。债务人财产不足以清偿所有破产费用或者共益债务的，按照比例清偿。

破产费用和共益债务的随时清偿，足以彰显破产费用和共益债务的优先地位，但随时清偿并不表明在清偿破产费用和共益债务前，不得实施破产分配。为确保破产费用和共益债务的优先受偿地位，《企业破产法》第113条特别强调，破产分配应当在优先清偿破产费用和共益债务之后实施。

相对于破产分配，破产费用和共益债务的优先受偿，至少应当包含以下两个层面的含义：①已经发生的破产费用和共益债务，先于破产分配获得清偿；②尚未发生但有发生可能的破产费用和共益债务清偿，在破产分配前应由破产财产中提存。

第二节　破产分配的顺位

一、分配顺位的法律规定

《企业破产法》第 113 条规定，破产财产在优先清偿破产费用和共益债务后，依照下列顺序清偿：①破产人所欠职工的工资和医疗、伤残补助、抚恤费用，所欠的应当划入职工个人账户的基本养老保险、基本医疗保险费用，以及法律、行政法规规定应当支付给职工的补偿金；②破产人欠缴的除前项规定以外的社会保险费用和破产人所欠税款；③普通破产债权。破产财产不足以清偿同一顺序的清偿要求的，按照比例分配。

依我国破产法的规定，破产分配顺位分为以下三种：第一顺位为劳动债权；第二顺位为社会保险费用请求权和国家税收；第三顺位为破产债权。第一顺位和第二顺位请求权，相对于破产债权而言，为优先顺位请求权。在破产分配顺位的基础上，破产立法还应当贯彻公平原则，即同一顺位的请求权，就破产财产的受偿地位平等；当破产财产不足以清偿同一顺位的请求权的全部要求的，按照比例予以分配。

受破产分配的请求权，分为优先顺位请求权和破产债权，完全是考虑到社会公益的需要作出的选择。这种破产分配顺位的差异，在破产财产不足以清偿所有的财产请求权时，具有实际意义。依照《企业破产法》第 113 条的规定，优先顺位请求权和破产债权，惟在破产财产优先拨付破产费用和共益债务后，才能够依法定的清偿顺位接受分配。破产费用是为债权人的共同利益而于破产程序中支付的各种费用，包括管理人管理、变价、分配破产财产所需要的费用，破产案件的诉讼费用，管理人聘任工作人员的必要费用等。共益债务则为管理人出于债权人的共同利益、管理破产财产而负担的债务。在实务操作上，管理人在已经拨付或者预先提留供清偿破产费用和共益债务的财产后，仍有剩余财产可供破产分配的，则按照破产分配的顺位予以分配。

二、第一顺位请求权：劳动债权

劳动债权，是指劳动者在债务人适用破产程序之前因为劳动关系而依法享有的劳动报酬和附带给付的请求权，包括请求债务人支付所欠工资、医疗、伤残补助、抚恤费用、应当划入职工个人账户的基本养老保险、基本医疗保险费用，以及依法应当支付给职工的补偿金的权利。这里所称的劳动者，以破产人在法院受理破产申请前所雇佣的职工为限，包括终身雇佣的职工与定有雇佣期限的职工、临时工。在我国的现行劳动制度之下，劳动债权中的附带给付还应当包括债务人欠付劳动工资而产生的补偿费用、解除劳动合同而产生的补偿费用等。

这里应当注意，破产企业的董事、监事和高级管理人员的工资，因为这些人在企业破产前所处的地位和从事的工作，数额较高，甚至超出破产企业职工的平均工资的数倍乃至几十倍，若将其全部纳入第一顺位请求权，不甚公平。依照我国破产法的规定，对于破产企业的董事、监事和高级管理人员，按照该企业职工的平均工资计算的工资额，才能作为劳动债权，列入第一顺位请求权；与之相应，破产企业所欠其董事、监事和高级管理人员的工资，超出该企业职工平均工资的部分，不属于劳动债权。

在债务人企业破产清算的情形下，维护劳动者的生计及其应当享有的社会福利，是国家和政府义不容辞的责任，同时也是国家文明和社会进步的表现；劳动债权依照法律的规定而产生，在观念上属于弱势群体享有的权利，自然应当受到法律的特别保护。劳动债权属于破产分配的第一顺位请求权。

破产财产不足以清偿全部劳动债权的，按比例清偿。

三、第二顺位请求权：社会保险费用请求权和国家税收

社会保险费用请求权，是指法定的社会保险费用征缴机构或者社会保险经办机构依法要求债务人为其职工（劳动者）缴纳社会保险费（包括纳入统筹项目社会保险费和应当计入职工个人账户的社会保险费）的权利。应当注意的是，社会保险机构要求债务人缴纳"应当划入职工个人账户的基本养老保险、基本医疗保险费用"的权利，并不属于第二顺位受偿的优先权，而是第一顺位受偿的优先权。因此，依照破产法的规定，社会保险费用请求权实际上被区分为两个不同顺位受偿的优先权。

国家税收为公法上规定的国家享有的特殊利益，国家税务机关和地方税务机关有依法要求债务人缴纳税款的权利；债务人欠缴的税款，税务机关有权强制征收。在解释上，破产人所欠税款应以法院受理破产申请前所发生的欠缴税款为限；在法院受理破产申请前，国家依法对破产人应当征收的各项费用，如能源、交通基金费和教育费附加等费用，与税收具有同一地位，如破产人尚未缴纳此等已发生的应缴费用的，可以视为所欠税款。依照《企业破产法》第113条的规定，国家税收属于第二顺位受偿的优先权。

法定的社会保险费用征缴机构或者社会保险经办机构要求债务人为其职工缴纳社会保险费的权利，并非真正意义上的民事权利，该权利的行使具有社会公益性特征，受法律的特殊保护，有其正当性。税收为国家财政的重要来源，具有社会公益的显著特征，受法律的特别保护，亦有其正当性。

破产财产在清偿第一顺位请求权后，不足以清偿破产企业所欠全部社会保

险费用请求权和税款的，则在不同的请求权人之间，诸如社会保险费用征稽机构、中央税务机关、地方税务机关、海关等，按照其请求权占全部第二顺位请求权的比例，由破产财产获得清偿。

四、第三顺位请求权：破产债权

破产财产在清偿第一和第二顺位请求权后，仍有剩余时，则用于清偿破产债权。破产债权是法院受理破产申请之日前成立的、对破产人享有的、可以而且应当通过破产程序接受清偿的财产请求权。破产债权人地位平等，破产财产不足以清偿所有的破产债权的，按照比例分配。

五、特别法规定的优先顺位请求权

金融机构依法被法院宣告破产清算的，破产分配的顺位有其特殊性，即某些特定的债权依法取得优先于国家税收债权、破产债权的地位。依照我国《商业银行法》第 71 条的规定，商业银行破产清算时，个人储蓄存款的本金和利息债权，位于清算费用和劳动债权之后，优先于其他债权获得清偿。依照我国《保险法》第 89 条的规定，保险公司破产清算时，被保险人或者受益人对保险公司享有的保险给付（赔偿金或者保险金）请求权，仅仅后于劳动债权，但优先于保险公司所欠税款和破产债权获得清偿。

第三节　破产财产分配方案

一、破产财产分配方案的制定

破产财产分配方案，又称为破产分配表，是用于记载破产财产如何分配给债权人的书面文件，构成管理人执行破产分配的依据。破产财产分配方案由管理人制定。在立法例上，管理人制定破产财产分配方案并付诸实施。例如，《德国支付不能法》第 188 条规定，在进行分配前，管理人应当将在进行分配时所应当考虑的债权编制成表册，并公告其债权总额和可供分配的破产财产数额。我国《企业破产法》第 115 条规定："管理人应当及时拟订破产财产分配方案，提交债权人会议讨论。破产财产分配方案应当载明下列事项：①参加破产财产分配的债权人名称或者姓名、住所；②参加破产财产分配的债权额；③可供分配的破产财产数额；④破产财产分配的顺序、比例及数额；⑤实施破产财产分配的方法。"

管理人制定的破产财产分配方案，应当包括至少以下三项主要内容：

1. 可供破产分配的财产总额。破产财产分配方案是管理人分配破产财产的依据，故必须记载可供分配的破产财产总额。不能用于破产分配的财产，不计入破产财产分配方案。例如，优先拨付破产费用，不属于破产分配，用于支付破产费用的破产财产数额，不必记载于破产财产分配方案。再者，构成破产财产但实际已不能收回的部分，也不能用于破产分配，不计入破产财产分配方案。可供分配的财产总额，有已变价的财产、尚未变价的财产和不需变价的财产，管理人在制定破产财产分配方案时，应分别说明。

2. 可受破产分配的财产请求权。可受破产分配的财产请求权有三类不同顺位的请求权，包括劳动债权、社会保险费用请求权和国家税收、破产债权。可受破产分配的财产请求权，仅限于管理人制定破产财产分配方案时已经确定的财产请求权。破产财产分配方案对不同顺位的财产请求权，应当分别列明，详细记载各项请求权的权利人的姓名（名称）、处所、请求权数额以及应受分配的比例和数额。

3. 破产分配的方式、时间和地点。以分配的先后为标准，破产分配可以分为初次分配、中间分配和最终分配三种。以分配的标的为标准，破产分配又可以分成金钱分配和非金钱分配。破产财产分配方案，应当对分配方式、时间和地点等内容，作出明确的规定。

二、破产财产分配方案的生效

管理人制定的破产财产分配方案，是否直接产生执行的效力，各破产立法例所持立场有所不同。

有的破产立法例规定，管理人制定的破产财产分配方案，经公告后，无须债权人会议讨论通过，直接产生执行的效力。例如，《日本破产法》规定，管理人应当制作分配表，提交于法院供利害关系人阅览，并应当公告参加分配的债权总额和可分配的金额；债权人对于分配表的记载有异议的，可以向法院提出异议，请求法院裁定更正分配表。《德国支付不能法》有关破产财产分配方案的效力的规定，亦属此列。

我国《企业破产法》规定，债权人会议行使通过破产财产分配方案的职权；管理人应当及时拟定破产财产分配方案，提交债权人会议讨论；债权人会议通过破产财产分配方案后，由管理人将该方案提请法院裁定认可；破产财产分配方案经法院裁定认可后，由管理人执行。显然，管理人制定的破产财产分配方案，未经债权人会议讨论并形成通过该方案的决议的，不具有执行的效力；即使债权人会议通过破产财产分配方案，但未经法院裁定认可的，亦不具有执行的效力。确实，破产分配关系到债权人的切身利益，管理人制定的破产财产分配方案似乎有必要经债权人会议讨论通过并经法院裁定认可。

依照我国《企业破产法》的规定，债权人会议对管理人提交讨论的破产财产分配方案，以召开会议的方式进行讨论，如该方案符合法律的规定且又没有损害债权人利益的情事的，应当以决议通过该方案。债权人会议讨论破产财产分配方案时若有异议的，可以要求管理人予以更正或者重新制定。债权人会议讨论通过破产财产分配方案时，应当由出席会议的有表决权的债权人的过半数通过，且其所代表的债权额占无财产担保债权总额的1/2以上。经债权人会议讨论通过的破产财产分配方案，对全体债权人均有约束力。经债权人会议讨论通过的破产财产分配方案，由管理人提请法院裁定认可。但是，债权人会议对破产财产分配方案经讨论后两次表决不能通过的，由法院裁定。总之，管理人制定的破产财产分配方案的效力，依照破产法的规定，最终还是要取决于法院的裁定。

三、破产分配的实施

（一）破产分配的实施者

破产分配，由管理人实施。经法院裁定的破产财产分配方案，具有强制执行的效力，管理人和债权人会议均不得予以更改。在有可分配的财产时，管理人应当依照破产财产分配方案适时进行分配。《企业破产法》第116条第1款规定："破产财产分配方案经人民法院裁定认可后，由管理人执行。"

（二）破产分配实施的公告

管理人实施破产分配前，不论是多次分配还是一次分配，均应当进行公告。破产分配的公告目的在于告知债权人接受破产分配的时间、可供分配的财产额以及可接受分配的债权额。《企业破产法》第116条第2款规定："管理人按照破产财产分配方案实施多次分配的，应当公告本次分配的财产额和债权额。管理人实施最后分配的，应当在公告中指明，并载明本法第117条第2款规定的事项。"

（三）多次分配

破产分配不限于一次分配，管理人可以依照破产财产分配方案实施多次分配。不管管理人实施一次分配还是多次分配，都应当在破产财产分配方案中明示或者说明。

管理人在破产财产分配方案中承诺实施多次分配的，应当列明在最终分配前实施破产分配的次数、各次分配的时间和地点，尤其是要列明实施初次分配和最终分配的时间和地点。多次分配，因其分配时间上的差异，被区分为初次分配、中间分配和最终分配。

初次分配，是指管理人依照破产财产分配方案所实施的第一次分配。当破产财产的分配一次不能完成而又有可供分配的破产财产的，应当进行初次分配。介于破产财产初次分配和最终分配之间的各项分配，被称为中间分配。管理人实施中间分配的目的，在于确保从速分配而不至于使债权人遭受时间上的损失。原则上，初次分配后，只要有可供分配的破产财产，就可以实行中间分配。

管理人为初次分配和中间分配时，对于将来行使的请求权、有异议或者涉讼未决的债权、附条件的债权，应当实施担保分配或者提存分配等替代分配。担保分配是以债权人提供相当的担保为条件而对该债权进行的分配；债权人所提供的担保，在其债权适于破产分配时，予以解除。提存分配是为保障债权人的受偿利益而由管理人提存分配额所进行的一种特殊分配。担保分配和提存分配，只是对债权人的暂行分配，不具有最终分配的效力。我国破产法对于不适合分配的债权，仅规定有提存分配这样一种替代分配方式。《企业破产法》第117条第1款规定："对于附生效条件或者解除条件的债权，管理人应当将其分配额提存。"第119条规定，破产财产分配时，对于诉讼或者仲裁未决的债权，管理人应当将其分配额提存。

最终分配，又称为最后分配，是指管理人依照破产财产分配方案所为的最后一次分配。仅在实施数次分配的情形下，才存在最终分配。最终分配是破产程序终结的标志。《企业破产法》第120条第2款规定："管理人在最后分配完结后，应当及时向人民法院提交破产财产分配报告，并提请人民法院裁定终结破产程序。"

（四）破产分配的方式

破产分配对于所有的债权人应当公平，公平的基本要求是分配方式的相同。破产分配的基本方式为金钱分配。金钱分配，是指管理人以货币的形式清偿对破产人所享有的各种请求权。金钱分配的标的为金钱或货币。前述破产财产的变价，实际上就是为了实现金钱分配。破产财产中的金钱（货币）无须变价，可直接用于破产分配；但破产财产中的非金钱（货币）财产，因为缺乏等质化的基准而必须进行变价，将它们换价成金钱（货币）时，才可以实施破产分配。《企业破产法》第114条规定："破产财产的分配应当以货币分配方式进行。但是，债权人会议另有决议的除外。"

破产分配应以金钱分配为原则，以其他分配形式为补充。当破产财产不能或者无法变价而难以实施金钱分配的，可以进行非金钱分配。非金钱分配，是指管理人不以金钱（货币）为分配标的而进行的破产分配。非金钱分配有时难以做到公允，因为分配标的的价值核定会受到多种因素影响。例如，管理人分配破产企业的财产，以金钱分配为原则，也可以采用实物方式，将实物合理作价后分配给债权人，或者兼用两种方式；破产企业的债权在分配时仍未得到清偿的，也可以将该债权按比例分配给破产企业的债权人，同时通知破产企业的债务人。再如，列入破产财产的债权，该债权的变价存在困难的，可以进行债权分配；管理人将已经确认的债权分配给债权人的，应当便于债权人实现债权，债权人可以凭债权分配书向债务人要求履行；该债权的债务人拒不履行的，债权人可以申请人民法院强制执行。[1]

应当注意的是，管理人采用非金钱分配方式的，以债权人会议的决议为条件。这就是说，破产财产分配方案应对非金钱分配的范围和具体办法，作出规定。

（五）破产分配的受领

管理人为破产分配的公告后，应受分配请求权人可以按照公告规定的时间、地点和方式，受领破产分配。应受分配请求权人未依管理人的通知或者公告受领分配时，管理人可以提存该请求权人的分配额，因提存所发生的费用，由逾期受领的请求权人负担。应受分配请求权人领取破产分配的财产时，应当出具请求权人的身份证明材料。

应受分配请求权人基于管理人破产分配而取得的受偿额，产生法律上确定和保有的效力；若管理人拒绝依破产分配公告来满足个别应受分配请求权人的清偿要求的，该请求权人可以提请法院依破产财产分配方案强制执行。尤其是，应受分配请求权人所受领的分配为法院已经确认的债权的，该请求权人可以凭管理人实施分配时出具的债权分配书向债务人要求履行；债务人拒不履行的，该请求权人可以申请法院强制执行。

（六）提存分配及其效果

1. 附条件债权的提存分配。破产分配时，管理人应当提存附条件的债权的分配额。在破产法上，附生效条件或者附解除条件的债权，能否获得分配并保有分配的利益，取决于最后分配公告日时此等债权所附条件的成就与否。

在最后分配公告日前，债权所附生效条件尚未成就，但该债权已经成立的事实并不因条件未成就而受到影响，仅仅是该债权尚未发生效力，债权人不能请求债务人履行债务。债权所附生效条件在最后分配公告日前具有随时成就的可能，若不给予附生效条件的债权受偿机会，对该债权人不公平。故附生效条件的债权在条件成就前，债权人可以其破产程序开始时的债权全额，向管理人申报并行使债权。同时，附生效条件的债权毕竟存在条件不成就而不发生效力的或然性，债权人在条件成就前不能由破产分配获得确定的清偿。因此，对于附生效条件的债权，管理人在破产分配时，应当提存其分配额。

附解除条件的债权，在最后分配公告日前条件未成就的，此等债权为已经

---

[1] 参见《最高人民法院关于审理企业破产案件若干问题的规定》（2002 年）第 94 条。

成立并生效的债权，债权人可以向债务人行使权利；但因为此等债权所附解除条件在最后分配公告日前具有成就的或然性，债权存在消灭的可能，允许此等债权人受领破产分配，对其他债权人不公平。因此，对于附解除条件的债权，管理人在破产分配时，应当提存其分配额。

依照《企业破产法》第 117 条第 2 款的规定，对于附条件的债权已经提存的分配额，在最后分配公告日，债权所附生效条件未成就或者所附解除条件成就的，管理人应当将提存的分配额分配给其他债权人；在最后分配公告日，债权所附生效条件成就或者所附解除条件未成就的，管理人应当将提存的分配额交付给债权人。

这里应当注意的是，以最后分配公告日确定附条件的债权接受破产分配的效果，实际上仅仅存在于管理人实施多次分配的场合。若管理人向债权人会议提交的破产财产分配方案采取"一次分配"破产财产的形式，一次分配即为破产清算程序终结的最后分配，不存在破产财产的初次分配和中间分配。这样，管理人依照该破产财产分配方案所为一次分配的公告日，成为事实上的最后分配公告日，对于附条件的债权则没有"提存分配"的必要。管理人在一次分配的公告日足以确定是否对附条件的债权实施分配。

2. 未确定债权的提存分配。未确定债权，是指存在异议、诉讼未决或者仲裁未决的已依法申报的债权。例如，债权人向管理人申报债权后，管理人经审查而否认债权存在或者对债权的数额表示异议的，不论该债权人是否已向法院起诉要求确认债权，在法院作出确认债权的终审判决前，该债权属于未确定债权。未确定债权毕竟有经判决或仲裁裁决而确定的可能，此等债权的破产分配利益应当受到照顾，故管理人在实施破产分配时，应当提存未确定债权的分配额。《企业破产法》第 119 条规定，破产财产分配时，对于诉讼或者仲裁未决的债权，管理人应当将其分配额提存。

未确定债权能否接受分配而获清偿，取决于该债权能否在最后分配日之前经判决或仲裁裁决确定，或者在破产清算程序终结后的法定期间内经判决或仲裁裁决确定。未确定债权在最后分配日届至前确定的，管理人应当将提存的分配额在该债权确定之日或者最后分配日交付给债权人。未确定债权在最后分配日届至前仍不能确定的，管理人应当继续提存该债权的分配额；未确定债权在清算程序终结后 2 年内经判决或仲裁裁决确定时，管理人应当将提存的分配额交付给债权人。

未确定的债权，自破产程序终结之日起满 2 年仍不能确定的，管理人已经提存的分配额应当归入破产财产而分配给其他债权人。《企业破产法》第 119 条规定，管理人在分配时已经提存的未确定债权的分配额，自破产程序终结之日起满 2 年仍不能受领分配的，由人民法院将提存的分配额分配给其他债权人。

应当注意的是，未确定债权自破产程序终结之日起满 2 年仍不能确定的，由人民法院将已经提存的分配额分配给其他债权人，此项分配发生于破产程序终结后，但超过了《企业破产法》第 123 条规定的"追加分配"的 2 年法定期间，故与"追加分配"有所不同。

3. 未受领的破产财产分配额的提存。管理人为破产分配时，债权人虽无受领破产财产分配额的义务，但有受领破产财产分配额的权利。在债权人受领破产财产分配额之前，管理人可以提存方式消灭其向债权人分配破产财产的义务；为债权人受领破产分配的利益考虑，管理人更有以提存来保全债权人的受领利益的义务。《企业破产法》第 118 条规定，破产分配时，管理人应当提存债权人未受领的破产财产分配额。对于管理人提存的未受领的破产财产分配额，债权人可于最后分配公告日后 2 个月届满前的任何时间，向管理人或者法院受领提存的破产财产分配额。

管理人对于债权人未受领的破产财产分配额予以提存，纯粹是为照顾债权人的受偿利益而采取的分配方法；债权人不受领破产财产分配额，并非只是其债权未确定，而是债权人可能迟延受领分配或者放弃受领分配。债权人放弃破产分配额的，法律并不加以干预，管理人应当将该债权人放弃的破产分配额分配给其他债权人。同样，为敦促债权人及时受领管理人已为的破产分配，不致影响管理人的分配行为和其他债权人的合法利益，管理人仅能在法律规定的期间内提存未受领的破产分配额；超过法律规定的提存期间，债权人仍不受领的，不论该债权人是否有放弃破产分配的意思，均发生债权人放弃受领破产分配的效果。已经提存的未受领的破产财产分配额，管理人或者法院应当分配给其他债权人。债权人未受领的破产财产分配额的提存，不论发生于初次分配还是中间分配，均以最后分配公告日后的法定期间（2 个月）作为应受分配请求权人放弃权利的"绝限"。《企业破产法》第 118 条规定："债权人未受领的破产财产分配额，管理人应当提存。债权人自最后分配公告之日起满 2 个月仍不领取的，视为放弃受领分配的权利，管理人或者人民法院应当将提存的分配额分配给其他债权人。"

第十五章

破产清算程序的终结

第一节　破产清算程序终结概述

一、破产清算程序终结的概念

　　清算程序的终结，又称为清算程序的终止，是指在清算程序进行中，发生终结清算程序的法定原因时，由法院裁定结束清算程序。作为一项程序制度，破产立法例对清算程序的终结，均有相应的规定。依照破产法的规定，清算程序作为破产程序的组成部分，仅以法院裁定宣告债务人破产清算后进行的程序为限，并不包括法院裁定债务人破产清算前所进行的程序，故清算程序的终结相对于破产程序的终结，范围较窄。

　　清算程序开始的目的，在于公平分配债务人的财产，以满足多数债权人的清偿要求。在清算程序开始后，债务人已无财产可供分配或者债权人已无受偿的可能，或者债权人已经通过某种清算程序外的方式获得公平清偿，或者债权人已经接受破产分配，继续进行清算程序已无必要的，法院应当依职权或者依申请，裁定终结已开始的清算程序。诚然，法院在清算程序中居于主导地位，有权决定清算程序的进行与否。在清算程序进行中，除债务人或破产人申请终结清算程序的个别情形外，法院在职务上已知发生终结清算程序的法定原因而有终结清算程序的必要时，应当依职权终结清算程序。[1] 有终结清算程序的法定原因时，利害关系人以及管理人都可以申请法院终结清算程序。

二、管理人的申请

　　《企业破产法》第 120 条第 1、2 款规定："破产人无财产可供分配的，管理人应当请求人民法院裁定终结破产程序。管理人在最后分配完结后，应当及时向人民法院提交破产财产分配报告，并提请人民法院裁定终结破产程序。"此外，法院裁定债务人破产清算后，管理人在破产分配前经调查发现，破产财产已经不足以

---

〔1〕　（台）陈荣宗：《破产法》，三民书局 1986 年版，第 383 页。

支付破产费用或者共益债务的，应当提请法院终结破产清算程序。[1]

依照上述规定，在发生终结清算程序的法定事由时，经管理人申请，法院才能裁定终结清算程序。破产清算程序作为当事人自治主导型的程序，程序的进行有无必要，只有管理人最为清楚。因此，由管理人申请法院终结清算程序，构成终结清算程序的一个必然选择。

除上述规定外，破产清算程序可否因和解而终止呢？破产法颁布前，我国法院在司法实务中承认破产清算程序中的和解。例如，《最高人民法院关于审理企业破产案件若干问题的规定》第 25 条规定，法院作出破产宣告裁定后，债权人会议与债务人达成和解协议并经法院裁定认可的，由法院裁定中止执行破产宣告裁定，并公告中止破产程序。依照《企业破产法》第 105 条的规定，法院裁定债务人破产清算后，若债务人和全体债权人达成清理债权的和解协议的，可以请求法院裁定认可和解协议，并裁定终结破产清算程序。于此情形，债务人与债权人全体之间的自行和解具有避免破产财产的变价乃至破产分配的效用，破产清算程序提前终止。

三、清算程序终结的裁定

管理人申请法院终结清算程序的，除非法院认为管理人终结破产程序的申请不当，应当在收到管理人终结清算程序的申请后的法定期间内，以裁定终结清算程序。法院裁定终结清算程序的，不论其终结清算程序的法定原因如何，均应当予以公告。例如，《企业破产法》第 120 条第 3 款规定："人民法院应当自收到管理人终结破产程序的请求之日起 15 日内作出是否终结破产程序的裁定。裁定终结的，应当予以公告。"

当事人对法院终结清算程序的裁定不服的，破产立法例原则上规定不允许上诉。例如，1922 年《日本破产法》第 282 条第 2 款规定，对法院所为破产终结的决定，不得申请不服。我国破产法对于这个问题没有明文规定，解释上应当认为不得提出上诉，但可以申请复议。

第二节　破产清算程序终结的原因

一、清算程序因财产不足而终结

清算程序因财产不足而终结，是指破产财产不足以清偿破产费用或共益债

---

[1]　参见《企业破产法》第 43 条第 4 款。

务，或者无财产可供分配而经法院裁定终结清算程序的情形。破产立法例一般规定，破产财产不足支付破产费用或共益债务时，经管理人申请，法院应当裁定终结清算程序。例如，我国台湾地区"破产法"第 148 条规定："破产宣告后，如破产财团之财产不敷清偿财团费用及财团债务时，法院因破产管理人之申请，应以裁定宣告破产终止。"

清算程序为当事人自治主导型的债务清理程序，管理人在破产程序中居于中心地位，并享有接管债务人财产的普遍权力，负有调查债务人财产状况的责任。管理人在接管债务人财产后，有责任并有条件将债务人财产状况调查清楚，并对债务人财产或者破产财产是否能够支付破产费用或者共益债务、甚至可否为破产分配作出及时的判断。法院以破产财产不足以支付破产费用或共益债务裁定终结破产程序的，应当以管理人对破产财产不足以支付破产费用或共益债务的判断为依据。破产财产不足清偿破产费用，表明破产财产的变价和破产分配不可能进行，继续进行清算程序无益于参加破产程序的各方利害关系人，故已经开始的清算程序应当终止。在程序上，破产财产不足支付破产费用或共益债务时，管理人申请构成法院裁定终结清算程序的前置条件。

1.《企业破产法》第 43 条规定，债务人财产不足以清偿破产费用的，管理人应当提请法院终结破产程序；法院应当自收到请求之日起 15 日内裁定终结破产程序，并予以公告。在清算程序开始后，若管理人已经查明破产财产不足以清偿破产费用时，应当向法院申请终结清算程序。《企业破产法》第 43 条的规定，仅以破产财产不足以清偿破产费用作为法院裁定终结清算程序的事由，并不周延。若破产财产能够支付破产费用，但不足以清偿共益债务的，亦不能按照《企业破产法》第 113 条的规定进行破产分配，破产清算程序也应当终结。因此，在破产分配前，破产财产应当优先清偿破产费用和共益债务；若管理人已经查明破产财产在优先清偿破产费用后不足以清偿共益债务时，亦应当向法院申请终结清算程序。

2.《企业破产法》第 120 条第 1 款规定，破产人无财产可供分配的，管理人应当请求人民法院裁定终结破产程序。依照前述规定，在清算程序开始后，管理人经调查发现破产财产在优先清偿破产费用和共益债务后，已经没有可供破产分配的财产，应当请求法院裁定终结清算程序。

二、清算程序因破产分配而终结

清算程序的基本目的，在于用破产财产清偿全体债权人的债权。如果破产财产已通过破产分配而处理完毕，继续保留已无破产财产可供分配的清算程序，没有任何实际意义；而且还会产生不必要的程序费用，增加破产程序的当事人的负担，尤其是债务人将无法摆脱清算程序的束缚。所以，破产财产一旦分配完毕，清算程序的目的达成的，就应当终结。最后分配的实施或者破产财产分配完毕，是清算程序终结的基本原因。破产财产分配完毕，是指管理人依据破产财产分配方案，将所有的破产财产经变价而无遗留地分配给各请求权人的法律事实。《企业破产法》第 120 条第 2 款规定："管理人在最后分配完结后，应当及时向人民法院提交破产财产分配报告，并提请人民法院裁定终结破产程序。"

管理人是破产财产的管理、变价和分配的法定机关。管理人在最后分配完毕时，基于其勤勉尽责的注意义务，应当及时申请法院终结已无必要继续存在的清算程序，一方面可以解除清算程序对债务人的行为和财产、对债权人行使权利的约束，另一方面可以停止产生不必要的程序费用。管理人申请法院终结清算程序的，应当同时向法院提交破产财产分配报告，供法院考量是否终结清算程序。法院应当自收到管理人终结破产清算程序的请求之日起 15 日内作出是否终结破产清算程序的裁定。裁定终结的，应当予以公告。

依照企业破产法的规定，最后分配实施后，管理人应当"及时"申请法院终结破产程序，仅以管理人在最后分配实施后的合理期间内申请法院终结破产程序为必要。究竟最后分配实施后的多长时间为"合理期间"，则属于事实问题，应当按照破产案件的具体情况确定。

三、清算程序因其他原因而终结

除财产不足和破产分配外，是否存在破产清算程序终结的其他原因呢？

在破产立法例上，清算程序可因"破产废止"而终结。清算程序开始后，不论是否已经开始破产分配，债务人或者破产人经全体债权人同意，可以申请法院终结清算程序。法院依当事人的申请而在清算程序进行期间裁定终止清算程序的，在破产立法例上被称之为"破产废止"。1922 年《日本破产法》第 347 条第 1 款规定，破产人经在债权申报期间内申报的全体破产债权人同意，或经其他破产债权人同意，由破产财团中向不同意的破产债权人提供了担保时，可以申请终止清算程序。债务人或者破产人申请破产废止的，除经全体债权人同意外，应当向法院提交申请终结清算程序的书面文件；法院应当公告申请的内容，并备置有关申请文件供利害关系人阅览。破产债权人以及管理人对破产人的上述申请，可以向法院陈述意见。法院在公告异议期后，认为破产废止符合法律规定的条件，则应当作出破产废止的裁定，并发布公告。清算程序自法院裁定破产废止之日起终结。

我国《企业破产法》在第十章没有明文规定类似于"破产废止"的制度。在理论上，清算程序是为债权人的团体利益设定的程序制度，各债权人有权处分清算程序赋予其各自的利益；同时，清算程序的施加并不妨碍对破产人利益的维护。因此，所有的债权人对于终止清算程序没有异议的，我国法律应当允许债务人（破产企业）向法院申请终止清算程序。同时考虑到，在清算程序开始后，破产企业和全体债权人仍可以就债权债务的处理达成协议，这在现实生活中确有发生的可能和必要，况且《企业破产法》第105条所规定的"自行和解"制度，也为当事人申请法院终结清算程序提供了制度支持。因此，破产企业和全体债权人的自行和解，在我国应当构成清算程序终结的一种原因。

第三节　清算程序终结的法律效果

清算程序的终结，表明破产程序的彻底结束，因为破产程序的开始而对债务人、债权人和其他利害关系人产生的约束，归于消灭。

破产清算程序的终结具有不可逆转性，在破产程序终结后，不得以任何理由恢复已经终结的清算程序；依照破产程序变价的破产财产，产生法律上处分财产的确定效力；依照破产程序所接受的分配，亦产生法律上保有分配利益的确定效力。

以下有关清算程序终结后产生的法律效果，值得注意。

一、破产企业的法人地位终止

自清算程序终结之日起，债务人的企业法人地位彻底归于消灭；法人地位终止的债务人，其法人登记应当注销。

清算程序终结后，破产企业的法人地位终止的注销登记，由管理人负责办理。管理人在破产程序终结后，原则上应当停止执行职务。但是，办理破产企业的注销登记，为管理人的职责；管理人办理破产企业的注销登记的职责，源自于企业破产法的明文规定，故管理人仅能在办理破产企业注销登记后，停止执行职务。管理人不得以任何理由懈怠或者拒绝办理破产企业的注销登记。

管理人应当自破产程序终结之日起10日内，持法院终结破产程序的裁定，向破产企业的原登记机关办理注销登记。

二、管理人终止执行职务

管理人的职务开始于法院受理破产申请时的指定，自然应当于破产程序终结时停止。但破产程序终结时，管理人是否应当终止执行职务，取决于企业破产法的特别规定。所以，管理人终止执行职务并不直接产生于破产程序的终结。

破产程序终结后，管理人终止执行职务，取决于以下两个条件的同时满足：

1. 已经办理破产企业的注销登记。清算程序的终结，虽构成管理人终止执行职务的理由，但管理人仍有义务在破产程序终结后办理破产企业的注销登记。在为破产企业的注销登记前，管理人继续承担"勤勉尽责、忠实执行职务"的责任。自办理破产企业的注销登记完毕的次日起，管理人可以终止执行职务。

2. 不存在诉讼或者仲裁未决的情形。管理人在破产程序进行中，凡涉及破产财产的争议、债权及其债权担保的争议，均须以自己的名义参与当事人争议的处理；若通过诉讼或仲裁的方式解决此等争议，管理人为诉讼或仲裁的当事人。在破产程序终结时，以管理人作为当事人的诉讼或者仲裁尚未了结的，管理人应当继续诉讼或者仲裁。所以，只要在破产程序终结时存在尚未结束的诉讼或者仲裁的，管理人不得终止执行职务。管理人办理破产企业的注销登记后，不存在未决的诉讼或者仲裁的情形的，则终止执行职务。

三、未受偿的债权继续有效

债权人未能依照清算程序受偿的债权，不因清算程序的终结而受影响，继续有效。

1. 自破产程序终结之日起 2 年内，发现可供分配的破产财产的，债权人可以请求按照破产财产分配方案进行追加分配。

2. 破产人的保证人和其他连带债务人，在破产程序终结后，对债权人依照破产清算程序未受清偿的债权，依法继续承担清偿责任。因此，未受破产分配清偿的债权人，得以其未受偿的债权部分向破产企业的保证人、连带债务人继续追偿。

第四节　追加分配

一、追加分配的意义

清算程序终结后，发现可供分配的破产财产时，经法院许可而对破产债权人实行的补充分配，称为追加分配。追加分配在性质上仍然属于破产分配。追加分配的依据是清算程序中形成的破产财产分配方案，只是这种分配发生在破产清算程序终结后，由法院实施，而不是由管理人实施，构成破产分配的继续或者补充的，才称之为追加分配。

实施追加分配的原因，主要是破产清算程序终结后存在可供分配的财产，且有必要进行补充分配。《企业破产法》第 123 条规定："自破产程序依照本法第 43 条第 4 款或者第 120 条的规定终结之日起 2 年内，有下列情形之一的，债权人可以请求人民法院按照破产财产分配方案进行追加分配：①发现有依照本法第 31 条、第 32 条、第 33 条、第 36 条规定应当追回的财产的；②发现破产人有应当供分配的其他财产的。有前款规定情形，但财产数量不足以支付分配费用的，不再进行追加分配，由人民法院将其上交国库。"

二、追加分配的条件

实施追加分配，应当符合法律规定的条件。依照我国破产法的规定，实施追加分配的条件有以下四个：

（一）破产清算程序终结于财产不足或者破产分配的

债务人有财产不足的情形，或者管理人依照破产财产分配方案实施分配的，破产清算程序依照管理人的请求而终结后，又发现债务人有可供分配的财产时，才有实施追加分配的必要。这是因为债权人依照破产程序未获清偿的债权，原本应当由破产财产获得清偿或部分清偿，但在破产清算程序进行中，破产清算程序终结后发现的破产财产未能有效纳入可供分配的财产的，实施追加分配有其必要。但是，因为其他原因终结破产清算程序的，例如，债务人和全体债权人自行和解而终结破产清算程序的，债权人已经放弃其在清算程序中的破产分配利益，即使在破产清算程序终结后又有可供分配的破产财产，也无实施追加分配的必要。

（二）存在法律规定的可供追加分配的财产

法定的可供追加分配的财产，可以简单分成两大类：

第一类财产，是因债务人在破产程序开始前所为的可撤销行为或无效行为而应当追回的财产，包括：①债务人在破产程序开始前 1 年内所为的无偿转让财产、以明显不合理的价格进行交易、对没有财产担保的债务提供财产担保、对未到期的债务提前清偿以及放弃债权的行为而让与的财产和利益；②债务人在破产程序开始前 6 个月内所为的债权的个别清偿而让与的财产和利益；③债务人为无效行为而处分的财产，诸如债务人为逃避债务而隐匿、转让的财产，虚构债务或承认不真实的债务而让与的财产；④债务人的董事、监事和高级管理人员利用职权从企业获取的非正常收入和侵占的企业财产。

第二类财产，是除以上财产以外的其他可供债权人受偿的财产，主要包括：①对于有异议或者涉讼未决的债权，在破产分配时提存的分配额，于破产清算程序终结后，债权人败诉或者部分败诉的，已提存的分配额或者超过债权受偿比例的余额；②因为管理人的错误等原因，支付的不应支付的款项或者承认的权利，应当回归于破产财产；③在破产清算程序终结前仍然不能收回的破产财产；④在最后分配或者破产清算程序终结时，无法变现又无法实物分配给债权人的破产财产；⑤因其他原因未被发现的应当用于破产分配的财产，在破产清算程序终结后始发现的。

破产程序终结后，只要存在以上法定的可供分配的债务人财产时，就具备了实施追加分配的条件。

（三）追加分配以破产清算程序终结后 2 年为限

破产企业有可撤销行为或者破产无效行为而转让财产的情形，如果在破产清算程序终结后任何时间被发现，都可以实施追加分配，对债权人利益的保护自然较为充分和周到，但是极不利于商事交易关系的稳定，影响交易安全，更没有兼顾破产人的利益；而且还会造成随时发现可供分配的财产而随时实施追加分配的程序复杂性。因此，实施追加分配，应当有期间的限制。破产立法例均规定了破产清算程序终结后的除斥期间，以限制追加分配；超过法定的除斥期间，即使存在可供分配的破产财产，亦不得进行追加分配。依照我国法律的规定，破产清算程序终结后的 2 年，为除斥期间，自破产清算程序终结之日起计算，该期间不得延长或者中止。实施追加分配，应当在破产清算程序终结后 2 年内为之。

（四）存在追加分配的必要

在破产清算程序终结后 2 年内，发现可供分配的破产财产，但该破产财产因追回成本过高而没有必要追回的，或者该破产财产难以追回的，或者追回的破产财产数额过少而不足以支付追加分配的费用的，实施追加分配对各方利害关系人均无益处，则不能实施追加分配。追加分配仅限于"存在追加分配的必要"的场合，至于何者构成"存在追加分配的必要"，属于事实问题，由法院根据具体案情作出判断。有可供分配的财产但没有追加分配的必要的，法院应当将此等破产财产上交国库。

三、追加分配的实施

追加分配在性质上仍然为破产分配，故破产立法例一般规定，追加分配由管理人为之；但是，管理人为追加分配前，应当征得法院的许可。

但是，依照我国破产法的规定，破产清算程序终结后，管理人原则上应当解任并终止执行职务。在破产清算程序终结后的除斥期间内，若发现可供分配的破产财产，债权人请求追加分配的，由法院实施追加分配，似乎程序上更加容易操作，因此，我国破产法直接规定，追加分配由法院实施。

我国破产法规定法院实施追加分配，具有明显的不当。首先，追加分配为破产分配的继续，管理人实施破产分配，自应当实施追加分配。其次，依照我国破产法的规定，管理人在破产程序终结后，并不当然终止执行职务；尤其是在有未决诉讼或者仲裁的情形下，管理人应当继续执行职务，由管理人实施追加分配，程序上更加自然。最后，由法院实施追加分配，徒增程序操作的复杂性，债权人请求法院实施追加分配，其程序上的地位要比债权人请求管理人实施追加分配复杂得多。总之，追加分配由管理人实施，更加具有操作性。

依照我国破产法的规定，法院实施追加分配应当依照债权人的请求。债权人没有请求追加分配的，法院不得依职权实施追加分配。在破产清算程序终结后的 2 年内，若发现可供分配的破产财产时，任何债权人均有权请求法院追回该破产财产，并实施追加分配。债权人向法院请求追回可供分配的破产财产，在程序上处于代位权人的地位，所追回的破产财产归属于全体债权人的利益。

追加分配仍然为破产分配的继续，故追加分配必须符合破产分配的顺位和原则。不论请求法院追回破产财产并实施追加分配的债权人的顺位如何，当法院依照债权人的请求追回可供分配的破产财产后，只要存在追加分配的必要，法院就应当依照破产财产分配方案实施追加分配。在实施追加分配前，若有尚未清偿完毕的破产费用和共益债务，应当先行清偿破产费用和共益债务，剩余的财产按照破产财产分配方案规定的债权顺位和比例进行分配。

法院依照债权人的请求实施追加分配，仅以是否有追加分配的必要为限，只要有追加分配的可能和必要，并在追加分配的除斥期间内，可以多次实施追加分配。